시간과 공간 사주명리로 읽는
자이의 사주스토리텔링

탄생바코드

자이(自利)

감사의 마음을 전합니다

저는 심리상담사(psychological counselor)이지만, 필요에 따라 사주상담(fate counseling)을 병행하여 내담자의 방향 설정을 돕습니다. 젊었을 때부터 사주를 자주 보러 다녔는데, 사주상담을 업(직업)으로 해야 한다는 말이 듣기가 싫었습니다. 사주로 사람들의 운명을 이야기하는 사람이 왜 하필 자신인지 의문을 품었고, 내내 받아들이지 않다가 우연히 공부하는 계기가 마련되었습니다. 무작정 서점에서 사주 관련 책을 구매하고 내용을 훑어보았음에도 뭔가 어렵고 획일적인 적용 방법에 거부감을 느꼈습니다. 그러던 중 YouTube의 알고리즘을 통해 **시공명리**(時空命理)를 접하게 되었습니다. 30분가량의 동영상 속 갑을병정을 자연의 순환 원리로 설명하는 내용이 인상적이었습니다. 어쩌면 낯설고, 어렵게만 생각했던 사주 공부가 재미있을 수도 있겠다는 생각이 들어서 배우기 시작했습니다.

돌이켜보면 이러한 과정은 우연의 탈을 쓴 필연으로 생각됩니다. 학습하는 과정에서 그토록 거부했던 내 존재 이유에 대해 알게 되었고, 탄생과 동시에 정해진 사주 바코드에 따라 삶이 전개된다는 것이 신비로웠습니다. 일상에서 일어나는 사건들이 대부분 자신의 의지가 들어간 선택 같지만, 많은 부분은 운명(destiny)에 의해 움직인다고 봅니다. 아무리 거부하고 밀어내더라도 때가 되면 그 에너지에 이끌려 선택하게 되고, 당장은 불만이지만 받아들이고 인정하면서 차차 평온을 되찾는 것 같습니다.

시공명리는 우주의 근본원리를 풀어내기 위해 과학과 사주명리를 조화롭게 결합한 학문입니다. 충분히 학습할 가치가 있다는 믿음이 생기면서, 여러 이유로 명리가 어렵고 복잡하다거나, 과학적 근거가 부족하다는 편견을 깨는 책을 쓰고 싶어졌습니다. 사주를 전혀 모르는 일반인이나 명리 초보자도 거부감 없이 받아들일 수 있도록 정리했습니다. 특히 전문 용어를 최소화하고 쉬운 문장으로 설명하고자 노력했습니다. 사주 공부를 따로 하지 않더라도 이 책을 통해서 명리에 대한 두려움을 없애고 흥미를 느낄 수 있을 것입니다. 사주명리에 대한 편견을 깨고 자신의 존재가치를 찾고자 하는 모든 분께 소중한 선물을 드리고 싶습니다. 그래서 열심히 준비했습니다.

명리의 길을 열어주시고, 책 출간에 큰 힘이 되어주신 자운 선생님께 감사드리며, 저를 응원하고 끊임없이 힘이 되어 주신 가족에게 감사드립니다. 그리고 글을 쓰느라 연락을 끊고 지내는 동안 기다리고 격려해 주신 주변 지인들께도 감사드립니다. 자신을 찾아가는 여정에 동참하신 모든 분의 소망이 이루어지길 간절히 기도합니다.

감사합니다.

시작하며

지구는 태양계의 한 행성에 불과하며, 그 너머에는 무한한 시공간이 펼쳐져 있습니다. 만약 그 세계를 경험할 수 있다면, 현재 우리가 겪는 일희일비는 더 이상 크게 느껴지지 않을지도 모릅니다. 우리는 시간의 흐름 속에서 살아가고 공간 속에서 존재하기 때문에 시공간은 우리 삶의 근본적인 틀입니다. 예상치 못한 일들로 어려움을 겪는 것은 시간과 공간의 변화에 따른 필연적인 결과라고 할 수 있습니다. 더러는 의도하지 않게 피해자가 되기도 합니다. 하지만 이는 단순히 개인의 잘못된 선택 때문이라고 치부하기에는 단순하지 않습니다. 자연은 끊임없이 변화하며, 우리는 그 변화 속에서 영향을 받기 때문에 개인의 선택도 중요하지만, 그 외 우리가 통제할 수 없는 수많은 요소가 작용합니다.

삶의 불안정함은 인간의 본질적인 조건입니다. 우리는 항상 변화하는 환경에 적응하고 성장해야 합니다. 걱정은 불안정성의 상징이며, 걱정 없는 삶은 불가능합니다. 하지만 걱정을 극복하고 더 나은 삶을 추구하는 것은 가능합니다. 사주팔자는 시간과 공간의 변화를 기반으로 개인의 운명을 읽어내는 방법이며, 우리 삶의 불안정성을 이해하고 극복하는 데 도움을 줄 수 있습니다. 이는 절대적인 진리가 아니지만, 우리 삶에 대한 통찰력을 제공받습니다.

사주팔자의 구조는 인체의 골격과 비슷해서 상체와 하체로 구분할 수 있습니다. 천간은 머리, 양팔, 가슴과 배의 상체, 지지는 엉덩이와 양다리의 하체입니다. 상체와 하체를 합한 여덟 글자는 시간과 공간의 파동에 영향을 받습니다. 물론 여기에 대운(십 년)과 세운(일 년), 월운(한 달), 일운(하루)과 함께 움직입니다. 1차원의 시간과 3차원의 공간은 4차원의 시공간을 만들어 내고, 시간이 흐르면 공간과 환경도 변화합니다. 시공간 변화에 우리의 심리까지도 미묘하게 반응하니 삶이 복잡해질 수밖에 없습니다.

시간과 공간을 토대로 쓴 책의 내용을 소개하면, 전반부에서는 음양과 오행의 개념, 시간과 공간의 연결고리, 사계절과 자연의 이치, 만세력 어플을 활용한 탄생 바코드의 해독, 천간과 지지의 숨겨진 메시지를 흥미롭고 쉽게 설명합니다.

중반부에서는 천간(10개)과 지지(12개)를 조합한 60간지에 대해 심층적으로 다룹니다. 봄, 여름, 가을, 겨울 각 계절에 활용되는 에너지를 60간지와 연결하여 설명하고, 이를 활용하여 부부 관계, 성격, 인간관계, 진로를 파악하는 방법을 제시합니다. 시간을 절약하기 위해 본인의 사주에 없는 간지는 건너뛸 수 있습니다. 60간지는 모두 다 중요하지만, 본인의 사주에 없는 간지는 직접적인 영향을 미치는 경우가 적습니다. 하지만 가족, 친구, 주변인의 사주를 비교 분석하는 데에는 60간지 모두 활용될 수 있습니다. 서로 다른 간지의 특징을 이해하고 비교 분석함으로써 서로를 이해하고 갈등을 해결하는 데 도움을 받을 수 있습니다.

　　　　후반부에서는 천간과 천간, 지지와 지지가 만나서 이루어지는 다양한 조합을 설명합니다. 삼합운동과 12신살을 활용하여 자신의 운세를 예측하는 방법을 알려줍니다. 그리고 탄생 수를 통해 자신의 기본 성격과 잠재력을 파악하는 방법을 제시합니다. 실존 사례를 적용하여 사주를 읽어내는 방법을 익힐 수 있습니다. 무엇보다도 한자에 대한 지식이 없어도 쉽게 이해할 수 있도록 한글 발음이 표기되어 있고, 다양한 그림으로 내용의 이해도를 돕습니다.

　　　　이 책을 활용하는 방법은 다음과 같습니다. 자녀를 둔 부모라면 자녀의 사주에 나타난 성격 특징을 파악하고 장단점을 이해합니다. 그러고 나서 부모와의 관계와 갈등 요인을 파악하고 관계를 개선할 방안을 찾은 다음 월주의 직업 궁에 나타난 간지를 분석해서 자녀의 적성과 진로를 추측합니다. 이것은 자녀의 진로 상담에 도움이 됩니다. 교사의 경우에는 학생의 사주에 나타난 성격 특징을 파악하고, 학습 방식이나 동기부여를 이해해서 맞춤형 교육을 제공할 수 있습니다. 학업 운이 있는 시기를 파악하거나 학업 계획을 수립하는 데도 도움을 받습니다. 또한 특정 교과목에 대한 재능 유무를 파악할 수 있습니다. 부부 관계를 분석하고 싶다면 부부의 사주를 비교해서 각 배우자의 성격, 관계의 조화 및 갈등 요인을 확인할 수 있습니다.

강조하건대, 단순히 길흉을 보는 도구를 넘어, **인생 지침서**로 활용하기에 좋습니다. 생년월일과 출생 시간을 기반으로 탄생 순간을 구조화하기 때문에, 성격검사나 진로검사와는 구별되는 독특한 특성을 가지고 있습니다. 보다 심층적인 분석을 통해 기본 성향과 잠재력을 파악해 내지만, 무엇보다 자신을 이해하고 방향을 설정하는 데 큰 도움이 됩니다. 다만 이 한 권의 책에 사주팔자의 모든 내용을 담기에는 부족합니다. 더 깊이 있는 지식을 원한다면, 기 출판된 자운 선생님의 시공명리 서적들을 추천합니다. 말씀드렸듯이 사주팔자에 대한 기본지식이 전혀 없는 분들을 위해 쉽고 재미있고 진지하게 쓰고자 노력했습니다. 부족한 부분이 많지만, 독자들의 응원과 격려는 제게 큰 힘이 되어 줄 것입니다.

목차

감사의 마음을 전합니다
시작하며

Chapter 1 자연에 대하여

내 탄생의 비밀이 궁금합니다 17
무한하다고 믿는 자연의 시간, 유한하다고 보는 인간의 시간 19
음이 양이고, 양이 음이 되는 양면성 20
오행에는 무조건 좋은 것도 무조건 나쁜 것도 없습니다 22
자연의 비밀이 사계도에 모두 있습니다 25

Chapter 2 천간에 대하여

천간은 시간의 수레바퀴 1 33
만세력에서 찾아내는 나의 탄생 바코드 40 | 천간은 시간의 수레바퀴 2 42

Chapter 3 지지에 대하여

시공을 얻거나 시절을 얻거나 63 | 지장간 스토리텔링 : 톡톡이의 여행 66
태양력과 태음력 그리고 절기 80
살아있는 것은 움직이고 변화한다는 것 84 | 지지는 공간의 수레바퀴 87
일간이 시절을 만나는 것 115

Chapter 4 간지에 대하여

천간과 지지가 만나서 60간지를 만들어 냅니다 121
봄乙 - 乙亥 乙卯 乙未 乙巳 乙酉 乙丑 126
봄癸 - 癸亥 癸卯 癸未 癸巳 癸酉 癸丑 135
여름丙 - 丙寅 丙午 丙戌 丙申 丙子 丙辰 144
여름庚 - 庚寅 庚午 庚戌 庚申 庚子 庚辰 153
봄과 여름戊 - 戊寅 戊午 戊戌 戊申 戊子 戊辰 164
가을辛 - 辛亥 辛卯 辛未 辛巳 辛酉 辛丑 174
가을丁 - 丁亥 丁卯 丁未 丁巳 丁酉 丁丑 185
겨울壬 - 壬寅 壬午 壬戌 壬申 壬子 壬辰 194
겨울甲 - 甲寅 甲午 甲戌 甲申 甲子 甲辰 204
가을과 겨울己 - 己亥 己卯 己未 己巳 己酉 己丑 214

Chapter 5 천간 조합에 대하여

천간과 천간이 만나면 227 | 甲(갑)목 229 | 乙(을)목 233 | 丙(병)화 237
丁(정)화 239 | 庚(경)금 241 | 辛(신)금 243 | 壬(임)수 245 | 癸(계)수 248

Chapter 6 **지지 조합에 대하여**

지지와 지지가 만나면 253 | 子(자)수 253 | 丑(축)토 256
寅(인)목 256 | 卯(묘)목 257 | 辰(진)토 260 | 巳(사)화 261
午(오)화 262 | 未(미)토 263 | 申(신)금 263 | 酉(유)금 264
戌(술)토 266 | 亥(해)수 267

Chapter 7 **삼합운동과 수에 대하여**

삼합운동과 12신살 275 | 생명의 나무 291 | 탄생 수 303

Chapter 8 **사주읽기에 대하여**

사계도를 통해 내 가족 관계를 이해합니다 313
천간과 지지를 사주에 적용한 사례 읽기 321
사례 #1 통제하기 어려운 내 안의 화 : 분노 324
사례 #2 죽을 것 같은 숨 막힘 : 공황 334
사례 #3 어떤 것도 받아들이기 힘든 마음의 문 : 우울 343
사례 #4 오늘은 맑음, 예고 없이 찾아온 소낙비 : 양극성 354

마무리하며

Chapter

01

자연에 대하여

내 탄생의 비밀이 궁금합니다
무한하다고 믿는 자연의 시간, 유한하다고 보는 인간의 시간
음이 양이고, 양이 음이 되는 양면성
오행에는 무조건 좋은 것도 무조건 나쁜 것도 없습니다
자연의 비밀은 사계도에 있습니다

내 탄생의 비밀이 궁금합니다

"차라리 제 부모가 아니면 좋겠습니다." "자식 키워봐야 제멋대로고 남편도 내 편이 아닙니다. 세상 모두가 원망스럽습니다." "빚은 늘어나고 이자 감당은 더 안 되고, 너무 지쳐서 이제는 삶을 포기하고 싶습니다." "남편이 주식과 코인에 빠져서 헤어나질 못하고 있는데도 중독이 아니라고 하는데, 중독이 맞죠?" "왜 하필 나인가요..."

상담 중에 종종 듣는 말이기는 하지만, 대부분 내 의지와는 무관하게 발생하는 현상까지 완벽하게 피해 갈 수는 없습니다. 가시적 세계 너머에 있는 우주의 기운이 지구에 그대로 방사되어서, 개인의 삶 속에 여러 형태로 스며든 다음 정해진 시나리오대로 반응하게 되어 있기 때문입니다. 그렇다고 무조건 운에 맡기라는 의미가 아닙니다. 고통스러운 현실을 벗어나려고 애쓸수록 자칫 감정의 덫에 빠지기도 하는데, 때로는 해결책을 찾으려는 노력보다, 상황에 순응하고 받아들이는 것이 도움이 될 때가 많습니다. 늪에 빠졌을 때 몸을 뒤로 누워 체중을 분산시키면 생각보다 쉽게 나올 수 있듯이, 먼저 상황을 객관적으로 판단하고 자신의 감정을 조절하는 것이 중요합니다.

오늘이 지나가면 내일이 오듯이 자연은 한순간도 멈추지 않고 순환합니다. 겨울이 끝난다고 바로 마침표를 찍지 않습니다. 겨울에서 봄으로 넘어가는 계절의 순환 주기 안에서 현재의 내가 존재할 수 있으며, 살다가 죽어서 윤회한 다음에 다른 모습으로 태어납니다. 현생의 삶을 철저하게 매듭짓고 전혀 새로운 인생으로 태어난다고 확신할 수는 없습니다. 단지, 전생의 기록을 이어받고 또 한 번의 기회를 얻어서 현생을 살아간다고 생각합니다.

사주팔자(四柱八字)라고 하는 것은 개인이 태어나는 순간의 시간과 공간을 문자화한 것입니다. 시간(時間)을 문자화한 것이 천간(天干)이고, 공간(空間)을 문자화한 것이 지지(地支)입니다. 시공간으로 구성된 사주팔자를 자연의 순환 원리를 활용해서 운명을 읽어보려는 방식이 시공명리학의 체계이며, 출생하는 순간에 찍힌 탄생 바코드에 따라서 삶이 다양하게 전개됩니다.

사주를 본다는 것은 단지 길흉화복(吉凶禍福)을 보는 것에만 그치지 않습니다. 기질과 성격, 심리, 가족 관계, 대인관계, 적성뿐 아니라 한 사람의 인생에서 일어날 수 있는 다양한 사건들을 예측하고, 그에 따른 대처 방법을 모색하는 것입니다. 악기의 주법과 음색이 제각각이라도 조화를 이루어야 좋은 합주곡이 나오듯이, 사주팔자도 각 글자가 모여서 조화를 이루어야 만족하는 삶을 살게 됩니다.

무한하다고 믿는 자연의 시간, 유한하다고 보는 인간의 시간

지구에는 다양한 에너지(氣)가 존재합니다. 이 에너지들은 한시도 멈추지 않고 모든 생명체에 영향을 줍니다. 봄·여름·가을·겨울 사계절이 존재하는 이유는 바로 지구가 23.5° 기울기로 태양 주변을 공전하기 때문입니다. 봄에 싹이 트고 꽃이 피면 여름에 열매를 맺습니다. 가을에는 열매가 무르익고 땅에 떨어져서 씨앗을 남기며, 겨울의 추위를 이겨내고 봄이 되면 강력한 생동감으로 다시 싹이 납니다. 인간의 삶도 다르지 않습니다. 탄생 후에 성장의 과정을 거치고 노화되면 자연으로 돌아갑니다.

자연의 순환 원리를 명리로 표현하면, 甲(갑)에서 탄생해서 乙(을), 丙(병), 丁(정), 戊(무), 己(기), 庚(경)의 시간을 지나 辛(신)에서 생기를 잃고, 壬(임)과 癸(계)에서 윤회했다가 다시 甲(갑)으로 재탄생하는 방식으로 반복합니다. 자연의 시간은 계속 순환하며 영원합니다. 인간은 유한하며 죽음과 함께 끝납니다. 인간은 일반적으로 눈에 보이는 물질적인 세계만 인정하고, 보이지 않는 영적인 세계는 증명할 수 없다고 생각합니다. 그래서 인간의 시간은 유한하고 죽음과 함께 끝나는 것으로 인식합니다.

음이 양이고, 양이 음이 되는 양면성

음양과 오행에 대해 한 번 정도는 들어봤을 것입니다. 음(陰)은 차가움과 어두움, 달과 밤, 소극적이고 수동적인 것, 양(陽)은 따뜻함과 밝음, 해와 낮, 적극적이고 능동적인 것과 연관됩니다. 그렇다고 음과 양을 대립 관계로 볼 필요는 없습니다. 서로가 등을 맞대고 다른 방향을 향해 있지만, 어느 한쪽으로만 치우치지 않도록 균형을 유지하는 상생의 관계입니다. 남성만 있고 여성이 없다면, 혹은 뜨겁게 내리쬐는 태양만 있고 차가운 물이 없다면 자연과 인간은 지금까지 살아 있을 수 없습니다. 얼었던 나무가 따뜻한 봄을 마주하고 싹을 틔워 성장하듯이 인간도 유사한 과정을 거칩니다. 즉 자연과 인간의 삶은 양에서 음으로, 음에서 양으로 돌고 돌기 때문에 탄생과 죽음이 상반된 것이 아니라 서로 연결된 것입니다.

탄생은 새로운 시작을 의미하고, 죽음은 끝을 의미합니다. 죽음은 또한 새로운 탄생의 시작이 될 수 있습니다. 자연과 인간에게는 영원히 살거나 영원히 죽는 일은 없습니다. 만약 죽음 없이 영원히 산다면 생물체의 무한한 번식으로 지구가 폭발할 수밖에 없을 것입니다. 불교에서는 탄생과 죽음을 윤회라고 부르고, 기독교에서는 하나님의 뜻으로 받아들입니다. 힌두교에서는 탄생과 죽음을 카르마의 법칙으로 설명합니다. 문화와 종교에 따라 관점이 다르지만, 탄생과 죽음은 우리 인간이 경험해야 하는 자연스러운 과정입니다.

   사주풀이가 돈을 많이 벌 수 있으면 좋은 사주, 사고로 죽거나 다치는 일을 겪으면 나쁜 사주라는 생각은 단편적입니다. 상대의 삶이 답답하고 지루하게 느껴지더라도, 상대에게는 단조로운 삶이 오히려 편할 수 있습니다. 사람마다 가치관과 행복의 기준이 다르기 때문입니다. 어떤 사람은 다양한 경험을 통해 변화를 추구하는 것을 좋아하고, 어떤 사람은 안정적인 삶을 유지하는 것을 좋아합니다.

   세상에는 완벽한 것이 없습니다. 하나를 얻으면 다른 하나를 잃는다는 것은 자연의 법칙입니다. 재물도 많고 자식 복도 있고, 인간관계는 물론 육체까지 건강한 완벽한 사람은 없습니다. 또한 청년기까지 안락하고 편안한 삶을 살았다고 해서 평생 그런 삶을 보장받은 것도 아닙니다. 가난한 가정에서 태어나 고난과 역경을 경험했지만, 중년 이후에는 안정적이고 부유한 삶을 살아갈 수도 있습니다. 이것이 음양의 공존이자 양면성입니다. 그렇기에 좋고 나쁨에 대한 평가보다는 음양의 고유한 속성을 인정하고, 부족하다면 보완하여 자연의 흐름에 순응해야 합니다. 결론적으로 음양은 세상의 모든 것을 이루는 기본 원리이기 때문에 음양의 조화를 유지하는 것이 중요합니다.

오행에는 무조건 좋은 것도 무조건 나쁜 것도 없습니다

오행(五行)은 태양계의 행성 중 목성, 화성, 토성, 금성, 수성을 지칭합니다. 명리에서 활용하는 목(木)의 기운은 식물처럼 생명체가 움직여서 성장하는 것이고, 화(火)는 뜨거운 불의 기운입니다. 토(土)는 차가운 흙의 기운, 금(金)은 돌이나 쇠, 열매와 같은 단단한 기운이며 수(水)는 위에서 아래로 흐르는 물의 기운입니다. 지구에서 발생하는 자연 현상이 이 다섯 가지의 기운과 연결되어 있으므로 자연에 존재하는 것 모두 오행에 해당합니다. 나무는 불이 잘 타도록 장작 역할을 하고(木 → 火), 타고 남은 재는 다시 토양이 됩니다(火 → 土). 토양에서 식물이 자라면 열매가 열리고(土 → 金), 열매 속에서 수분이 생깁니다(金 → 水). 수분은 식물이 계속 성장할 수 있도록 생명수를 공급합니다(水 → 木). 부모가 자녀를 낳아 보살피고 키우듯이 나를 희생하고 상대를 도우며 살아가는 것을 생(生)한다고 표현하는데, 시간은 순차적으로 흐르기 때문입니다.

이러한 오행도 음양처럼 양면성을 가집니다. 시간 흐름이 순차적이지 않으면 극(剋)한다고 표현하는데, 서로 돕는 것이 아니라 오히려 괴롭힌다고 생각하기 때문입니다. 나무가 뿌리를 내리기 위해서는 어쩔 수 없이 땅을 뚫어야 하고(木 → 土), 토양이 물을 막아서 흐름을 방해합니다(土 → 水). 물은 타오르는 불을 끄고(水 → 火), 불로 열매의 표면을 태워버리거나 금속을 녹입니다(火 → 金). 단단한 금속으로는 나무를 쉽게 벨 수 있습니다(金 → 木). 여기까지만 보면 극이 나쁜 것으로 인식되지만 그렇지 않습니다. 극은 양과 음의 속성을 다 가지고 있으며, 긍정적인 측면과 부정적인 측면을 상황에 맞춰서 사용합니다.

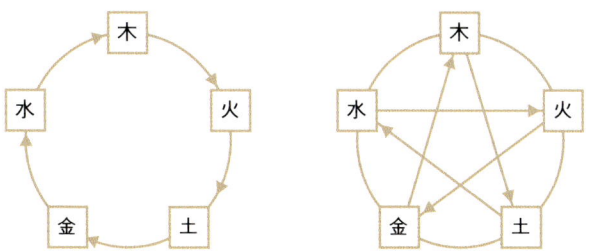

나무가 있어야 땅의 가치가 올라가고(木 → 土), 토분이 있어야 흐르는 물을 담아서 마실 수 있습니다(土 → 水).

단단한 금속이 있어야 나무를 베서 튼튼한 집을 지을 수 있고 (金 → 木), 불이 나면 물이 있어야 불씨를 잡을 수 있습니다 (水 → 火). 그리고 불이 있어야 열매를 익혀 먹을 수 있습니다 (火 → 金). 그러므로 무조건 생(生)은 좋은 것, 극(剋)은 나쁜 것이 아니라, 지구의 자연은 생과 극의 조화로 이루어져 있습니다. 만약 한쪽의 기운만 지나치게 강해지면 자연스럽게도 나머지 한쪽은 약해집니다. 예로 한 명이 여러 명을 상대하면 당연히 숫자에 밀려서 제압당하고, 비가 계속해서 내리면 강이 범람해서 둑이 무너집니다. 단순히 생과 극이 아니라 자연과 인간의 다양하고 복잡한 구조를 다각도로 보는 관점이 필요합니다.

'사람 인(人)'자는 성인(成人) 남성이 양손을 모아 허리를 굽히고 서 있는 옆모습을 본뜬 글자에서 유래되었습니다. '인(人)'자의 상부는 한 몸으로 붙어있지만, 하부로 내려올수록 두 갈래로 나뉘어져 바닥에 닿아 있습니다. 즉 각자가 독립적인 존재이면서도 서로 연결되어 있음을 나타냅니다. 각자 떨어진 상태에서 멀뚱하게 서 있다면 약하게 부는 바람에도 견디지 못하고 금세 쓰러질 것입니다. 같은 부모 밑에서 성장한 형제도 생김새나 성격이 서로 다르고, 한 그루의 나무에 열린 과일도 제각각인 것처럼, '인(人)'자가 위아래 모양이 다른 것은 추구하는 목표와 방향이 다르다는 것을 인정하고 필요할 때 서로 돕고 살라는 뜻 같습니다.

자연의 비밀이 사계도에 모두 있습니다

과학자들의 연구를 종합해 보면, 대폭발 직전의 우주는 상상할 수 없을 정도로 초고온 플라즈마 상태의 작은 점이었고, 폭발 이후에 여러 진화 과정을 거치고 나서야 현재의 모습을 갖추게 되었습니다. 고개를 들어 보이는 저 하늘이 태양계가 있는 우주라고 생각하니, 멀게만 느껴졌던 우주가 갑자기 가깝게 느껴집니다. 반대로 고개를 숙여서 마주치는 땅은 지구의 표면입니다. 생존하는 모든 생명체뿐 아니라 무생물도 지구 내부의 중력 때문에 중심이 잡히고, 이로써 지구의 생명체가 성장하고 소멸하고 다시 재탄생할 수 있습니다.

시공명리의 중요한 골격이자 기준이 되는 사계도에는 중력으로 유지되는 자연의 순환 원리를 담고 있으며, 우리 인생도 이 사계도를 통해서 쉽게 이해할 수 있습니다. 필사

하듯이 펜을 들고 따라 그려봅니다. 먼저 테두리가 있는 사각형 중심에 가로선을 긋습니다. 선을 긋는 순간 땅은 위아래 즉 지구 외부와 지구 내부 두 구획으로 나뉩니다. 땅 밖의 지구 외부에 동식물과 우리 인간이 살아갑니다. 땅속의 지구 내부는 식물들이 뿌리를 내리고 지렁이와 같은 환형동물이 수분을 포함한 각종 영양분을 먹으며 살아갑니다. 지표면에 가까운 땅속의 평균온도가 15℃ 정도로 유지되고, 지구 내부로 내려갈수록 온도가 점점 높아져서 지표면보다 뜨거운 초고온 상태가 됩니다. 지표면 아래 깊은 곳은 지표면보다 훨씬 더 많은 수분을 함유하고 있습니다. 사계도 그림에서 땅 밖은 戊(무)토, 땅속은 己(기)토로 구별합니다. 태양 빛을 받는 戊(무)토의 땅은 환하고 밝지만, 열을 품은 己(기)토의 땅은 어둡습니다.

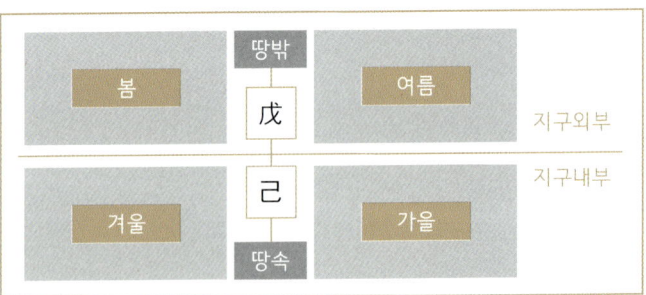

이번에는 중심에 세로선을 한 줄 더 긋습니다. 큰 사각형이 4등분으로 나뉘는데, 작은 사각형 하나가 한 계절을 담당합니다. 아지랑이처럼 발산하는 봄과 빛을 분산하는 여름, 기운을 한곳으로 모아 수렴하는 가을과 기체 상태에서 액체 상태로 응결하는 겨울, 이것이 각 계절이 가진 속성입니다. 땅에 싹이 트고 나서 꽃이 피면 열매를 맺습니다. 열매가 완성되고 나면 다시 땅에 떨어지고 잎은 시듭니다. 오랜 시간이 지나면 다시 싹트기를 반복하며 생기를 유지하는데, 봄과 여름의 꿈을 戊(무)토에서, 가을과 겨울의 꿈을 己(기)토에서 이룹니다.

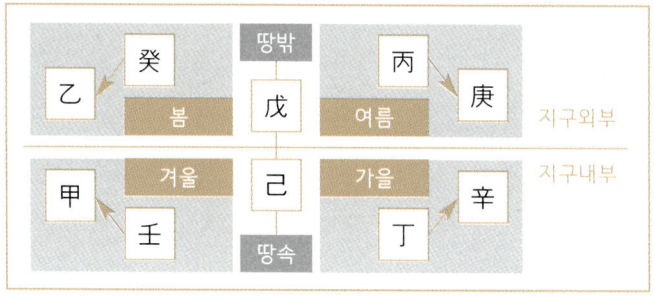

각각의 계절마다 어울리는 에너지끼리 모여 있습니다. 봄은 새싹(乙)이 수분(癸)을 흡수하면서 성장합니다. 여름은 열매(庚)가 빛(丙)을 받으면서 커갑니다. 가을은 씨앗(辛)이 열(丁)을 흡수해서 따뜻함을 유지합니다. 겨울은 차가운 물(壬)을 흡수해서 뿌리(甲)를 다시 내놓습니다. 에너지가 움직이는 방향이, 봄은 癸(계)수가 乙(을)목을 향해가고, 여름은 丙(병)화가 庚(경)금을 향해갑니다. 가을은 丁(정)화가 辛(신)금을 향해가고, 겨울은 壬(임)수가 甲(갑)목을 향해갑니다.

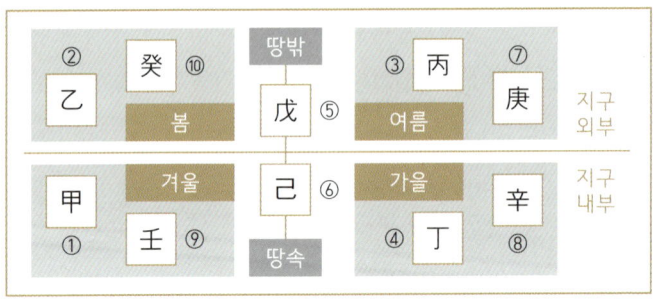

　　자연은 봄, 여름, 가을, 겨울 다시 봄을 향해서 움직이는데, ⑧딱딱한 씨앗(辛)이 가을을 지나고 겨울 끝자락이 되면 ①뿌리(甲)를 내립니다. 따뜻한 봄을 맞이하면 ②새싹(乙)이 땅 밖으로 세상 구경을 나옵니다. 새싹(乙)은 ⑩수분(癸)을 흡수해서 생기를 퍼트리며 자랍니다. 이 무렵부터 ③빛(丙)이 사방으로 퍼지면 ②새싹(乙)의 움직임이 최고점에 이르고 꽃이 화사하게 핍니다. 만개한 꽃은 시들기 마련이기에 ④수렴(丁)의 기운으로 성장세를 조절해서 ⑦열매(庚)를 맺습니다. 낮에는 빛(丙)으로 열매의 부피를 확장하고, 밤에는 열(丁)로 열매를 단단하게 합니다. 봄과 여름의 모든 움직임이 ⑤넓은 땅(戊)에서 이루어집니다. 열매가 완성되면 땅으로 낙하하고 썩으면 땅속으로 들어가서 ⑧씨앗(辛)이 됩니다. ④열(丁)로 온도를 유지하다가 ⑨생명수(壬)를 충분히 머금고 나면 다시 ①뿌리(甲)를 내립니다. 가을과 겨울의 모든 과정은 ⑥땅속(己)에서 이루어집니다. 자연은 이와 같은 과정을 거치면서 유사한 에너지끼리 모여서 살아갑니다. 서로 화합하면 자연이 원하는 목표를 뚜렷하게 드러내지만, 하나라도 빠지거나 다른 계절에서 쓰이는 에너지가 섞이게 되면 원하는 목표에 도달하기 어렵습니다.

정리해 보면, 봄의 癸(계)수는 아지랑이나 수증기와 같은 따뜻한 수분이며, 乙(을)목은 파릇파릇한 새싹입니다. 겨울에는 차가운 壬(임)수 물을 흡수해서 뿌리내리지만, 봄에는 따뜻한 癸(계)수의 수증기 형태로 물을 공급하는 차이만 납니다. 여름의 丙(병)화는 분산하는 빛이고, 庚(경)금은 새싹이 성장한 후 단단해져 가는 열매입니다. 여름에는 빛의 분산을 통해 열매의 부피가 커지면서 단단해집니다. 가을의 丁(정)화는 열이고 辛(신)금은 잘 익은 열매기도 하지만 딱딱한 씨앗입니다. 가을에는 씨앗이 상하지 않도록 내부에 열을 품고 외부는 차갑게 해서 유지합니다. 겨울의 壬(임)수는 바다나 지하수와 같은 물, 甲(갑)목은 새롭게 자라는 뿌리입니다. 겨울에 딱딱한 씨앗이 물을 충분히 흡수해야 다시 부드러워지면서 뿌리를 내릴 수 있습니다. 성장하려면 수분이 필요하고, 열매가 완성되려면 빛과 열이 필요합니다. 이런 이유로 수(水)와 화(火)의 에너지는 지구에 없어서는 안 될 존재입니다.

사계도에서 봄의 癸(계)수와 乙(을)목, 여름의 丙(병)화와 庚(경)금은 戊(무)토 터전에서 안정을 찾습니다. 부부가 함께하기 위해서는 집과 같은 보금자리가 있어야 하는 것처럼, 가을의 丁(정)화와 辛(신)금, 겨울의 壬(임)수와 甲(갑)목은 己(기)토의 터전에서 안정을 찾지만, 타인의 집에서는 여러 제약을 받게 되어서 불편함을 느낍니다. 잠시 머물다가 더 좋은 곳을 찾아 떠나거나, 그렇게 하지 못했을 땐 방황하게 됩니다. 자가로 사는 것과 임대로 사는 것은 심리적 안정감에서 많은 차이를 보입니다. 이처럼 봄에는 癸乙戊(계을무), 여름에는 丙庚戊(병경무), 가을에는 丁辛己(정신기), 겨울에는 壬甲己(임갑기)로 조합해야 안정된 보금자리에서 함께 지낼 수 있습니다.

Chapter 02

천간에 대하여

천간은 시간의 수레바퀴 1
만세력에서 찾는 나의 탄생 바코드
천간은 시간의 수레바퀴 2

천간은 시간의 수레바퀴 1

천간과 음양오행을 연결 지어 보겠습니다. 甲乙丙丁戊己庚辛壬癸(갑을병정무기경신임계), 이 중에서 목(木)은 甲(갑)목과 乙(을)목으로 나뉩니다. 흔히 너는 甲(갑)이고 나는 乙(을)이라고 표현하듯이, 조건이나 서열상 우위에 있는 쪽이 甲(갑)목입니다. 서열을 정할 때는 반드시 비교 대상이 있어야 합니다. 甲(갑)목의 존재가 있어야 乙(을)목이 존재하는 것처럼, 서로 비교 대상이 되어야만 의미가 있기 때문입니다. 핵심은 양과 음의 강약을 논하려는 것이 아니라, 자연이 조화를 이루면서 순환하는 과정을 살피는 데 참고가 되기 때문입니다.

甲	乙	丙	丁	戊	己	庚	辛	壬	癸
갑	을	병	정	무	기	경	신	임	계
木		火		土		金		水	
목성		화성		토성		금성		수성	

목(木)의 양음은 甲(갑)목과 乙(을)목, 화(火)의 양음은 丙(병)화와 丁(정)화, 土(토)의 양음은 戊(무)토와 己(기)토, 금(金)의 양음은 庚(경)금과 辛(신)금, 수(水)의 양음은 壬(임)

수와 癸(계)수입니다. 시간 순서로 살피면, 甲(갑)목이 乙(을)목을 만들고, 丙(병)화가 丁(정)화를 만들고, 戊(무)토가 己(기)토를 만들고, 庚(경)금이 辛(신)금을 만들고, 壬(임)수가 癸(계)수를 만들어 냅니다. 목화토금수(木火土金水)라는 오행은 이해되는데 왜 행성의 명칭을 사용했을까에 대해 궁금해할 수 있습니다. 지구는 태양계의 수많은 항성과 행성 중의 하나로, 물리학자마다 약간의 의견 차이는 있지만, 지구의 나이가 대략 45억 6천5백만 살로 추정합니다. 우리보다 서양에서 먼저 태양과 달과 별의 움직임을 관측하고 삶에 연결 지어 왔습니다. 서양은 고대부터 농업 사회였기 때문에 농사를 위한 계절과 날씨를 예측하는 것이 중요했습니다. 천체 관측은 인간의 생사와 직결되는 중요한 부분이었기에 자연의 순환 원리를 이해하려는 시도가 있을 수밖에 없었습니다. 그 중 대표적인 것이 점성술입니다.

오늘날 점성술은 개인의 운세, 성격, 잠재력 등을 파악하는 데 사용되는 반면, 과거에는 주로 왕이나 귀족들의 운세를 점치는 데 사용되었습니다. 과거에는 왕권 사회였기 때문에 이들의 운세를 점치는 것은 국가의 중요한 사안이었습니다. 예를 들어, 일식과 월식, 혜성의 출현과 같은 천체 현상이 나타나면 이상 징후로 보았고, 이러한 징후가 국가에 좋지 않은 영향을 줄 것으로 예측했습니다. 오늘날에는 민주 사회가 주를 이루면서 개인의 자유와 권리가 중요시되면서 개인의 운세가 더 중요해졌습니다. 메소포타미아 문명에서 시작된 점성술이 초기, 중세, 근대, 현대, 21세기 심리 점성학으로 자리 잡기까지는 긴 시간이 걸렸습니다.

　　　　점성학의 기본전제는 모든 것은 예정되어 있다는 것입니다. 이는 인간이 태어나는 순간의 천체 배치가 그 사람의 삶을 결정한다는 믿음을 기반으로 합니다. 또한 점성학은 '하늘과 땅은 서로 연결되어 있으며, 하늘의 나쁜 징조는 땅에서도 나쁘고, 땅의 나쁜 징조는 하늘에도 나쁘다' 즉 우주의 모든 것은 서로 관계를 맺는다는 생각에 뿌리를 둡니다. 이러한 생각은 상응의 법칙이라고 불리며 점성학의 핵심 개념입니다.

　　　　일주일의 요일 이름은 태양계의 행성에서 유래했습니다. 일요일은 태양계의 중심인 태양입니다. 월요일은 달, 화요일은 화성, 수요일은 수성, 목요일은 목성, 금요일은 금성, 토요일은 토성에 해당합니다. 점성학이 서양의 운명학을 대표한다면, 명리학은 동양의 운명학을 대표하는 학문입니다. 점성학은 태양과 달을 더해서 7개의 행성을 사용하는 반면, 명리학은 태양과 달을 제외한 5개의 행성을 양음으로 나눈 10개의 천간을 활용하여 분석합니다.

순서나 등급을 매길 때 첫째를 뜻하는 甲(갑)목입니다. 한자를 자세히 살펴보면, 네 개의 획으로 이루어진 사각형 모양의 테두리를 가지고 있습니다. 이 테두리는 딱딱하고 단단한 느낌을 줍니다. 윗부분에서 아래로 내려오는 획은 뿌리가 땅속으로 깊이 내려가는 모습을 연상시킵니다. 네 구획으로 나뉜 밭, 뿌리가 내려오는 모양, 딱딱한 사각형 테두리, 외부로 뻗어가는 모양 등의 특징을 통해 식물의 뿌리, 생명력, 자신감과 자존감, 존재감, 탄생하다, 존재를 드러낸다는 뜻을 가집니다.

乙(을)목은 새를 뜻하는 한자입니다. 지구 내부에 중력이 없다면 만물이 무중력 상태로 공중에 떠다닐 것입니다. 이는 마치 새가 하늘을 자유롭게 나는 모습과 비슷합니다. 또한 담쟁이넝쿨처럼 유연하게 움직이는 식물의 줄기 모양과도 비슷합니다. 그래서 乙(을)목은 좌우로 움직이는 새싹, 유연함, 적응력을 뜻하며, 틀에 박힌 삶을 싫어합니다.

따뜻한 남쪽을 뜻하는 丙(병)화는 빛을 널리 퍼트려서 형체를 크게 부풀립니다. 丙(병)화의 한자는 아래로 쏟아지는 빛과 위로의 확산을 막는 형태를 가지고 있습니다. 마치 조선시대의 호롱불을 닮았으며, 명리학에서는 빛과 확장, 분산의 의미를 지닙니다.

정 丁 丁(정)화는 고무래라는 뜻을 가지고 있으며, 흙을 고르거나 곡식을 긁어모을 때 사용하는 도구입니다. 흔히들 사용하는 나사나 못의 모양과 유사한데 명리에서는 단단하게 고정하고 무언가를 고치거나 수리하는 의미를 가집니다. 이 외에도 丁(정)화는 열과 중력에너지를 상징합니다.

무 戊 戊(무)토는 '창 과(戈)'에 '삐침 별(丿)'이 합쳐진 한자로, 무성함 또는 창이라는 뜻을 가집니다. 봄과 여름에는 부지런히 농작물을 심고 키워야 추운 겨울을 따뜻하게 보낼 수 있으며, 영토를 지키기 위해서 적과 치열한 싸움을 해야 승리할 수 있습니다. 그래서 戊(무)토는 호전성이 강한 넓은 땅을 의미합니다.

기 己 己(기)토는 몸 또는 자신을 나타내는 한자입니다. 戊(무)토가 열심히 싸워서 얻어낸 전리품을 己(기)토의 땅속에 넣어서 저장합니다. 도둑으로부터 내 것을 지켜내기 위해서 온몸으로 막아내는 모습을 상상하면 됩니다. 또한 꼬불꼬불한 모양으로 각이 졌기 때문에 구슬을 꿰더라도 쉽게 빠지지 못하는 것처럼 집중력과 끈기, 개인적인 영역,

저장의 뜻을 가집니다.

庚(경)금은 별 또는 일곱째 천간을 뜻하며, 명리에서는 단단해져 가는 열매, 책임감, 단체를 말합니다. 원래는 곡식을 털어내는 탈곡기를 의미했습니다. 한자를 하나씩 분리하면 '돼지머리 계(⺕)'와 '사람 인(人)'입니다. 옛날에는 곡식이나 과일을 수확하면 조상에게 돼지머리를 올려 감사의 마음으로 제사를 지냈습니다. 제사상 뒤에 병풍을 치는 이유는 별도의 제사 공간을 마련하기 위한 것입니다. '집 엄(广)'이 제사 중에 초가 꺼지지 않도록 외풍을 막은 병풍 모양을 닮았고, 과수원의 열매가 병충해나 비바람에 상하지 않도록 감싼 과수 봉지 같기도 합니다.

辛(신)금은 열매나 딱딱한 씨앗을 의미합니다. '설 립(立)' 아래에 '열 십(十)' 모양의 막대로 고정해서 맵다, 독하다, 고생하다의 뜻을 가지는데, 의미대로 뭔가 위태로워 보입니다. 아마도 겉모양에 비해 속이 여리고 부드러워서 상처받지 않기 위해서 보호막을 친 것일지도 모릅니다. 이는 세상의 어려움으로부터 자신을 보호하기 위해 노력하는 것을 나타냅니다.

임(壬)수는 빛이 없는 어둡고 차가운 바다를 상징하며, 보이

임 壬 지 않는 곳 내면의 깊이를 의미합니다. 그리고 임(壬)수는 실을 감는 실패를 나타낸다고 하는데 '선비 사(士)'와 '삐침 별(丿)'이 합쳐져서 선비가 갓을 쓴 형태입니다. 조선 시대 선비들은 호롱불을 켜놓고 밤낮 구별 없이 공부할 정도로 끈기있게 노력하고, 끊임없이 배우는 학문과 깊은 정신세계를 나타냅니다.

계 癸 발산의 기운을 가진 癸(계)수는 '등질 발(癶)'과 '하늘 천(天)'이 합해져서 지붕에 비가 떨어지는 모습을 닮았습니다. 명리에서는 봄비 같은 수분, 수증기, 아지랑이를 의미합니다. 기압이 높은 봄에 쾌청한 날씨를 유지하려면 적당량의 수분이나 봄비의 역할이 중요합니다.

만세력에서 찾는 나의 탄생 바코드

가늘고 굵은 막대그래프와 숫자를 특정한 형태로 조합해서 구조화한 상품 바코드처럼, 각 개인이 태어난 순간의 생년월일을 바코드화한 것이 사주팔자인데 일종의 신상명세서에 해당합니다. 활용하는 방법은 인터넷이나 스마트폰에서 무료로 제공하는 다양한 만세력 앱 중의 한 가지를 선택해서 설치합니다. 이때 필요한 정보로 이름, 생년월일시, 음력과 양력, 남녀의 구별이며, 사주명식은 자동으로 계산되어서 나타납니다. 다만, 예시된 대운이나 세운에 대한 설명은 생략하겠습니다.

 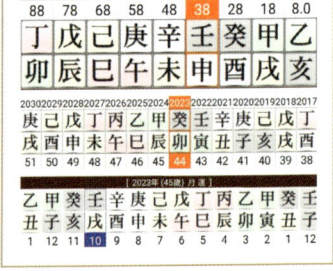

여덟 글자로 짜인 사주원국을 집에 비유할 수 있는데, 여덟 명의 대가족이 사는 계단식 복층 구조로 된 저택입니다. 위층은 천간이며 아래층은 지지입니다. 각각의 방은 궁

(宮)입니다. 읽는 순서는 우측부터 좌측을 향하며, 이때 천간을 먼저 읽고 지지를 읽습니다.

임의로 설정한 땡땡이의 탄생 바코드를 보겠습니다. 己未년, 丙子월, 癸酉일, 乙卯시입니다. 시간(천간)과 공간(지지)을 합쳐서 시공간이라고 하며, 각 복층 구조의 부부궁은 하나의 간지가 됩니다. 연과 월은 조부모와 부모의 궁입니다. 일간(나)이 태어나기 전부터 존재해 왔으며 그 도움으로 세 번째와 네 번째의 간지가 탄생할 수 있습니다. 일주는 나와 배우자, 시주는 자녀 부부가 사는 곳입니다.

천간은 시간의 수레바퀴 2

지지는 천간의 기운이 지지 내부에 숨어 있어서 어떤 현상에 대한 느낌만 있을 뿐 확인하기가 어렵습니다. 그 사람이 그럴 거라고는 전혀 생각조차 못 했다고 하면서, 열 길 물속은 알아도 한 길 사람 속은 알 수 없다고 말하는 이유와 비슷합니다. 이와 다르게 천간은 타고난 기본적인 성격, 가치관, 행동 방식 등을 어느 정도 파악할 수 있습니다. 사주원국에서 천간과 지지의 글자들 대부분이 봄과 여름의 속성을 가졌다면 그 사람의 외면과 내면이 같거나 유사합니다. 천간의 글자가 대부분 여름의 속성인데 지지는 겨울을 나타내는 글자로 이루어졌다면, 외면과 내면이 불일치된 환경에서 살아갈 가능성이 높습니다. 이는 개인의 성격, 가치관, 삶의 방향 등에 있어서 내면과 외면의 차이가 크다는 것을 의미합니다. 이러한 경우 페르소나라고 불리는 사회적 자아를 형성하게 됩니다. 페르소나(Persona)는 사회에 적응하기 위해 만들어 내는 가면과 같은 존재입니다. 대부분 무의식적으로 형성되며, 사회에서 기대하는 모습, 자신이 보이고 싶은 모습 등을 반영합니다.

천간과 지지가 정반대일 경우, 개인의 성향과 환경

사이에 갈등이 발생할 가능성이 높습니다. 내향적인 사람은 낯선 사람과의 대화를 매우 불편하게 느낄 것이고, 외향적인 사람은 조용한 사무실에서 하루 종일 회계업무만 처리해야 하는 상황을 이겨내지 못하고 조기 퇴사를 고민할 것입니다. 천간과 지지의 속성이 같거나 유사하다면 자신에게 맞는 직업과 환경을 선택해서 적응할 확률이 높습니다. 천간은 시간과 같아서 계속 움직입니다. 반면 지지는 지정된 물형(物形)을 갖추고 있기에 무겁고, 움직일 때마다 소리가 나는데 스스로 움직이는 것이 아닙니다. 천간의 시간이 "지지야 이제 움직여!"라고 명령을 줄 때야 비로소 움직일 수 있습니다. 그래서 천간이 지지를 다스린다고도 합니다.

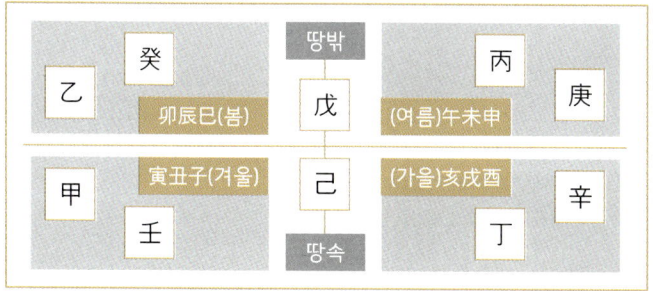

사계도에는 각 계절에 배속된 에너지들이 있습니다. 천간에 대해서는 여러 번 살핀 이유로 조금 익숙하지만, 지지는 아직 낯설 수 있습니다. 지지는 총 12자로 子丑寅卯辰巳午未申酉戌亥(자축인묘진사오미신유술해)입니다. 봄은 卯辰巳(묘진사), 여름은 午未申(오미신), 가을은 酉戌亥(유술해). 겨울은 자축인(子丑寅)입니다. 땅 밖의 세상은 봄과 여름입니다. 천간으로 癸乙戊丙庚(계을무병경), 지지로 卯辰巳午未申(묘진사오미신)입니다. 땅속의 세상은 가을과 겨울입니다. 천간으로 辛丁己壬甲(신정기임갑), 지지로 酉戌亥子丑寅(유술해자축인)입니다. 나와 가족의 사주에서 천간과 지지를 구분해 보고, 땅 밖에서 활동하는 에너지가 많은지 아니면 정반대인지를 비교해 보면 재밌습니다.

목화토금수(木火土金水) 다섯 개의 오행을 양과 음으로 나누면 甲(갑)목과 乙(을)목, 丙(병)화와 丁(정)화, 戊(무)토와 己(기)토, 庚(경)금과 辛(신)금, 壬(임)수와 癸(계)수입니다.

첫 번째 목(木)입니다.

甲(갑)목 -
아래로 뿌리내린 후 위로 상향하는 생명 에너지(양)

 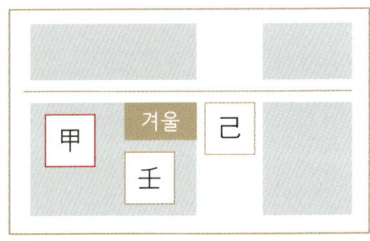

甲(갑)목은 아래로 뻗친 다음 위로 오르는 상하운동의 에너지입니다. 움직임이 직선적이어서 부드러움이나 유연함이 조금 부족합니다. 식물에 비유하면, 실타래 같은 뿌리가 딱딱한 씨앗의 표면을 뚫고 나오기에 생명의 근원과 같습니다. 甲(갑)목은 자라서 꽃과 열매를 맺고 씨앗이 되었다가 과거를 잊은 채 다시 태어나므로 생각이나 행동이 순수합니다.

甲(갑)목은 모든 움직임의 출발점이고 존재 여부를 결정하는 기준이므로 무거운 책임감을 느낍니다. 문제는 무(無)에서 시작해야 합니다. 과거에 성취했던 결과물까지도 버려야만 새 출발이 가능하여서, 부모를 포함한 누구의 도움도 기대할 수 없는 상태입니다. 이러하여 철저히 혼자 노력해서 인생을 개척해 가야 하는 고독한 삶을 살 수 있습니다.

甲(갑)목을 뿌리내리는 과정이라고 표현했는데, 씨앗 속에서 딱딱한 껍질을 뚫고 나오는 과정에서 찢어지는 아픔과 고통을 겪습니다. 아기가 태어날 때도 마찬가지입니다. 甲(갑)목이 천간에 있다면 몸 어딘가에 흉터나 수술 자국이 있고, 없다면 신체 어디든 있는 것이 좋습니다. 저의 경우는 甲(갑)목이 지지에 寅(인)목으로 있어서 태어난 직후 생긴 화상 자국을 갖고 있습니다.

甲(갑)목이 땅 밖으로 나가기 전에 먼저 해야 할 일이 물을 충분히 흡수해서 뿌리를 내리는 일입니다. 그렇지 않고 일찍 땅을 벗어나면 뿌리 없는 나무처럼 바람에 쉽게 흔들리고 벌레들이 기생해서 제대로 성장할 수 없습니다. 뿌리 깊은 나무가 되지 못할 때 인간의 삶은 어떻게 될까요. 한창 공부할 시기에 밖에서 친구들과 놀려고만 하거나, 대학에 가지 않고 바로 사회활동에 뛰어들 가능성이 큽니다.

甲(갑)목이 물 부족으로 나타나는 현상은 다양하며, 생기 부족, 우울, 사회적 어려움, 과음, 자학 등의 문제로 이어질 수 있습니다. 생기(生氣)는 살아 숨 쉬는 맑은 기운을 의미하며, 이는 건강, 활력, 긍정적인 에너지 등을 상징합니다. 음과 양은 적절한 비율로 균형을 맞춰야 하므로 물이 너무 많아도 좋지 않습니다. 봄이 되면 땅 밖으로 나와야 하는데도 계속 뿌리만 내리려고 합니다. 마치 평생 공부만 하는 학자처럼 사회활동이나 인간관계를 단절하고 지냅니다. 내부에 응축된 물의 기운을 적절하게 빼내지 못하면 사회생활이 정체되고 활동 반경이 협소해집니다.

乙(을)목 -
좌우로 움직이며 생기를 퍼트리는 생명 에너지(음)

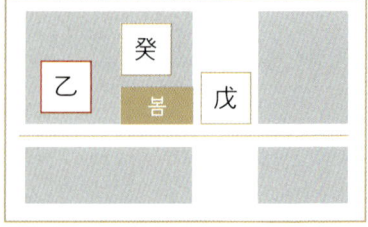

甲(갑)목이 뿌리내리는 과정을 끝내고 땅 위로 오르는 순간 잎이 양 갈래로 갈라지면서 기지개를 켜는 것이 乙(을)목의 새싹인데 생명력이 매우 강합니다. 乙(을)목은 甲

(갑)목과 달리 부드러워서 사방팔방 밝은 기운을 퍼트리고 다닙니다. 인체 구석구석에 혈액을 공급하는 것도 乙(을)목입니다. 이 유연한 움직임을 방해하거나 통제하는 글자가 많다면 인간관계나 육체 활동이 제대로 되지 않습니다. 성격은 소극적으로 변하거나 위축감을 느끼고, 질병에 노출될 수도 있습니다.

乙(을)목은 한자리에 가만히 머물지 못하며 적극적으로 인맥을 넓혀갑니다. 乙(을)목에게 인맥이 끊어진다는 것은 삶의 목적을 잃은 것과 같습니다. 乙(을)목이 고독감을 느낀다면 자신의 의지가 아니라 주위에서 소외시켰을 가능성이 큽니다. 사람들은 乙(을)목의 발랄하고 튀는 행동을 산만하게 느낄 수 있기 때문입니다.

乙(을)목은 덩굴처럼 끊임없이 변화를 추구하고 새로운 것을 찾아 나서는 성향 때문에 결과물을 얻을 때까지 기다리는 인내심이 부족할 수 있습니다. 적당히 만족하는 선에서 다른 곳으로 관심을 돌려서 방향을 바꾼 다음 미련 없이 떠나기 때문에, 사주에 乙(을)목이 많으면 많을수록 변화가 많습니다. 乙(을)목이 깊이 있는 공부를 하는데 어려움을 겪지만, 사주에 결과물을 나타내는 庚(경)금이 있다면 상황이 달라지며, 시작과 결과를 함께 얻을 수 있습니다.

두 번째 화(火)입니다.

丙(병)화 -

세상을 환하게 비추는 빛 에너지(양)

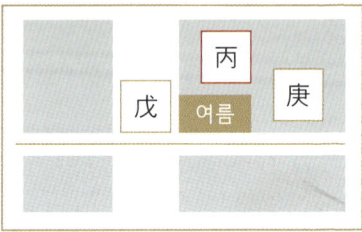

　　　　丙(병)화는 여름에 활용하는 에너지입니다. 甲(갑)목이 뿌리내리고 봄이 되면 乙(을)목 새싹이 땅 밖으로 올라옵니다. 새싹이 자라면 꽃과 열매를 만들어 내고, 이때 丙(병)화가 열매가 커지도록 돕는 역할을 합니다. 감나무에 하얀 감꽃이 떨어지고 나면 작은 감 열매가 열리는 것을 볼 수 있는데, 이 작은 감 열매는 丙(병)화의 분산 작용 때문에 주먹 크기만큼 부풀어 오릅니다.

　　　　열매는 곧 재물과 같아서 돈에 집착할 가능성이 크지만, 빛을 방출해서 만인을 돕는 삶을 택하기도 합니다. 대부분은 좁은 곳에서 넓은 곳으로 확장해 가며 수많은 생명체에게 밝고 환한 환경을 제공합니다. 빛으로 어둠을 밝히는 역할은 불분명한 상황을 명확하게 밝혀 주기에 좋지만, 丙(병)화가 없다면 존재를 드러내지 못하고 어둡게 살아갑니다. 이것은 물질 측면에서도 불리하게 작용하는데, 직장에서 월급을 받는 경우 丙(병)화가 없으면 월급이 제대로 오르지 않습니다. 대신 운에서 丙(병)화가 오는 시기에 잠깐 오르거나 사업 규모가 확장됩니다.

　　　　丙(병)화가 있는 시공간은 넓고 화려해서 세상에 드러나 주목받을 수 있지만, 정식 절차를 밟지 않고 돈을 취하거나 타인에게 의도적으로 해(害)를 준다면 빛이 화려한 만큼 흠이나 단점도 뚜렷하게 드러나서 곤경에 처할 수 있습니다. 또한 丙(병)화는 인체의 심장에 배속됩니다. 乙(을)목의 혈액이 심장으로 향하는 과정에 막히게 되면 심장마비나 뇌출혈로 발현되는데, 그 이유는 심장과 뇌가 상하 연결되어 한 쌍으로 작용하기 때문입니다.

丁(정)화 -
중력으로 만물을 끌어당기고 뭉치는 열에너지(음)

　　　　丁(정)화는 만물을 수렴하는 중력 에너지로, 丙(병)화의 넓은 시공간을 좁게 만들어 버립니다. 감나무에 달린 감의 크기를 丙(병)화가 결정한다면 감을 익히는 것은 丁(정)화

의 역할입니다. 丁(정)화가 열을 모을 수 있는 이유는 丙(병)화가 뿜는 빛을 저장했기 때문입니다. 丁(정)화의 작용이 있기에 만물이 자기만의 모습을 갖출 수 있지만 단점도 있습니다. 丁(정)화의 열 축적은 세포 손상과 노화를 통해 죽음을 초래합니다. 노화는 생명체의 기능이 점차 감퇴하는 과정이며, 죽음은 생명체의 기능이 완전히 중단되는 현상입니다. 丁(정)화의 열을 적절하게 조절하는 것은 건강하고 장수하는 데 중요합니다.

　　　　단단하게 뭉치는 움직임 때문에 丁(정)화는 집중력이 매우 높습니다. 비유하자면, 촛불 주위는 밝고 벗어나면 암흑처럼 어두워지는 원리입니다. 이런 영향 때문에 운에서 丁(정)화를 만나면 도시 중심부에 있다가 갑자기 조용한 변두리를 찾게 됩니다.

　　　　丙(병)화에서 확장하던 일이 丁(정)화에 이르면 갑자기 진행 속도가 느려지고 차질이 생깁니다. 열을 집약해서 뭐든 단단하게 만들므로, 丙(병)화에서 丁(정)화로 바뀌는 과정을 조정해야만 합니다. 丙(병)화는 분산, 밝음, 넓은 시공간, 화려한 색채, 공적인 업무에 해당이 되고, 丁(정)화는 열, 수렴, 중력, 집념, 집착, 좁은 공간, 육체, 물질적인 특성에 가깝습니다. 어차피 丁(정)화의 본성이 금을 창조하고 다스리고 통제하기에 물질에 대해 관심이 많아질 수밖에 없습니다.

세 번째 토(土)입니다.

戊(무)토 -

만물을 양육하는 땅의 에너지(양)

　　토는 생명체의 존재를 드러내고 가치를 발현하는 무대지만, 끝없이 무한한 것이 아니라 일정한 영역이 정해집니다. 저는 대한민국 국적을 가진 국민입니다. 그럴더라도 국내를 벗어나 해외를 방문하려면 대부분의 국가에서 비자를 발급받아야 합니다. 물론 비자를 발급받았다고 해도 입국 시 출입국 관리소의 심사를 거쳐야 입국이 허가됩니다. 즉 정해진 국내에서만 자유롭게 이동하고 거주할 수 있는 것입니다.

　　예부터 땅을 많이 차지한 사람이 힘과 권력을 갖기에 영역 다툼이 끊임없이 발생하였고, 현재 러시아와 우크라이나의 전쟁은 3년째 지속되고 있으며, 이스라엘과 하마스 간의 갈등 또한 심각한 상황입니다. 이러한 상황 속에서 3차 세계대전의 가능성에 대한 우려가 커지고 있습니다. 현대의 정치적 이념이나 자원 조달로 전쟁이 발생하기도 하지만, 고대에는 농사가 잘되는 땅을 차지하거나 늘어나는 인구수로 새로운 땅을 확보하기 위한 영토싸움이 주된 이유였습니다.

빛은 손에 잡을 수 있는 물질이 아니며 누구에게나 공평하게 분배되기에 다툴 필요가 없는 반면, 땅은 유한해서 아군과 적군을 구분하고 내 땅 네 땅 경계를 지어야 합니다. 사주에 토가 없으면 정착할 터전이 없으므로, 안정감이 떨어지고 이사를 자주 다니거나 직장을 자주 옮깁니다.

戊(무)토는 내부에 물질을 당겨오는 丁(정)화의 열과 중력을 품고 있습니다. 이는 戊(무)토가 물질을 끌어당기고 뭉치게 하는 힘을 가지고 있다는 것을 의미합니다. 戊(무)토는 내 울타리 안에 있는 가족과 동족을 보호하려는 욕구가 강합니다. 이는 안정적인 삶과 환경을 추구하는 성향으로 이어집니다. 자신의 영역을 침범하거나 가치관에 어긋나는 것을 보면 호전적인 모습을 보일 수 있습니다. 戊(무)토는 빛과 물과 함께 생명체의 성장에 필수적인 요소입니다. 땅과 생명체와 빛이 있음에도 물이 부족하다면 당연히 물을 공급받기 위해 타인이 가진 것을 뺏고 싶어 하게 됩니다. 물이 부족하면 생명체의 성장이 저해되고, 심지어 죽음에 이를 수 있습니다.

戊(무)토는 다양한 움직임이 오가는 곳으로 사람과 사람, 물건과 물건을 연결하는 일에 적합합니다. 하지만 그 공간의 환경은 고정된 것이 아니며, 각자의 이익을 위해 거래하는 과정에서 수시로 다툼이 일어날 수 있습니다. 생존을 위한 모든 행위는 자연스러운 것입니다. 만약 운에서 戊(무)토가 오면 주거환경이나 사회활동에 변화가 발생하고 공간을 이동할 일이 생깁니다. 여기서 운(運)이라는 것은 사주원국이 아니라, 대운(십 년)이나 세운(일 년)을 지칭합니다.

戊(무)토의 목적은 좋은 환경을 제공해서 생명체가 많이 사는 것입니다. 다만, 그 과정이 하루아침에 이루어지는 것이 아니므로 많은 시간을 투자해야 하기에, 당장 수익을 내고 싶다면 어려울 수 있습니다.

己(기)토 -
내부에 저장하고 품는 땅의 에너지(음)

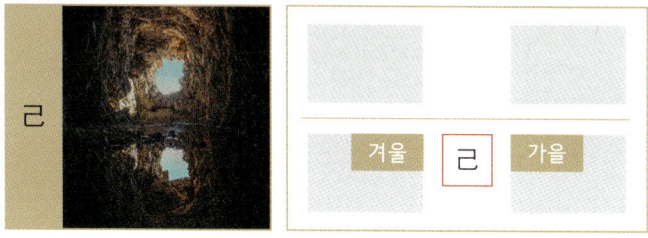

己(기)토는 빛을 열로 바꾸어서 내부에 저장합니다. 봄에 새싹(乙)이 戊(무)토의 땅에서 성장하다가 열매(庚)가 되고, 가을 己(기)토의 땅에서 딱딱한 씨앗(辛)이 되어 뿌리(甲)로 나옵니다. 땅 밖과 마찬가지로 땅속에서도 자연의 움직임과 변화는 멈추지 않습니다. 戊(무)토에서는 생명체가 커가면서 영역을 넓혀 나가고, 己(기)토에서는 성장보다 줄이고 영역을 좁혀간다는 차이가 있을 뿐입니다.

己(기)토의 성향이 보수적이고 밖으로 드러내는 행위에는 익숙하지 않아서, 능력이 뛰어나지만 주위에서 알아주지 않거나 능력을 제대로 발휘하지 못할 수 있습니다. 己(기)토는 주로 내부를 향하고 양에서 음으로, 밝음에서 어둠으로, 확장했던 것을 축소합니다. 이런 이유로 己(기)토가 능력이 뛰어나고 귀한 것을 품는다 해도 인정받기 어렵습니다. 움켜쥐고 내놓지 않는 성향이 지나치면 돈이나 사람에 대한 집착으로 삶이 고달파집니다.

己(기)토는 반드시 물을 머금은 축축한 땅이어야 합니다. 물이 부족하면 신장과 방광에 문제가 발생하고 달팽이관의 기능이 저하되어 균형감각에 이상이 올 수 있습니다.

네 번째 금(金)입니다.

庚(경)금 -
단단하게 틀을 만들어 가는 물질 에너지(양)

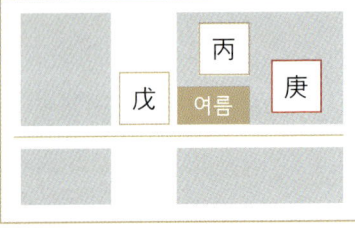

甲(갑)목이 뿌리를 내린 후 땅을 뚫고 나와 새싹(乙)이 되고 戊(무)토의 땅에서 성장합니다. 아지랑이(癸)가 피어

오르면 꽃이 피고 벌과 나비가 날아듭니다. 戊(무)토의 땅에서 빛(丙)과 열(丁)의 도움으로 열매(庚)가 만들어집니다.

庚(경)금 열매는 丙(병)화와 丁(정)화에 의해 딱딱해져서 일정한 외형과 틀이 형성되어 조직이나 단체의 속성을 갖습니다. 한 그루의 감나무에는 감이 여러 개 달려있기 때문이기도 합니다. 감의 크기나 모양에 따라 상품 가치가 달라지는데, 벌레 먹거나 상처가 없어야 합니다. 좋은 단감의 경우 모양이 매끈하고 맛이 아삭하며 당도가 높아야 높은 가격에 판매됩니다. 즉 열매는 빛 조절에 따라 가치가 매겨지고, 빛이 없다면 열매가 커갈 수 없습니다. 이것은 자동으로 수익과 연결되니 재산이 늘어나지 않습니다. 결국 금(金)은 실질적인 물질이자 노력의 결과물이어서 아주 현실적입니다. 물질을 적절히 활용하면 좋지만, 지나치게 욕심내면 오히려 불운을 가져올 수 있으니 신중하게 다뤄야 합니다.

辛(신)금 -
딱딱한 물질 에너지(음)

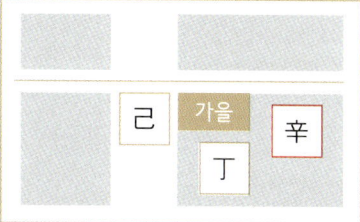

辛(신)금은 열매의 완성을 뜻합니다. 庚(경)금일 때는 열매가 많아서 풍요로운 시기이지만, 辛(신)금으로 완성되면 무게를 지탱하지 못하고 땅에 떨어져 고독해집니다. 이는 庚(경)금의 활발한 활동과 풍요로움에서 벗어나 내면의 성찰과 깊이 있는 사색을 하는 단계로 진입해서 나의 존재에 대해 질문하고 답을 찾아가는 상태를 말합니다.

다시 정리하면, 甲(갑)목이 땅을 뚫고 乙(을)목으로 나와 생기를 퍼트립니다. 그 후 丙(병)화로 꽃을 피우고 丁(정)화로 열매를 맺습니다. 戊(무)토의 땅에서 庚(경)금 열매가 완성되고 나면 辛(신)금은 화려한 공간에서 점점 멀어지고 철저히 홀로서기를 해야 합니다.

辛(신)금은 가장 가치 있는 물질의 상태지만 己(기)토 내부에서 조용히 지냅니다. 자신을 밖으로 드러내지 못하기에 가치를 제대로 인정받기 어렵습니다. 원석의 다이아몬드는 제련의 과정을 거쳐야만 세상의 관심을 받듯이, 辛(신)금이 가치를 드러내고 싶다면 화려한 丙(병)화의 빛이 필요합니다. 하지만 辛(신)금과 丙(병)화가 만나면 줄다리기합니다. 辛(신)금은 어둠 속에 있지만 丙(병)화는 밝은 곳에 있어서 빛이 어둠으로 들어가느냐, 어둠이 밖을 향해 나가느냐를 고민합니다.

辛(신)금을 숫자로 표현하면 10입니다. 10은 완벽과 완성을 의미하며, 인간이 도달할 수 없는 곳에 있는 것과 유사합니다. 십진법으로 바꾸면 1+0=1, 10에서 1로 환원됩니다. 1은 홀수이고 독립의 수이자 고독의 수입니다. 10이라는 완성 단계를 지나 1에서 다시 시작할 때는 아무것도 존재하지 않던 무(無)에서 시작하는 최초의 1이 아닙니다. 비록 화려한 물질세계에서 멀어졌어도 내면을 살피기에는 좋은 시기입니다.

'하늘 아래 새로운 것은 없다(There is nothing new under the sun).' 구약성경 전도서 1장 9절에 나오는 말씀입니다. 세상의 모든 일은 이미 있었던 일의 반복이며, 새로운 것은 없다는 의미입니다. 辛(신)금이 가치 있는 이유는 물질로서 가장 완벽하기 때문이기도 하지만, 윤회를 통해서 다시 甲(갑)목으로 재탄생하기 때문입니다. 빅뱅 이후 100억 년 가까이 되는 시간이 흘러서야 비로소 지구에 물질과 생명체가 생겨날 수 있었으니, 무(無)에서 유(有)를 창조해 내기란 너무나도 어려워 보입니다.

다섯 번째 수(水)입니다.

목화토금수(木火土金水) 오행 중 마지막 에너지입니다. 물이라는 단어를 들으면 바다, 흐름, 깊은 어둠이 떠오르는데, 본질적으로는 무형태이지만, 담는 그릇에 따라 다양한 형태를 띠고, 그 깊이에 따라 물의 형태가 달라집니다. 네모난 그릇에 담긴 물은 네모난 모양을 띠게 됩니다. 호리병에 담으면 호리병의 곡선을 따라 흐르게 되는데 물이 유연하고 변화에 적응한다는 것을 말합니다. 물이 깊어질수록 빛을 흡수하는 양이 많아져 어둡게 보입니다. 깊은 어둠은 미지의 세계를 상징하며 깊이 내려갈수록 내부가 잘 보이지 않아서 물을 흑색으로 표현합니다. 흑색은 죽음과 무한을 상징합니다. 목(木)은 초록색 또는 청색, 화(火)는 붉은색, 토(土)는 황토색, 금(金)은 흰색입니다.

壬(임)수 -
만물을 응축하는 암흑 에너지(양)

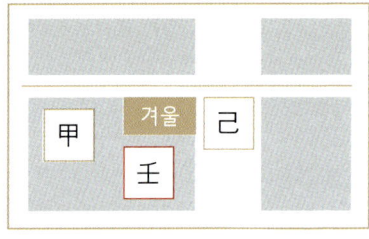

직전에 살펴 본 辛(신)금은 壬(임)수의 도움 없이 甲(갑)목으로 나올 수가 없습니다. 壬(임)수는 만물을 창조하는 어머니이며 유동성을 가진 바다입니다. 바다는 블랙홀처럼 모두 빨아들여서 없애기도 하지만, 죽지 않게 생명수를 공급합니다. 한쪽에서는 생명을 빼앗고 다른 한쪽에서는 생명을 다시 내놓으니 이중적라고 볼 수 있습니다.

영혼의 세계에 있는 壬(임)수에는 물질이 없습니다. 돈을 생활 수단으로 활용하는 우리는 壬(임)수의 어둠을 멀리하고 丙(병)화의 화려한 세상을 더 선호합니다. 사주 구조에 따라 다르지만, 壬(임)수의 시기에는 주로 조용하고 어두운 곳을 찾아 공부하거나 내면을 향합니다.

壬(임)수는 과거의 모든 경험을 축적한 辛(신)금을 품은 양수입니다. 辛(신)금이 없는 壬(임)수는 흐르는 속성 때문에 한곳에 정착하거나 구속되는 것을 싫어합니다. 壬(임)수가 목마른 이에게 생명수가 되어야 함에도 어떤 방해물 때문에 흐르지 못하면, 백탁 현상이 일어나서 주위가 위험에 빠집니다. 주변의 모든 것을 끌어당겨 빛조차 빠져나올 수 없게 하는 것은 생명의 흐름을 차단하는 행위와도 같습니다.

癸(계)수 -
폭발적으로 튀어 오르는 발산 에너지(음)

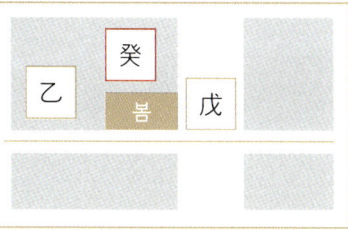

우주의 무한 응축 상태가 壬(임)수라면 응축된 기운을 풀어내는 움직임은 癸(계)수입니다. 癸(계)수의 본성은 폭발하는 에너지로서 땅 내부에는 丁(정)화가 열을 축적하고, 땅 외부에는 癸(계)수가 밖으로 튕겨 나갑니다. 이 정반대의 과정에 丁(정)화와 癸(계)수가 한순간도 멈추지 않고 움직입니다. 癸(계)수는 壬(임)수와 마찬가지로 어머니와 같은 존재이자 자연과 인간을 지배하는 영혼입니다. 癸(계)수의 발산 에너지가 만물의 성장을 촉진하며 균형을 맞춰갑니다. 변화에 유연하게 적응하고 새로운 것을 창조하는 능력이 뛰어납니다. 봄에는 아지랑이로 피어오르고 여름에는 더위가 식히는 비를 내려줍니다. 가을과 겨울에는 차가운 서리로 변해 날카로운 면을 보일 수 있습니다. 壬(임)수는 甲(갑)목에게 물을 공급하고, 癸(계)수는 乙(을)목이 무럭무럭 성장할 수 있도록 돕습니다. 壬(임)수와 癸(계)수는 서로 다른 대상을 향해 에너지를 사용하지만, 둘 다 대자연에 없어서는 안 되는 존재입니다.

Chapter

03

지지에 대하여

시공을 얻거나 시절을 얻거나
지장간 스토리텔링 : 톡톡이의 여행
태양력과 태음력 그리고 절기
살아있는 것은 움직이고 변화한다는 것
지지는 공간의 수레바퀴
일간이 시절을 만나는 것

시공을 얻거나 시절을 얻거나

지지는 각각의 글자 특징을 살피는 것보다는 계절의 특징으로 파악하는 것이 더 효율적입니다. 예를 들어 저는 감성적이고 예민한 편입니다. 바닷속처럼 저의 마음을 알다가도 모르겠다는 얘기를 가끔 들었는데, 亥(해)월에 태어났기 때문입니다. 반대로 추위를 견뎌내고 동식물이 기지개를 켜는 따뜻한 봄은 만물이 활동을 시작하는 계절입니다. 봄 중에서 卯(묘)월에 태어나면 집에 있지 못하고 이곳저곳 돌아다니거나 여행을 좋아합니다. 辰(진)월에 태어나면 다양한 사람들을 만나며 바쁘게 생활합니다. 巳(사)월에 태어나면 밝은 기운을 퍼트리며 살아갑니다.

태어난 달, 즉 월지는 어머니의 궁입니다. 모태에서 나올 때 부모의 상황을 볼 수 있는 곳이어서 매우 중요합니다. 월지가 겨울이면 그 환경에서 필요한 것이 대부분 정해져 있습니다. 추위를 피할 수 있는 따뜻한 공간과 먹거리가 년과 월에서 충분히 제공된다면 어머니는 편안하게 생활하지만, 반대라면 가난하게 살거나 부친을 도와 생계형 일을 해야 합니다. 내(일간)가 태어났더니 이미 좋은 환경에서 사는 부모와, 궁핍한 환경에서 사는 부모를 만난 것의 차이는 엄청납니다.

이것을 시공(시간과 공간)을 얻었다 또는 시공을 얻지 못했다고 표현합니다.

 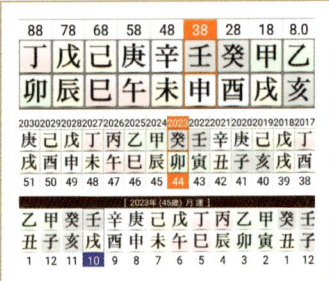

예를 든 땡땡이의 사주팔자를 다시 보겠습니다. 월지가 子(자)월입니다. 추운 겨울인 子(자)월이면 가장 먼저 먹거리가 필요합니다. 이 먹거리는 천간 辛(신)금이나 庚(경)금에 해당하며 지지로는 酉(유)금이나 申(신)금입니다. 금 다음으로 丙(병)화 빛이 있어야 합니다. 땡땡이의 사주에는 년과 월에 금이 없으므로 부모의 재산을 기대하기 어렵습니다. 일지에 酉(유)금이 있기는 해도, 일간이 태어난 이후의 상황입니다. 금 다음으로 빛이 있어야 하는데, 다행히도 월간에 丙(병)화가 있어서 아버지는 월지에 중요한 역할을 합니다.

일간(나)과 월지의 관계도 보겠습니다. 월지가 子(자)수인데 땡땡이의 일간은 癸(계)수입니다. 癸(계)수는 땅 위에서 가볍게 움직이는 봄의 에너지, 子(자)수는 어둠 속에서 두뇌를 사용하고 생각이 많은 겨울 에너지입니다. 그러니 모녀는 함께 살아가기 힘듭니다. 땡땡이는 밖에 나가서 친구들을 이끌고 골목대장을 하고 싶어하는데, 어머니는 공부를 강요하거나 아버지와의 불화로 집안 분위기가 우울할 수 있습니다. 이런 상황에서는 공부에 흥미를 못 느낀 채 방황하게 되고, 부모와의 관계도 점점 소원해집니다. 얼마 전 한 남성 내담자와 상담하는 과정에 생시를 물어서 탄생 바코드를 확인했습니다. 중고등학생 때 방황했을 거라고 말씀드렸는데, 수긍하면서 이유를 궁금해했습니다. 시공과 시절 모두 잃은 구조였기 때문입니다. 요약하면 년과 월로 부모의 환경을 살피는 것이 시공이고 월지와 일간(나)의 관계를 살피는 것이 시절입니다.

운은 대부분 정해진 시간표대로 반응하며, 사주를 읽을 때 사주원국이 기준입니다. 태어날 때 만들어지는 사주팔자의 여덟 글자는 일생 변하지 않지만, 대운과 세운, 월 운, 일 운에 따라 삶의 질이 변화합니다. 나이가 들면서 육체와 뇌세포의 성장이 멈추고 쇠퇴하기 시작하는 것처럼, 삶의 질 또한 좋다가도 나빠지고, 나쁘다가도 좋아지기를 반복하면서 변화합니다. 즉 시공간에 따라 환경이 변하면서 운에 따라 특정 에너지가 활용될 기회가 생겨나거나 사라질 수 있어서 절대적으로 좋고 나쁜 사주는 없습니다.

지장간 스토리텔링 : 톡톡이(癸)의 여행

子	丑	寅	卯	辰	巳	午	未	申	酉	戌	亥	→ 지지
자	축	인	묘	진	사	오	미	신	유	술	해	
壬	癸	戊	甲	乙	戊	丙	丁	戊	庚	辛	戊	
-	辛	丙		癸	庚	己	乙	壬	-	丁	甲	→ 지장간
癸	己	甲	乙	戊	丙	丁	己	庚	辛	戊	壬	

우주 어디엔가 신(神)이 존재한다고 믿더라도 직접 보거나 손으로 만질 수 있는 실체가 없어서 과학으로 증명하기가 어렵습니다. 이집트에서 노예로 살았던 이스라엘 백성들이 홍해를 가르는 모세의 기적을 보고 나서야 신이 있다고 믿은 것처럼, 직접 증명해 보이지 않는 이상 기운으로 느끼고만 있을 뿐입니다. 천공에 있는 해와 달, 구름과 별도 마찬가지로 원한다고 바로 얻어지는 것이 아닌 이것을 명리 용어로 천간이라 부릅니다. 어느 날 비가 내려 메마른 식물이 다시 활기를 찾게 되고 땅속에 스며든 비가 폭포수나 바다가 됩니다. 물이라는 액체는 미끈거립니다. 불꽃을 만지면 뜨겁습니다. 땅을 만지면 단단합니다. 나무껍질을 만지면 거칠고 둔탁합니다. 이처럼 눈으로 확인하고 손의 감각을 통해 경험하는 것

이 지지입니다.

고려사에, 가뭄이 들면 비를 내려달라고 하늘에 기우제(祈雨祭)를, 홍수가 나면 비를 멈춰달라고 기청제(祈晴祭)를 지냈습니다. 빛이 있는 낮에는 활동하고 빛이 없는 밤에는 대부분 잠을 잡니다. 즉 지구상에 살아가는 생명체는 공기 중의 수분과 빛알갱이 포톤(photon)의 도움으로 살아갑니다. 이 땅에 위와 같은 천간 에너지의 움직임과 변화가 없다면 사계절이 있을 수 없고, 우리 인간도 태어나거나 존재할 수 없습니다. 천간 에너지가 지지에 영향을 주어서 만물이 움직이도록 돕기 때문에 가능합니다. 천간의 에너지는 시시각각 곳곳에 숨어서 우리를 돕고 있습니다.

지지 속에 있는 천간의 시간은 명리 용어로 지장간(支藏干)입니다. 지장간의 '지(地)'는 땅을 말하며, '장(藏)'은 감추거나 품고 저장한다는 뜻입니다. 그리고 '간(干)'은 하늘을 지칭하는 천간(天干)입니다. 그래서 지지에 품은 천간, 다른 말로 공간 속에 감춰진 시간을 의미합니다.

1년의 12개월은 사계절로 분류되어 있습니다. 겨울은 子(자), 丑(축), 寅(인), 봄은 卯(묘), 辰(진), 巳(사), 여름은 午(오), 未(미), 申(신), 가을은 酉(유), 戌(술), 亥(해)입니다. 예를 들어, 子(자)월의 지장간에는 천간 壬(임)수와 癸(계)수의 시간이 숨어 있습니다. 만세력에서 찾은 탄생 바코드에 지지마다 지장간이 표기되어 있으니, 공부하지 않아도 지장간을 쉽게 찾을 수 있습니다. 천간과 마찬가지로 지지의 각 글자도 단순히 한 가지가 아니라, 상황에 따라 다양한 의미를 가집니다. 사주를 읽을 때는 의미들을 종합적으로 활용해야 하는데, 조금 쉬운 방법으로 이해를 돕겠습니다.

독자 여러분은 현재 연극 관람객입니다. 연극의 제목은 『톡톡이(癸)의 여행』입니다. 겨울이 시작되는 子(자)월부터 가을이 끝나는 亥(해)월까지 12막에 1막을 추가해서 전체 13막으로 구성됩니다. 주연은 癸(계)수「톡톡이」입니다. 癸(계)수는 대지를 촉촉하게 적셔주는 생명수 역할을 하지만, 춥고 어두운 子(자)수의 공간에 갇혀 봄의 에너지를 동경하며 항상 몸부림을 칩니다. 癸(계)수는 꽃망울이 터지듯 톡톡 튀는 성향을 보이며, 세상 돌아가는 모든 일에 호기심을 가지고 끊임없이 새로운 도전을 추구하는 역동적인 에너지를 가진 캐릭터입니다. 나머지 9명의 조연도 소개하겠습니다.

甲(갑)목의 극 중 이름은「고집이」입니다. 고집이는 오랜 잠을 깨고 존재를 드러냅니다. 강한 의지와 추진력으로 목표를 향해 끊임없이 노력합니다. 이때 맞고 틀리고보다는 계획을 완수하는 데만 집중하기 때문에 융통성이 부족하고, 상황에 맞는 변화를 받아들이기 어려워합니다.

乙(을)목의 이름은「팔팔이」입니다. 팔팔이도 톡톡이처럼 세상살이에 관심이 많습니다. 파릇파릇한 새싹답게 얌전히 있지 못하고 바쁘게 다닙니다. 성격이 좋은 팔팔이는 많은 사람에게 사랑받는 존재이기도 하지만, 포기가 빠른 행동은 단점이 될 수도 있습니다.

丙(병)화의 이름은 「태양이」입니다. 물체가 저마다 고유의 색을 가지고 있는 것처럼 보이는데, 실제로는 우리의 시신경을 통해 뇌로 전달되면서 색이 구분됩니다. 즉 물체의 색은 빛, 물체, 눈과 뇌가 복합적으로 작용하여 만들어지는 결과입니다. 빨강, 초록, 파랑이라고 인식하는 색이 물체에 흡수되고 남은 파장이라는 사실에 놀랍습니다. 각 물체에 알맞은 파장은 흡수하고 나머지는 반사하는데, 우리는 이 반사된 색을 지각하게 됩니다. 사과나 딸기처럼 각 물체에 고유의 색을 입혀주는 태양이 丙(병)화가 없다면 어둠 속에서 서로 부딪히고 상처 입으며, 잘잘못에 대한 구별도 없는 범죄의 세상이 되어 있을 것입니다.

丁(정)화의 이름은 「오믈이」입니다. 태양이는 밝은 빛을 보내오지만, 오믈이는 뜨거운 열을 보내옵니다. 태양이는 두 배 세 배 만물을 팽창시켜서 온 세상을 풍족하게 만드는 반면, 오믈이는 사물의 내부를 단단하게 오므려서 실속 있고 가치 있게 만듭니다. 어떻게 보면 각자의 속성이 전혀 다르게 느껴질 수 있어도 결국은 서로 보완하는 관계입니다.

戊(무)토의 이름은 「듬듬이」입니다. 땅은 스스로 움직이지 않습니다. 눈비가 내려서 추워져도, 눈 부신 태양으로 땅이 갈라져도 불만을 잘 드러내지 않습니다. 땅은 아무 말 없는데 가진 자들이 더 많이 가지겠다고 영역 다툼을 합니다. 듬듬이의 터전이 없다면 우리는 방랑자가 되어 떠돌이 생활을 피할 수 없을 것입니다.

己(기)토의 이름은 「저장이」입니다. 己(기)토는 저장이라는 이름처럼 내부에 값진 것을 품고 있는 땅을 나타냅니다. 물질적인 욕심이 강하고 보수적인 성향 때문에, 때가 되기 전에는 품에 들어온 것을 내놓지 않으려고 합니다. 그래도 고집이가 힘들어할 때 잠시 기댈 수 있는 의지처가 되어 줍니다.

庚(경)금의 이름은 「돈주렁이」입니다. 나무에 다양한 종류의 열매가 주렁주렁 매달려 있습니다. 이 열매들은 그냥 먹거리나 장식용이 아닙니다. 열매가 맛있게 영글면 그만큼 가치가 높아집니다. 속물 같아 보이지만 인간이 살아가는 환경은 정신적인 것 외에도 물질에 적응하고 살아야 하기에, 재산이 없거나 부족하면 외톨이가 되어 고독한 생활을 하게 됩니다.

辛(신)금의 이름은 「새침이」인데, 새치름하다는 느낌 때문입니다. 새침이는 씨앗입니다. 열매가 다 영글어서 듬듬이의 땅에 떨어지면 시간이 지나면서 저장이가 있는 땅속 깊이 들어갑니다. 홍시 같은 물렁물렁한 외형이 사라지고 딱딱한 씨앗만 남게 되면, 더 이상 돈주렁이 상태가 아니라 다이아몬드 같은 존재가 됩니다.

壬(임)수의 이름은 「깜깜이」입니다. 바닷속 깊이는

외부에서 가늠하기 어렵습니다. 특히 겨울 바다는 표면이 얼음으로 덮여서 내부가 제대로 보이지 않습니다. 분명 다양한 생물이 존재해서 생태계를 이루고 있지만, 바닷속 폐기물 때문에 해양생물이 생존에 위협을 받고 있습니다. 2016년에 제작된 다큐멘터리「플라스틱, 바다를 삼키다(A Plastic Ocean)」편에, 버려진 플라스틱병으로 인한 오염된 바다 이야기를 다루었는데, 끔찍한 푸른 해저의 실제 상황을 그대로 볼 수 있었습니다. 깜깜한 바다는 만물이 생존하는 데 없어서는 안 될 소중한 생명수입니다. 가끔 성난 파도가 해일을 일으켜 토해낼 때도 있지만, 대부분의 세월은 아픔을 느끼더라도 그냥 끌어안고 삽니다.

이제 배우들의 성격을 이해했다면, 드디어 막을 올리고 흥미로운 이야기 속으로 들어가 보겠습니다. 빛이 전혀 들지 않는 곳에 깜깜이(壬)가 살고 있습니다. 이곳은 자신이 어떻게 생겼는지 알 수 없을 정도의 암흑 속입니다.

#01. 제1막

子월(깜깜이 壬수 · 톡톡이 癸수)

천둥 번개와 회오리를 동반한 비바람이 거세게 몰아치던 날 톡톡이(癸)가 울음을 터트리며 존재를 드러냅니다. 오직 어둠뿐이던 곳에 톡톡이(癸)의 탄생과 더불어 한 줄기 빛이 생겨났는데, 바로 이곳이 子(자)월입니다. 톡톡이(癸)는 호기심이 많아서 바깥세상으로 여행을 결심합니다. 태어난 지 얼마 되지 않아서 새로움에 대한 두려움이 컸지만, 미지에 대한 궁금증을 풀기 위해 어머니인 깜깜이(壬)가 잠든 틈을 타서 준비 없는 여행길에 나섭니다.

#02. 제2막
丑월(톡톡이 癸수 · 새침이 辛금 · 저장이 己토)

子(자)월을 빠져나온 톡톡이(癸)는 이곳저곳을 헤매고 다니다가 丑(축)월의 땅에 이르지만, 여전히 어둡고 습한 기운까지 더해져서 마음에 들지 않습니다. 丑(축)월의 주인 저장이(己)는 톡톡이(癸)를 보자마자 경계한다는 느낌을 받았는데, 톡톡이(癸)는 무시하고 당분간만 머물기로 합니다. 마침 저장이(己)의 아들 새침이(辛)가 톡톡이(癸)에게 호감을 가졌고, 자연스럽게 둘은 친구가 됩니다. 톡톡이(癸)는 새침이(辛)에게 밝은 세상으로 함께 떠날 것을 제안합니다. 새침이(辛)는 이 제안을 흔쾌히 받아들였고, 저장이(己)의 눈을 피해 丑(축)월을 빠져나갑니다.

#03. 제3막
寅월(듬듬이 戊토 · 태양이 丙화 · 고집이 甲목)

도착한 寅(인)월 역시 그리 밝은 세상은 아니었지만, 子(자)월과 丑(축)월보다는 훨씬 낫다는 생각이 듭니다. 이곳의 주인은 고집이(甲)입니다. 고집이(甲)는 힘이 꽤 세지만 되도록 조용히 지내고 싶어 합니다. 며칠간 조용히 지내나 싶더니 톡톡이(癸)의 호기심이 다시 발동합니다. 한밤중에 고집이(甲)의 방에 들어갔다가 살짝 비칠 정도의 빛과 뿌리뿐이어서 조금 실망합니다. 시간이 꽤 지나자, 고집이(甲)도 넓은 바깥세상을 궁금해합니다. 하지만 寅(인)월의 땅은 새침이(辛)와 맞지 않는 것 같습니다. 잘 놀다가도 갑자기 쓰러지곤 했기 때문에 긴 여행은 무리일 수 있습니다. 톡톡이(癸)는 새침이(辛)만 두고 떠나려고 하니 미안한 마음이 들었지만, 고집이(甲)만 동행해서 卯(묘)월로 향합니다.

#04. 제4막
卯월(고집이 甲목 · 팔팔이 乙목)

卯(묘)월은 고집이(甲)가 원하는 곳이 아닙니다. 땅속에만 있다가 갑작스러운 빛 때문에 당황했지만 금세 좋은 묘책을 생각해 냅니다. 寅(인)월로 되돌아가서 온종일 잠만 자는 동생 팔팔이(乙)를 데려옵니다. 고집이(甲)는 물 없이는 살 수 없기에, 아쉬워도 동생 팔팔이(乙)가 자신의 소망을 대신 이루도록 부탁합니다. 팔팔이(乙)는 대가로 매일 저녁 오빠에게 세상 경험에 관한 이야기를 들려주기로 약속합니다. 卯(묘)월은 마치 마술의 세상입니다. 들판을 돌아다니며 야생화와 대화를 나누고, 흐르는 시냇물 소리에 맞춰 노래 부르면서 생애 최고의 행운을 누립니다. 해가 지면 집으로 돌아와서 고집이(甲) 오빠에게 자신이 경험한 이야기를 들려주고, 다음 날 해 뜨면 다시 바깥세상으로 나가기를 반복합니다. 시간이 어느 정도 흐르자 마냥 노는 것도 지겨워집니다. 팔팔이(乙)의 성향이 톡톡이(癸)와도 꽤 닮았습니다.

#05. 제5막
辰월(팔팔이 乙목 · 톡톡이 癸수 · 듬듬이 戊토)

卯(묘)월에서 신나게 놀다가 어느새 辰(진)월까지 넘어온 깜깜이(壬)는 우연히 누군가와 마주칩니다. 처음 보는 사람이지만 전혀 낯설지 않아 가까이 다가가 보니 듬듬이(戊)였습니다. 낯선 땅에서 우연히 만난 듬듬이(戊)에게 인사를 건네지만, 듬듬이(戊)는 별 반응 없이 미소만 짓습니다. 辰(진)월이라는 공간도 나쁘지는 않지만, 寅(인)월에서 많이 벗어난 곳이라서 저녁마다 고집이(甲) 오빠에게 가기에는 무리입니다. 어쩌면 귀찮은 마음이 더 큰지도 모릅니다. 辰(진)월은 물이 부족한 땅이라서 계속 갈증이 납니다. 홀로 두고 온 새침이(辛) 생각이 날 때면 후회와 죄책감이 들지만 되돌아가기는 싫습니다. 새침이(辛)가 없는 대신 함께 여행 중인 팔팔이(乙)라는 친구도 꽤 괜찮기 때문입니다.

#06. 제6막

巳월(듬듬이 戊토 · 돈주렁이 庚금 · 태양이 丙화)

다시 길을 나서서 도착한 巳(사)월은 눈부시게 밝은 곳입니다. 이곳의 주인 태양이(丙)는 낯설지만 어디선가 본 기억이 있습니다. 고집이(甲)의 방에서 잠시 봤던 빛, 그 태양이(丙)가 지금은 巳(사)월을 다스리고 있습니다. 巳(사)월에 머무는 동안 팔팔이(乙)와 톡톡이(癸)는 태양이(丙)를 도와 아름다운 곳으로 가꿔갑니다. 그 과정에서 어리고 철없던 팔팔이(乙)는 제법 성숙해지고, 잘생긴 청년과 사랑도 나눕니다. 어느 날 태양이(丙)와 팔팔이(乙)는 오믈이(丁)의 부탁을 받고 午(오)월로 향합니다.

#07. 제7막

午월(태양이 丙화 · 저장이 己토 · 오믈이 丁화)

첫발을 내디딘 午(오)월의 날씨는 뜨겁고 후덥지근합니다. 낮에는 태양이(丙)가, 밤에는 오믈이(丁)가 번갈아 가며 열심히 일합니다. 둘은 같은 공간에 있지만 서로를 볼 수 없는 상황입니다. 팔팔이(乙)에게서 돈주렁이(庚) 아기가 태어납니다. 모두의 축복을 받던 팔팔이(乙)는 톡톡이(癸)가 사라진 것을 뒤늦게 알고 찾았지만 보이지 않습니다. 우리는 톡톡이(癸)의 존재를 잠시 잊고 있었습니다. 톡톡이(癸)는 巳(사)월에 태양이(丙)를 돕느라 지쳤습니다. 午(오)월까지 이동하기에는 기력이 부족했고, 지친 몸을 이끌고 팔팔이(乙)를 뒤따라오다 탈수로 쓰러지고 말았습니다. 바람과 태풍에 밀려 지하로 떨어진 톡톡이(癸)는 물을 마시며 회복을 되찾았지만, 지하로 이동하는 그의 행방은 아무도 알지 못하게 됩니다.

#08. 제8막
未월(오믈이 丁화 · 팔팔이 乙목 · 저장이 己토)

　　　　午(오)월에서 하던 일을 마무리하고 未(미)월로 떠나왔지만, 마치 사막 같은 곳이라서 갈증이 심해집니다. 태양이(丙)와 돈주렁이(庚)는 기진맥진해 있는 팔팔이(乙)를 두고 떠납니다.

#09. 제9막
申월(듬듬이 戊토 · 깜깜이 壬수 · 돈주렁이 庚금)

　　　　申(신)월은 未(미)월만큼 뜨겁지 않습니다. 깜깜이(壬)가 톡톡이(癸)를 찾아서 이곳까지 오게 되었습니다. 일거수일투족 간섭하는 태양이(丙)에 비해 깜깜이(壬)는 돈주렁이(庚)의 행동에 자유를 주었습니다. 태양이(丙)가 자리를 비우는 날에 깜깜이(壬)에게 고민을 털어놓으면 억눌렸던 감정이 해소되었습니다. 그러다 태양이(丙)가 돌아오면 언제 그랬냐는 듯 시치미를 떼고 침묵했습니다. 어린아이 팔팔이(乙)가 하루하루 성장하는 것처럼, 태양이(丙)도 나이를 먹어가며 변화합니다. 이제 태양이(丙)는 함께 할 수 없는 여행이 시작되고, 깜깜이(壬)는 酉(유)월로 직행합니다.

#10. 제10막
酉월(돈주렁이 庚금 · 새침이 辛금)

무사히 도착한 酉(유)월은 열매를 수확하는 곳입니다. 마침 새침이(辛)가 깜깜이(壬)를 반갑게 맞이해 줍니다. 예민하고 병치레가 잦았던 새침이(辛)가 용기를 내어 톡톡이(癸)를 따라나섰고, 고생 끝에 酉(유)월에 정착할 수 있었습니다. 돈주렁이(庚)와 새침이(辛)는 서로 다른 성향으로 인해 자주 부딪혔지만, 깜깜이(壬)는 현명하게 상황을 지켜보며 톡톡이(癸)를 찾는 데 새침이(辛)만 동참하도록 합니다.

#11. 제11막
戌월(새침이 辛금 · 오믈이 丁화 · 듬듬이 戊토)

戌(술)월의 땅에 도착했지만 톡톡이(癸)는 여전히 보이지 않습니다. 깜깜이(壬)는 그동안의 여정으로 지쳐있고, 마침내 우연히 마주친 오믈이(丁)에게 도움을 요청합니다. 두 사람은 함께 힘을 모아 톡톡이(癸)를 찾아다닙니다. 그러는 중 새침이(辛)는 병에 걸리고, 오믈이(丁)는 정성껏 그를 간호합니다. 새침이(辛)는 소중한 친구 톡톡이(癸)를 다시 보고 싶어합니다. 세상을 떠나기 전에 꼭 재회를 꿈꾸지만, 운명은 그의 편이 되어주지 않습니다.

#12. 제12막

亥월(듬듬이 戊 · 고집이 甲 · 깜깜이 壬)

戌(술)월을 건너 亥(해)월까지 이어지는 곳은 한 줄기 빛조차 없는 어두운 곳입니다. 子(자)월이 생겨나기 전의 고요하고 편안한 공간이지만, 깜깜이(壬)에게는 톡톡이(癸)의 행방을 알 수 없는 암흑과 같은 곳입니다. 정신적으로나 육체적으로 지쳐버린 깜깜이(壬)는 집으로 돌아오지만, 톡톡이(癸)를 찾지 못한 상실감을 느낍니다. 잠시 깜박 잠이 든 사이 새침이(辛)의 죽음이라는 슬픈 소식이 들려옵니다. 오믈이(丁)는 하염없이 눈물을 흘리며 슬픔에 잠깁니다. 깜깜이(壬)는 그의 슬픔을 달래기 위해 쉬지 않고 기도하고 정성껏 위로합니다. 깜깜이(壬)의 따뜻한 품에 잠들어 있는 이 영혼은 寅(인)월에 새로 태어날 고집이(甲)입니다. 亥(해)월의 어둠 속에서 희망의 빛은 아직 사라지지 않았습니다.

#13. 제13막

子월(깜깜이 壬수 · 톡톡이 癸수)

깜깜이(壬)는 톡톡이(癸)를 그리워할 때마다 子(자)월을 찾았습니다. 그리고 마침내 바위 위에 걸쳐 앉아 있는 톡톡이(癸)를 우연히 발견하게 됩니다. 톡톡이(癸)는 이전의 모든 기억을 잃어버렸지만, 모종의 기운에 이끌려 고향으로 돌아온 것입니다. 마치 신의 가호처럼.

톡톡이(癸)의 기억은 아직 돌아오지 않았습니다. 의식을 찾게 되면 톡톡이(癸)의 긴 여행이 다시 시작될지도 모릅니다. 톡톡이(癸)의 여행은 1년 중 각 12달에 사용되는 에너지 쓰임에 관한 이야기입니다. 톡톡이(癸)가 호기심이 많고 발산하는 기운을 가졌듯이, 10개의 천간 에너지에는 각각 고유한 특성이 있습니다. 각각의 계절에 쓰임이 있는 에너지가 있는가 하면 반대로 쓰임이 전혀 없는 에너지가 있습니다. 예로 봄은 戊(듬듬이), 癸(톡톡이), 乙(팔팔이), 여름은 戊(듬듬이), 庚(돈주렁이), 丙(태양이), 가을은 己(저장이), 丁(오믈이), 辛(새침이), 겨울은 己(저장이), 壬(깜깜이), 甲(고집이)입니다. 톡톡이(癸)의 여행은 10개의 천간 에너지를 이해하는 데 도움이 될 수 있습니다.

태양력과 태음력 그리고 절기에 관해

천간은 甲(갑)목부터 癸(계)수까지 10개인 반면, 지지는 子丑寅卯辰巳午未申酉戌亥(자축인묘진사오미신유술해) 12개의 글자로 구성됩니다. 앞에서 언급했듯이 각 글자의 속성을 단순하게 이해하는 것보다, 계절의 특성으로 파악하면 더 쉽고 명확하게 이해됩니다. 물론 월지가 아니라 다른 궁에 있어도 그 속성이 매우 유사합니다. 지지의 특성을 살펴보기 전에 먼저 양력과 음력 사용에 대해 살펴보겠습니다.

양력과 음력은 기준이 다릅니다. 태양을 기준으로 보는 것이 양력(태양력)이고, 달을 기준으로 보는 것이 음력(태음력)입니다. 고대 이집트에서는 나일강이 정기적으로 범람했습니다. 농사를 짓기 위해서 계절의 변화를 예측하는 것이 중요한 숙제였기 때문에, 매일 천체를 관찰해서 별자리와 계절 변화를 연구했습니다.

하늘에서 시리우스 별이 두 달 넘게 보이지 않다가 여름 직전 새벽녘에 동쪽 하늘 지평선 위로 떠 오르면 얼마 후 나일강이 범람한다는 것을 알게 되었습니다. 나일강 범람을 한 해를 시작하는 기준으로 잡아서 농사를 짓기 시작했는데, 여러 가지 의외의 이득을 얻었습니다. 나일강 유역은 강수량이 적기 때문에 농업을 위해서 강물을 직접 끌어다 사용했습니다. 그런데 정기적인 나일강 범람은 오히려 물을 편리하게 얻을 수 있도록 도와주었습니다. 물에 잠겨있다가 다시 드러난 땅은 지력(地力)이 더욱 좋아졌고, 부엽토는 흙에 영양분을 공급해서 토양을 비옥하게 해주었기에 씨뿌리기와 수확이 쉬워졌습니다. 즉 나일강 범람으로 이집트는 부강한 농업의 생산지가 되었으며, 문명의 번영과 천문학의 발전을 가져왔습니다.

현재 2월의 28일과 홀수, 짝수달이 다른 이유를 살펴보겠습니다. 지구가 태양을 한 바퀴 도는 데 걸리는 시간이 약 365.24일입니다. 1년을 12달로 나눈 30.44일이라는 한 달은 날짜 수가 애매해서 30일과 31일을 번갈아 가며 사용하기로 했습니다. 이때 홀수달을 31일, 짝수달을 30일로 만들면 1일을 초과한 366일이 됩니다. 고민 끝에 2월 한 달만 30일에서 29일로 줄였습니다. 마지막에 남는 소수점은 4년간 모아뒀다가 1일이 채워지는 해에 윤년을 두었습니다. 윤년이 되는 그해는 1일이 늘어난 366일이 되므로, 윤년이 되는 2월은 29일에서 자동으로 30일이 됩니다. 그런데 현재의 평년 2월은 28일입니다. 게다가 홀수달이 1월, 3월, 5월, 7월에서 9월로 넘어가지 않고 8월에서 반복되는데 여기에는 나름의 이유가 있습니다.

현재 사용하는 그레고리력 이전에는 율리우스력을

사용하였습니다. 로마 율리우스 시저(Gaius Julius Caesar)의 생일이 7월이었고, 그가 죽고 나서 아우구스투스(Imperator Caesar divi filius Augustus)가 로마의 초대 황제가 되었는데 그의 생일은 8월이었습니다. 8월이 30일의 작은 달이라는 사실이 심리적으로 불편해했기 때문에 8월도 7월처럼 31일로 바꾸었습니다. 결과적으로 31일의 큰달이 홀수 달 1월, 3월, 5월, 7월까지 가다가 8월부터 짝수달로 이어집니다. 다시 늘어난 1일을 2월에서 줄였기 때문에 2월은 28일이 됩니다. 4년마다 윤달이 돌아오지만, 애꿎은 2월만 피해 보는 느낌입니다. 올해 2024년은 2월이 29일인 윤년입니다.

   음력은 달이 지구를 한 바퀴 도는 주기를 기반으로 합니다. 이 주기는 약 29.53일입니다. 음력 354일은 양력 365일에 비해 11일이나 짧으므로, 음력 2월은 3년마다 윤달을 두어서 균형을 맞춥니다. 음력 날짜는 달의 모양과 일치하기 때문에 농사에 용이하지만, 양력과 11일의 차이가 발생하기 때문에 계산이 불편할 수 있습니다.

   과거에 윤달을 하늘과 땅 신(神)이 인간의 삶을 감시하지 않고 휴식을 취하는 기간으로 여겨졌습니다. 신들이 휴식을 취하는 동안에는 중요한 행사를 꺼렸고, 동시에 길흉을 가리지 않는 달로 여겼습니다. 윤달에는 장례에 사용할 수의를 미리 만들어 두거나 조상의 유골을 이장했습니다. 날짜 방위를 따지지 않고 이사나 집안 보수작업도 편하게 했습니다. 제 기억에, 사주를 보지 않고 윤달에 결혼이나 이사를 했습니다. 그만큼 윤달은 행동에 제약을 덜 받는 달로 여겼기 때문입니다. 윤달에 못을 박으면 눈병 같은 눈 관련 질환이 생긴다는 속설도 있었습니다.

하늘의 기운이 움직이고 변화하면 땅에서도 그대로 반사되어 영향을 미친다는 믿음은 오래전부터 존재했고, 그때부터 태양력에 근거한 절기가 만들어졌습니다. 12절기는 황경을 30° 간격으로 나누어 정한 명칭이고, 24절기는 15° 간격으로 나누어 정한 명칭입니다. 농경 사회에서는 기온 변화가 농업 활동에 매우 중요한 영향을 미쳤습니다. 이때 24절기는 기온 변화를 정확하게 파악하여 농업 활동을 계획하는 데 중요한 역할을 했습니다. 24절기는 12지지와 함께 사용되어 자연의 변화와 인간의 삶을 더욱 심층적으로 이해하는 데 도움을 줍니다. 24절기는 자연의 변화를 나타내고, 12지지는 인간의 삶과 운을 나타내는데, 24절기와 12지지를 통해 특정 시기에 나타나는 자연 현상과 인간의 삶을 예측하고 활용할 수 있습니다.

살아있다는 것은 움직이고 변화한다는 것

우리가 사는 이곳은 끊임없는 변화와 움직임이 존재합니다. 자연의 순환, 계절의 변화, 그리고 우리 인간의 삶 역시 시작부터 끝까지 하나의 이어지는 흐름입니다. 이때 단순히 시간 순서에 따라 진행되는 것이 아니라, 과거의 경험과 현재 상황, 그리고 미래에 대한 기대가 복합적으로 작용하며 만들어집니다. 탄생부터 죽음, 그리고 그 이후까지 이어지는 삶의 여정은 마치 시작과 중간과 끝의 사이클을 거치면서 이어집니다. 직장생활에 적응해 가는 경우도 이 세 단계를 거치게 됩니다.

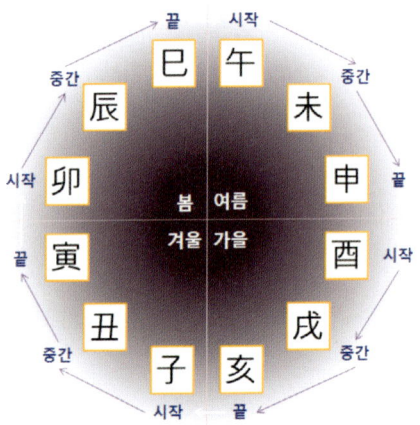

시작의 단계는 마치 봄의 새싹처럼, 풋풋함과 설렘으로 가득합니다. 새로운 직장, 동료, 업무에 대한 흥분과 기대감이 큽니다. 물론 경험 부족으로 인해 실수를 저지를 수 있지만, 이를 통해서 배우고 성장합니다. 불안정하지만, 동시에 무궁무진한 가능성을 기대할 수 있는 단계입니다.

중간의 과정은 직장생활에 익숙함과 안정을 느끼는 매력적인 단계입니다. 업무에 능숙해지고 동료 및 상사와의 관계도 편안해져서 일에 집중할 수 있게 됩니다. 하지만 이 단계는 동시에 위험성을 잠재적으로 내포하고 있습니다. 즉 경험과 익숙함 때문에 다양한 의견을 경청하거나 수용하는 열린 자세가 부족할 수 있습니다.

마지막은 이직을 준비하는 단계입니다. 업무에 익숙해진 상태에서 변화를 싫어하는 사람은 정년까지 근무할 수도 있지만, 새로운 일을 하고 싶어하는 사람도 있습니다. 이직해서 성공한다는 보장은 없지만, 익숙함을 벗어던지고 새로운 전환을 준비할 경우는 단순히 끝이 아니라 또 다른 시작에 가깝습니다. 다만, 시작 단계처럼 불안정한 상태에서 나가는 것이 아니라, 현재를 마무리하면서 새로운 것을 함께 준비합니다. 자신의 목표를 명확히 설정하고, 계획적으로 준비하며, 긍정적인 마인드를 유지한다면 이직을 통해 성공을 이룰 수 있습니다.

시작과 중간과 끝의 세 단계를 사계절 중 봄에 비유하겠습니다. 봄의 시작은 卯(묘)월입니다. 봄의 중간은 辰(진)월입니다. 봄의 끝은 巳(사)월입니다. 卯(묘)월은 천간 갑(甲)목과 乙(을)목이 함께 존재하지만, 새싹이 힘차게 돋아나는 乙(을)목의 힘이 더 강합니다. 辰(진)월은 천간 乙(을)목과 癸(계)수와 戊(무)토가 함께 존재하는데, 이 중에서 戊(무)토의 힘이 가장 강합니다. 토의 속성은 변화를 거부하고 기존의 상태를 유지하려는 경향을 가지고 있습니다. 안정과 보존을 중요시하며, 급격한 변화나 불확실성을 싫어합니다. 巳(사)월은 천간 戊(무)토, 庚(경)금, 丙(병)화 중에 丙(병)화의 힘이 가장 강하고, 庚(경)금의 힘이 서서히 성장하는 단계입니다. 봄의 마지막 단계이지만, 동시에 여름을 준비하는 변화의 시기입니다.

지지는 공간의 수레바퀴

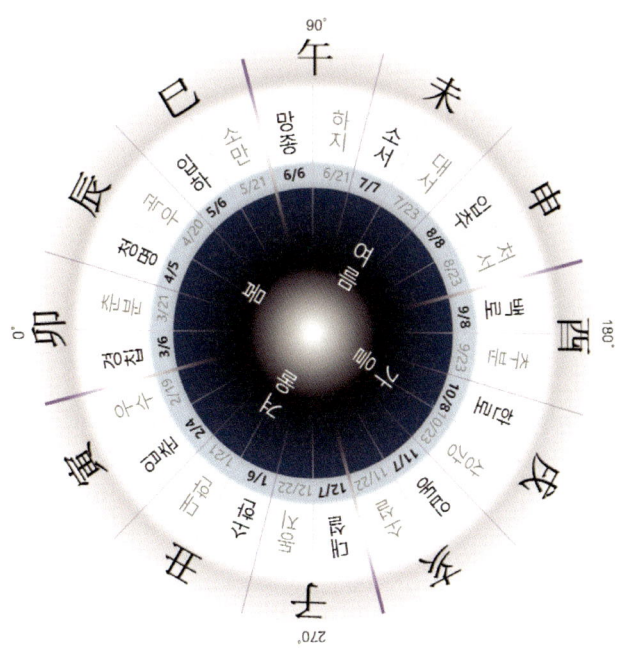

태양은 황도상에서 반시계 방향의 연주운동을 하지만
본 내용의 이해를 돕기 위해
『사계도』를 기준으로 수정 (시계방향)

출처 : https://www.freepik.com

겨울의 시작을 알리는 12월: 子(자)월

子(자)월은 24절기 중 대설(양력 12월 7일경)과 동지(양력 12월 22일경)를 포함합니다. 황경 255°에 해당하는 대설은 큰 눈이 내린다는 뜻입니다. 눈이 보리를 덮어 보온 역할을 하게 되면 냉해 피해가 줄어들므로 눈이 많이 내릴 때 풍년을 기대합니다. 황경 270°에 해당하는 동지는 겨울에 이르렀다는 뜻이며, 일 년 중 밤이 가장 길고 낮이 가장 짧습니다. 이 동지를 기점으로 태양이 기운을 회복하기 때문에 작은 설날이라 불렀고, 동지에 팥죽을 끓여서 잡귀를 쫓는 동지 고사를 지내는 풍습도 생겨났습니다.

子(자)시는 밤 11시 30분에서 다음 날 새벽 1시 30분까지의 시간대를 의미합니다. 子(자)시는 대부분이 잠들어 있는 시간대라서 행동이나 활동이 잘 드러나지 않습니다. 그래서 子(자)시는 잠재적인 위험과 긍정적인 활용 가능성을 동시에 가지고 있습니다. 새로운 시작과 잠재력, 정적이라는 상징적인 의미를 통해 창의적인 활동이나 내면을 성찰하고 발전할 기회로 활용할 수 있는 시간입니다.

子(자)수를 상징하는 동물은 쥐입니다. 쥐는 주로 밤에 활동이 많으며, 수컷 한 마리가 여러 마리의 암컷을 거느리는 습성을 가지고 있습니다. 이러한 특징 덕분에 쥐는 강력한 번식력과 함께 지구상에서 인간만큼 개체수가 많은 포유동물에 속합니다.

子(자)수의 지장간에는 壬(임)수와 癸(계)수가 있습니다. 둘 다 물의 속성이지만, 壬(임)수는 내면을, 癸(계)수는 외면을 향하는 에너지입니다. 이러한 상반된 속성은 갈등을 일으키는 요인이 될 수 있습니다.

子(자)월에 천간 辛(신)금 또는 지지 酉(유)금이 있으면 물을 조절해서 안정감을 주고 능력을 발휘하게 됩니다. 만약 없더라도 庚(경)금이나 申(신)금도 도움이 됩니다. 사주에 금이 전혀 없는 경우 대운에서 온다면 그 시기에 금의 영향을 받게 됩니다. 또한 子(자)월에는 천간 丙(병)화나 지지 巳(사)화가 필요합니다. 월간에 丙(병)화가 있다면 16세에서 23세 사이에 발전할 기회를 얻거나 부친으로부터 도움을 받을 수 있습니다. 화의 기운이 너무 많거나 뜨거운 구조라면 오히려 좋지 않습니다. 무엇이든 균형이 중요합니다.

출처 : https://www.freepik.com

겨울의 중간을 알리는 1월: 丑(축)월

丑(축)월은 24절기 중 소한(양력 1월 6일경)과 대한(양력 1월 21일경)을 포함합니다. 황경 285°에 해당하는 소한은 추위가 절정에 이르는 시기입니다. 예전에는 수확한 작물로 먹거리를 만들어 먹으며 겨울을 버텼습니다. 무는 비타민과 미네랄 함량이 높아 건강식품으로 활용되었고, 무말랭이, 시래기, 과메기 등 다양한 가공식품을 만들어 먹었습니다. 황경 300°에 해당하는 대한은 큰 추위라는 뜻입니다. 24절기 중 마지막이지만 소한보다 오히려 덜 추워서 대한이 소한 집에 놀러 갔다가 얼어 죽었다는 속담이 생겨났습니다. 대한도 한파가 심해서 바깥 활동이 어렵기 때문에 가족이 따뜻한 아랫목에 모여 군고구마나 김치전으로 추위를 견디며 지냈습니다.

丑(축)시는 새벽 1시 30분에서 3시 30분까지의 시간대를 의미하며, 동물로는 소에 배속됩니다. 소는 전 세계적으로 중요한 가축이며, 특히 인도와 아르헨티나에서 많은 개체수를 보유하고 있습니다. 인도는 힌두교 신자가 많아 소를 신성시하고 도축을 금지했기 때문에 개체수가 증가했습니다. 아르헨티나는 소고기가 주식이라서 사육량이 증가했습니다. 소의 어원은 라틴어 'Catel'로 '움직이는 재산'이라는 뜻입니다. 이는 소의 경제적 가치를 높이 평가하는 의미를 담고 있습니다. 丑(축)토 역시 이러한 의미를 반영하여 물건이나 돈, 사람 등 이것저것 끌어모아 축적하는 소유욕을 강하게 드러냅니다. 지나친 소유욕과 집착은 인간관계를 악화시키거나 스트레스를 유발하고 발전을 방해합니다.

　　　　소는 여물을 삼켰다가 게워 내고 다시 씹는, 이른바 되새김질하는 반추 동물입니다. 암소의 수태 기간이 인간과 유사한 9개월이지만, 인간과 다르게 위가 네 개나 됩니다. 위가 많은 이유는 저장을 많이 하기 위해서가 아니라 풀이 질겨서 소화가 잘 안되기 때문입니다. 음식을 삼키면 소화가 될 때까지 네 개의 위를 통해 꺼냈다가 잘게 부수고 넣고를 반복합니다. 丑(축)월이 아니더라도 사주에 丑(축)토가 있다면 뭐든 밖으로 끄집어내야 좋습니다. 소한과 대한의 시기에 무말랭이와 시래기로 겨울을 견뎠듯이 풍족하게 지낼 수 없는 곳이 丑(축)토입니다.

　　　　丑(축)월은 땅속에 잠들어 있는 씨앗과 엄마 배 속에서 성장하는 태아를 상징합니다. 이는 새로운 시작을 위한 준비 단계를 말하며, 잠재력과 가능성이 움직이기 시작하는 시기입니다. 땅속에 잠들어 있는 씨앗은 수분을 머금고 부드러워지면서 뿌리내릴 준비를 합니다. 겉으로는 변화가 보이지 않지만, 내부에서는 활발하게 움직입니다.

丑(축)월은 빛(丙)의 유무에 따라 삶의 방향과 결과가 크게 달라질 수 있습니다. 빛은 긍정적인 에너지를 불러오고 사람들을 위해 좋은 일을 하도록 이끌어 주지만, 빛(丙)이 없는 경우 추위, 배고픔, 돈에 대한 집착 등 부정적인 경험을 할 수 있습니다. 운이 좋으면 재물이 두세 배로 늘어나고, 운이 나쁘면 몸이 상하고 치아나 뼈에 문제가 생길 수 있습니다. 석기시대와 청동기시대에는 소뼈를 점치는 도구로 사용했는데 그만큼 丑(축)토는 전생의 기운이 매우 강한 글자입니다.

출처 : https://www.freepik.com

겨울의 끝을 알리는 2월: 寅(인)월

　　　寅(인)월은 24절기 중 입춘(양력 2월 4일경)과 우수(양력 2월 19일경)를 포함합니다. 황경 315°에 해당하는 입춘은 봄이 시작된다는 뜻입니다. 새해를 맞이하는 중요한 행사인 음력 설날이 이 기간과 거의 중복됩니다. 계절상으로는 겨울에 가깝지만, 희망을 기대하며 사주를 많이 봅니다. 입춘대길이라고 쓴 입춘첩을 받아서 대문이나 현관문에 붙이고 한 해의 건강과 안녕을 염원합니다. 황경 330°에 해당하는 우수는 비와 물이라는 뜻인데, 기온이 상승하여 날씨가 풀렸다는 것을 의미합니다. 기온은 10℃ 이상까지 오르고 습도가 높지만, 우수를 지나서 경칩의 절기가 되어야만 추위가 누그러지면서 자연이 활기를 찾게 됩니다.

　　　寅(인)시는 새벽 3시 30분에서 5시 30분까지의 시간대를 의미하며, 동물로는 호랑이에 배속됩니다. 한국을 대표하는 호랑이는, 12지지에 배속된 동물 대부분이 초식동물인 데 반해서 육식동물입니다. 寅(인)목의 특징으로 누구의 지배도 받지 않고 홀로 살아가는 성향을 보입니다. 타고난 리더십으로 주변 사람들을 이끌고 감당하는 능력이 뛰어납니다. 다만, 독립적인 성향이 강하여 주변 사람들과의 관계에서 어려움을 겪을 수 있으며, 자신만의 생각과 방식을 고집하기 때문에 타협이 어렵습니다. 寅(인)목과 물의 관계를 보면, 호랑이는 물을 좋아하며, 물은 寅(인)목의 성장과 발전에 중요한 역할을 합니다. 사주에 壬(임)수나 亥(해)수가 있으면 寅(인)목의 긍정적인 성향이 더욱 강해집니다. 물이 부족하면 성장이 저해되고, 부정적인 성향이 나타날 수 있습니다.

寅(인)목은 땅속에서 씨앗의 뿌리가 나오는 과정에 비유됩니다. 봄이 되기 직전 땅속에서는 씨앗의 외피를 뚫고 뿌리가 나옵니다. 이때 물을 충분히 흡수해야 뿌리가 건강하게 자랄 수 있는데, 壬(임)수나 亥(해)수가 이러한 물을 상징합니다. 만약 물이 없는 상태에서 寅(인)목이 丙(병)화를 만나면 어려움과 위험을 겪을 가능성이 높습니다.

결론적으로 寅(인)목은 독립심, 리더십, 용감함, 자신감과 같은 긍정적인 특징을 가지고 있지만 고독, 고집, 무모함, 공격성과 같은 주의점도 같이 살펴야 합니다.

봄의 시작을 알리는 3월: 卯(묘)월

　　　　卯(묘)월은 24절기 중 경칩(양력 3월 6일경)과 춘분(양력 3월 21일경)을 포함합니다. 만물이 겨울잠에서 깨어나 활기를 되찾는 시기이며, 새로운 시작을 위한 준비 단계라고 볼 수 있습니다. 황경 345°에 해당하는 경칩은 놀라서 깨어난다는 뜻입니다. 만물이 겨울잠에서 깨어나 활동을 시작하며, 봄이 왔다는 신호를 알립니다. 고로쇠나무는 일교차가 큰 시기를 이용하여 땅속 수분을 흡수하고 나무 전체에 생기를 전달합니다. 특히 당과 미네랄 성분이 가장 많다고 알려져서 많은 사람이 수액을 채취해 마시기도 합니다. 황경 0°에 해당하는 춘분은 낮과 밤의 길이가 같아지는 시기입니다. 춘분은 농사를 시작하기 좋은 시기이며, 밭을 갈고 종자를 파종합니다. 강남에 간 제비가 돌아오고 벚꽃이 피기 시작하며, 쑥이나 봄나물도 캐서 먹습니다.

　　　　卯(묘)시는 새벽 5시 30분에서 7시 30분까지의 시간대를 의미하며, 동물로는 토끼에 배속됩니다. 토끼는 초식동물이며, 평생 자라는 이빨로 건초를 씹으며 이갈이합니다. 卯(묘)목의 특징에도 긴 뒷다리로 깡충깡충 뛰는 토끼처럼 활동적인 성향이 있습니다. 토끼의 임신 기간은 1개월이며 한해에도 여러 차례 새끼를 낳는 번식력이 강한 동물입니다. 단단한 달걀의 껍데기를 뚫고 나오는 병아리의 탄생은 무덤에서 부활하여 새로운 생명을 얻은 예수 그리스도를 상징하기 때문에 교회에서는 부활절에 달걀을 나눠주는 행사를 하는데, 새로운 희망과 긍정적인 에너지를 가진 卯(묘)목은 부활절의 메시지와 일맥상통합니다.

卯(묘)월은 기온이 상승하고 날씨가 따뜻해서 나무들이 생동감을 얻고 잎들이 돋아나기 시작합니다. 고로쇠나무가 땅속 수분을 흡수하여 나뭇가지에 골고루 전달하는 것은 잎들이 수분을 흡수하고 다시 공기 중에 뿜어내어 봄을 더욱 화사하게 만들려는 목적입니다. 그래서 卯(묘)목은 천간 壬(임)수보다 癸(계)수를 더 필요로 합니다. 사주에 천간 乙(을)목이나 지지 卯(묘)목이 있다면 여러 가지 일을 동시에 진행하는 대신 마무리를 어려워합니다. 또한 결벽증이 있을 수 있고, 활동성이 지나치면 신경이 예민해지거나 불안감을 느낄 수 있습니다. 결론적으로 卯(묘)목은 활동적이고 새로운 것을 시작하는 데 능숙하지만, 집중력 부족, 결벽증, 신경 예민 등의 주의점도 가지고 있습니다.

봄의 중간을 알리는 4월: 辰(진)월

　　　　辰(진)월은 24절기 중 청명(양력 4월 5일경)과 곡우(양력 4월 20일경)를 포함합니다. 황경 15°에 해당하는 청명은 구름 한 점 없는 맑고 쾌적한 날씨를 뜻하는데, 논밭을 고르고 씨앗을 뿌려 농사를 본격적으로 시작하는 시기입니다. 4월 5일 한식에 나무를 심는데, 청명에 부지깽이를 꽂아도 싹이 난다는 속담은, 봄의 활력이 넘치는 시기라서 어떤 일을 해도 잘 되는 것을 의미합니다. 황경 30°에 해당하는 곡우에 비가 오면 풍년이 든다고 합니다. 곡식이 자라는 중요한 시기에 비가 오면 풍성한 수확을 기대할 수 있다는 의미입니다. 이 무렵이면 모내기 전에 볍씨를 못자리판에 넣고 싹을 틔웁니다. 싹이 날 때까지는 초상집에 가는 것조차 금기시할 정도로 정성을 올리는 기간입니다. 곡우에는 평소 즐겨 마시는 찻잎을 딸 수 있습니다. 청명은 아직 찻잎이 충분히 자라지 않아서 잎을 따기에 너무 이르고, 입하는 너무 늦기 때문입니다. 곡우

전에 딴 차는 우전차, 곡우 후에 딴 차는 우후차라고 부릅니다. 곡우 차의 효능은 피로회복과 면역력 강화입니다.

辰(진)시는 오전 7시 30분에서 9시 30분 사이며 동물로는 용입니다. 용은 12지지에 배속된 동물 중 유일하게 현존하지 않는 상상의 동물입니다. 예로부터 용을 신성한 존재로 여겼고, 용꿈을 꾸면 세상을 호령하는 군주가 태어난다고 믿었습니다. 또한 용은 기분 변화가 심하고 자유로운 영혼을 가진 동물입니다. 보통 동양에서의 용은 숭고한 존재, 행운과 성공을 상징하지만, 서양에서는 입에서 불을 내뿜고 날카로운 송곳니를 가진 사악한 존재로 여깁니다. 辰(진)토의 특징도 비슷합니다. 수분을 머금지 못하는 땅은 식물이 자라기 어렵기 때문에 끊임없이 물을 공급해야 합니다.

출처 : https://www.freepik.com

봄의 끝을 알리는 5월: 巳(사)월

　　巳(사)월은 24절기 중 입하(양력 5월 6일경)와 소만(양력 5월 21일경)을 포함합니다. 황경 45°에 해당하는 입하는 본격적인 여름이라기보다 여름이 오고 있음을 알리는 절기입니다. 농경 지역에서는 못자리를 잡아나가고 논밭의 병충해와 잡초를 제거합니다. 동양권에만 있는 이팝나무는 대표적 입하 목입니다. 흰쌀밥처럼 보이는 이팝나무꽃이 풍성하게 피는 해는 풍년이 든다고 합니다. 황경 60°에 해당하는 소만은 보리 이삭이나 봉숭아 열매처럼 작은 것들이 가득 채워지는 시기로, 봉숭아는 사랑의 유혹을 상징하고, 보리는 풍요와 결실을 상징합니다. 봉숭아가 영어로 'Touch me not'이라고 불립니다. 그 이유는 봉숭아의 꼬투리에 작은 털이 있고, 그 털을 만지면 꼬투리가 터지면서 수십 개의 씨앗이 흩어지기 때문입니다. 화학용매니큐어가 있기 전에는 붉은 봉숭아 꽃물로 손톱을 물들였습니다. 행운의 상징인 붉은색이 병마를 막아준다는 이야기도 있지만, 손톱에 남은 꽃물이 첫눈 때까지 남아있으면 첫사랑을 만난다는 믿음이 더 강했습니다. 그래서 巳(사)월은 소만의 작은 것들이 가득 찬 풍요와 유혹적인 에너지가 어우러진 계절이며, 사랑과 관계에 대한 새로운 가능성이 열리는 계절입니다.

巳(사)시는 오전 9시 30분에서 11시 30분 사이로, 뇌 활동이 활발해집니다. 뇌에 자극을 주는 신경전달 물질인 도파민과 노르아드레날린이 집중력과 창의력을 높여주는 최적의 시간대이며, 동물로 뱀에 배속됩니다. 시각, 청각, 미각은 약하지만, 두 갈래로 갈라진 혀를 통해 냄새를 감지할 정도로 후각이 매우 민감합니다. 성경에서 뱀은 아담과 이브를 유혹해서 에덴동산에서 쫓겨나게 한 악마와 사탄같은 죄악에 연관 짓습니다. 이와 반대로 탈피를 통해서 상처를 치유하고 재생하는 영원히 죽지 않는 존재로 여기기도 합니다. 그리스 신화에서는 의학의 신 아스클레피오스의 상징으로도 쓰입니다.

꽃 피는 巳(사)월은 천간 癸(계)수 정도면 충분합니다. 과도한 수분은 꽃의 아름다움을 잃게 하는 요인입니다. 巳(사)월의 적절한 수분은 이팝나무의 자립적인 성장과 연결할 수 있고, 巳(사)월의 아름다움은 이팝나무의 화려한 꽃잎과 연결할 수 있습니다. 이팝나무꽃처럼 겉모습이 매력적이지만, 겉모습에 현혹되지 않고 내면의 가치와 조화롭게 유지해 가는 것이 좋습니다.

출처 : https://www.freepik.com

여름의 시작을 알리는 6월: 午(오)월

午(오)월은 24절기 중 망종(양력 6월 6일경)과 하지(양력 6월 21일경)를 포함합니다. 황경 75°에 해당하는 망종은 까끄라기 곡식의 종자라는 뜻으로, 벼나 보리 등 곡식의 씨앗을 뿌리기에 적당한 시기입니다. 보리를 수확하고 나면 곧바로 모내기를 시작하는 농번기에 들어오는데, 망종에는 발등에 오줌싼다거나, 불 때던 부지깽이도 거든다는 속담이 생겨날 정도로 바빠집니다. 황경 90°에 해당하는 하지는 여름에 이르렀다는 뜻으로, 낮이 가장 길고 밤이 가장 짧습니다. 이 무렵부터는 장마가 시작됩니다. 하지 전까지 비가 내리지 않으면 농사를 짓기 어렵기 때문에 장마 시작을 기원하는 기우제를 올립니다.

午(오)시는 오전 11시 30분에서 오후 1시 30분 사이입니다. 태양이 천구의 자오선을 지나는 낮 12시를 정오(正午), 반대로 밤 12시는 자정(子正)입니다. 정오라는 단어는 말의 진취적인 기력이 최고점에 이른 정남 쪽 午(오)화에서 유래되었습니다. 태양이 최고점 정오를 지나 서서히 아래로 내려오듯, 午(오)화는 빛(丙)이 열(丁)로 전환되는 시기입니다.

　　　　午(오)월은 동물 중 말에 배속합니다. 말은 뛰어난 청력과 후각으로 주변 환경을 민감하게 인지하고, 땀샘이 체온을 조절해 줍니다. 말은 사회성이 있어서 서열을 정하며 무리를 지어 생활합니다. 그래서 午(오)월에 태어난 사람은 사회성이 좋고 적응력이 높으며 강한 의지와 추진력으로 목표를 향해갑니다. 하지만 화의 기운이 강하면 욱하는 성격과 폭력적인 성향으로 변하는데, 천간 壬(임)수나 지지 亥(해)수가 있다면 화의 기운을 조절할 수 있습니다.

　　　　하지부터 장맛비가 내려서 시원할 것 같지만 오히려 덥습니다. 장마는 더운 공기와 찬 공기가 만나 발생하는 현상입니다. 구름층의 형성으로 수분이 증가하지만 지상의 열은 갇히게 됩니다. 즉 습도와 온도 상승으로 불쾌지수가 높아지지만, 농작물의 성장에는 오히려 도움이 됩니다.

여름의 중간을 알리는 7월: 未(미)월

未(미)월은 24절기 중 소서(양력 7월 7일경)와 대서(양력 7월 23일경)를 포함합니다. 황경 105°에 해당하는 소서는 작은 더위를 뜻하며, 이때 본격적인 무더위가 시작되고 장마까지 겹쳐서 습도가 높습니다. 그렇다고 마냥 쉬는 절기가 아닙니다. 모가 뿌리내릴 동안 잡풀을 뽑는 논 매기와 보리를 벤 자리에 콩팥을 심는 이모작을 합니다. 뜨거운 햇볕과 비로 과일과 채소가 잘 자랍니다. 이때 삼복 중에서 초복이 시작됩니다. 삼복은 더위가 너무 강해서 가을의 금 기운이 여름의 화 기운 앞에 엎드린다는 뜻입니다. 황경 120°에 해당하는 대서는 큰 더위를 뜻하며, 일 년 중에서 가장 더운 절기입니다. 대서에 염소 뿔이 녹는다는 말이 있을 정도로 폭염이 지속됩니다. 대서에도 여름 과일과 채소가 풍족해서 먹거리 걱정은 없습니다. 대서는 삼복 중에서 중복이 시작되며, 중복의 더위를 피해서 휴가를 보내는 사람들이 많습니다.

未(미)시는 오후 1시 30분에서 3시 30분 사이입니다. 음식 섭취 후 소화 과정이 진행되고, 산소 부족으로 졸음과 하품이 발생합니다. 게다가 정신과 육체가 둔화하여 활동이 감소합니다. 동물로는 양에 해당합니다. 양은 복합 소화계를 가진 반추 동물입니다. 무리를 지어 이동하고 서열을 정해서 우두머리가 향하는 방향으로 이동합니다. 가파르고 풀이 무성한 언덕 위를 오르지만, 고개를 돌리지 않아도 주변을 넓게 살필 수 있습니다. 고정된 곳에 있지 않고 주변을 이동하거나 먼 해외와 인연을 맺는 것이 未(미)토의 특성입니다. 특히 양은 구약에서 인간의 죄를 용서하고 새 생명을 구원하는 번제의 희생(犧牲)물로 바친 대표적인 동물입니다. 미(未)월에 태어난 사람은 종교적 성향이 강하고 역학에 관심을 가집니다. 천간 壬(임)수나 지지 亥(해)수는 이런 종교적 성향을 강화하는 요인입니다. 미(未)월은 변화와 불안정의 시기이므로 역학이나 종교의 믿음을 통해 마음의 위안을 얻는 것이 좋습니다.

출처 : https://www.freepik.com

여름의 끝을 알리는 8월: 申(신)월

申(신)월은 24절기 중 입추(양력 8월 8일경)와 처서(양력 8월 23일경)를 포함합니다. 황경 135°에 해당하는 입추는 가을에 접어들었다는 뜻이지만 실질적으로는 여름입니다. 벼의 성장 속도가 매우 빠르고 김매기가 거의 끝나가는 휴농기에 접어드는데, 이때 김장용 무와 배추를 심어서 가을 채비를 준비합니다. 풍년의 조건으로 비가 내리지 않아야 하므로 벼가 잘 익도록 논물 빼기를 합니다. 입추에는 벼 자라는 소리에 개가 짖는다는 속담이 있습니다. 그만큼 벼 익는 소리가 들릴 정도로 햇빛을 듬뿍 받고 자라는 절기입니다. 황경 150°에 해당하는 처서는 더위가 멈추고 풀의 성장이 둔화합니다. 처서가 지나면 풀도 울며 돌아간다는 속담은 뜨거웠던 햇볕이 약해지면서 풀이 더는 자라지 않는다는 뜻입니다. 처서 직전 백중날에는 음식과 과일을 풍성하게 차려서 한 해 농사의 수고를 위로하고 다음 해 풍년을 기원합니다.

申(신)시는 오후 3시 30분에서 5시 30분 사이로 뇌가 다시 활발해지는 때입니다. 이 시간대는 나른함을 극복하고 육체 활동이 다시 살아나며, 직장인은 퇴근 전에 업무를 마무리하는 시간입니다. 申(신)금의 특징도 개인적인 여유가 제한적이고 오히려 공적인 업무에 집중합니다.

申(신)금은 동물로 원숭이에 배속됩니다. 인간과 유사한 유전자를 가진 원숭이는 직립 보행과 사회생활을 합니다. 조직력을 갖추고 규칙을 준수하며, 원숭이가 가진 민첩함은 申(신)월에 태어난 사람의 성격과 유사합니다. 인도에서 원숭이를 신으로 숭배하는 이유는 힌두교의 신화와 전통에 기인합니다. 힌두교의 주요 신 중 라마는 원숭이 신 하누만의 도움을 받아 악마를 물리쳤다는 이야기로 유명합니다. 인도에서는 원숭이가 음식을 훔쳐먹거나 집안을 어지럽힌 채 도망가도 놔둡니다. 원숭이가 악령을 쫓아내고 재앙을 막아서 행운과 번영을 가져다준다고 믿기 때문입니다. 그래서 인도 사람들은 원숭이와 함께 공생하는 문화를 가지고 있습니다.

결론적으로 申(신)월은 빛이 강해야 벼가 익고 풍년이 들기에, 과일을 상품화할 때까지 천간 丙(병)화나 지지 巳(사)화가 필요합니다.

가을의 시작을 알리는 9월: 酉(유)월

酉(유)월은 24절기 중 백로(양력 9월 8일경)와 추분(양력 9월 23일경)을 포함합니다. 황경 165°에 해당하는 백로는 풀잎에 맺힌 하얀 이슬을 뜻합니다. 수증기가 응결하여 이슬점 이하로 내려가면 식물이나 농작물에 이슬이 맺힌다고 붙여진 이름입니다. 백로부터 추석 사이의 기간이 포도순절(葡萄旬節)입니다. 이슬을 닮은 포도가 탐스럽게 익고, 다양한 과일과 곡식도 풍성합니다. 황경 180°에 해당하는 추분은 가을을 나눈다는 뜻인데, 낮과 밤의 길이가 같아집니다. 가을걷이 추수에 들어가서 논밭의 곡식을 거두어들이고, 각종 산나물과 채소를 말려서 겨울철 먹거리를 확보합니다.

酉(유)시는 오후 5시 30분에서 7시 30분 사이로 태양이 시야에서 사라지는 동안 바쁜 하루를 끝내고 귀가하는 시간입니다. 丙(병)화의 빛은 더 이상 볼 수 없어도 丁(정)화의 달빛이 희미하게 밝아지는 황혼의 시간입니다.

酉(유)금은 동물로 닭에 배속합니다. 닭은 시각과 청각이 예민하며, 닭 머리꼭지의 벼슬과 수북한 깃털이 체온을 유지 시킵니다. 닭은 1년에 최대 300개의 알을 낳고, 암탉이 3주 동안 알을 품어서 부화시킵니다. 일반적으로 이해력이 부족하거나 멍청한 사람을 닭대가리에 비유하는데. 실제로 닭은 인간 7세 아이 수준의 지능을 갖추고 있으며, 다양한 인지 능력과 사회적 행동을 보여줍니다. 갓 태어난 병아리도 간단한 연산이 가능하고, 다른 닭의 행동을 관찰하고 따라서 하는데, 미로를 탐색하거나 도구를 사용하여 먹이를 얻는 등의 문제 해결 능력도 있습니다. 닭은 동족을 공격하고 먹는 카니빌리즘(cannibalism)의 습관을 갖고 있기에 양계장에서는 병아리 때에 적외선이나 절단기를 사용해서 부리를 자릅니다. 자르는 과정에 출혈과 통증, 감염의 위험 때문에 동물 옹호자들은 동물의 권리를 주장하며 대안들을 연구 중입니다.

酉(유)금의 날카로운 속성은 뾰족한 부리처럼 날카로운 지성과 솔직함입니다. 독립적이고 자유로워서 조직이나 틀을 싫어합니다. 하늘을 날지 못하는 날개를 가졌기에 꿈과 목표를 향해 노력해도 현실적인 제약에 많이 부딪힙니다. 닭이 새벽 노래를 하는 이유는 빛에 민감한 송과체가 빛을 감지한 후 호르몬을 분비해서 닭의 울음소리를 유발하기 때문입니다. 닭 피는 귀신에게 독약의 효과가 있습니다. 오래전에는 무속인이 부적을 제작할 때 광석에서 채굴한 경면주사(鏡面

朱砂) 대신 닭 피를 사용했다고 하는데, 酉(유)금이 조상과 연결되기 때문입니다. 酉(유)금을 가장 적절하게 활용하는 방법은 酉(유)금의 정보를 천간 壬(임)수나 지지 亥(해)수와 조합해서 새로운 아이디어로 활용하는 것입니다.

가을의 중간을 알리는 10월: 戌(술)월

　　　　戌(술)월은 24절기 중 한로(양력 10월 8일경)와 상강(양력 10월 23일경)을 포함합니다. 황경 195°에 해당하는 한로는 찬 이슬이 맺힌다는 뜻입니다. 한로를 기점으로 낮의 시간이 점점 짧아지고 밤의 시간이 길어집니다. 한로에 국화가 제철을 맞이하여 국화전과 국화주를 만들고, 붉은 산수유 열매를 머리에 꽂아 잡귀를 쫓는 풍습이 있습니다. 기온이 더 내려가기 전에 마지막 추수와 벼 타작을 통해서 농사를 마무리합니다. 황경 210°에 해당하는 상강은 날씨가 제법 쌀쌀한 때입니다. 노랗고 붉은 단풍이 절정을 이루고 가을이 깊어 갑니다. 한로에는 마을의 수호신에게 풍년과 안전을 기원하는 당산제도 지냅니다. 이날은 마을 주민들이 모여 지신밟기와 달집태우기를 하며 농사의 마무리를 축하하고 화합을 도모합니다.

　　　　戌(술)시는 저녁 7시 30분에서 9시 30분 사이입니다. 戌(술)시에 가족이나 지인과 함께 따뜻한 저녁 식사를 하거나 국화주를 마시며 담소를 나눕니다. 겨울 동안 먹을 음식을 戌(술)토 창고에 저장하는데, 음식을 섭취하여 위장으로 보내는 과정과 유사합니다.

   戌(술)토는 동물로 개에 배속합니다. 신석기 시대부터 인간과 함께 해왔고, 사냥, 운송, 경비, 동반자 등 다양한 역할을 맡아 왔기 때문에 인간과 가장 가까운 동물이 되었습니다. 개는 약 40Hz에서 60,000Hz 사이의 소리를 들을 수 있을 정도로 청력이 뛰어납니다. 후각이 예민해서 냄새를 정확하게 식별할 수 있기에 군견이나 안내견, 보조견, 폭탄이나 마약을 수색하는 경찰견, 문화재를 갉아먹는 해충 찾는 탐색견 등 다양하게 활용합니다. 그래서 戌(술)토는 어려움에 흔들리지 않는 충직하고 헌신적인 마음과 용기의 뜻을 가집니다.

   戌(술)토를 따뜻한 화로로 이해할 수 있습니다. 추운 겨울을 따뜻하게 보내는 필수적인 존재로, 사주에 물의 기운이 강한 경우 화로의 불씨가 꺼져 추위와 어려움을 겪을 수 있고, 반대로 화의 기운이 강하다면 따뜻하고 풍요로운 겨울을 보낼 수 있습니다.

출처 : https://www.freepik.com

가을의 끝을 알리는 11월: 亥(해)월

亥(해)월은 24절기 중 입동(양력 11월 7일경~)과 소설(양력 11월 22일경~)을 포함합니다. 황경 225°에 해당하는 입동은 겨울의 시작을 알리는 절기입니다. 동물들은 땅속에 굴을 파서 겨울잠을 준비하고, 화려했던 단풍잎은 바싹 말라 낙엽으로 변합니다. 이 무렵엔 무와 배추의 단맛이 최고조에 달하며 김장 김치를 준비합니다. 입동에 즐겨 먹는 음식으로는 겨울철 보양식으로 불리는 추어탕입니다. 단백질과 비타민, 미네랄이 풍부한 영양식입니다. 황경 240°에 해당하는 소설은 작은 눈이라는 뜻으로, 첫눈이 내리거나 얼음이 얼기 시작하고 찬 바람이 강하게 붑니다. 전설에 의하면 매년 음력 10월 20일에 뱃사공 손돌이 처형당한 손돌목에 매서운 바람이 불어서 배 타기를 꺼렸다고 합니다. 매년 돌아오는 이날에는 뱃사람들의 안전과 풍요를 기원하면서 김포에서 진혼제를 엽니다.

亥(해)시는 저녁 9시 30분에서 11시 30분 사이입니다. 수면 상태로 들어가기 전 유휴를 가지면서 생각을 비우는 시간이며, 음식 다이어트처럼 하루 동안 모은 정보들을 정리하고 쌓인 스트레스를 해소하며 뇌를 다이어트 시키는 시간입니다. 따뜻한 물로 샤워하거나 가벼운 스트레칭으로 몸을 풀면 숙면과 불면증에 도움이 됩니다.

亥(해)수는 동물로 돼지에 배속합니다. 높은 번식력과 강한 생존력을 가진 동물로, 8개월 만에 성숙하여 짝짓기가 가능할 정도로 성장이 빠릅니다. 돼지는 한 번에 10마리 이상의 새끼를 낳으며 일평생 임신과 출산을 반복합니다. 대부분의 돼지는 물을 좋아하고 후각이 발달해 있습니다. 살이 찐 사람을 돼지라고 놀리지만, 실제 체지방률은 13~15% 정도로 비교적 낮으며, 돌고래만큼 높은 지능을 갖고 있습니다. 돼지는 목뼈 구조상 하늘이나 태양을 보기 어렵고, 독사의 독에 대한 저항력이 강합니다. 그래서 巳(사)화와 亥(해)수는 각각 밝음과 어둠, 위와 아래, 태양과 해양처럼 상반된 특징을 보입니다.

亥(해)수의 특성을 이해할 때 일반적으로 '돼지 해(亥)'라는 한자를 사용하지만, '바다 해(海)'라는 표현을 사용해도 무리가 없습니다. 실제로 亥(해)수는 바다와 관련된 의미가 있으며, 亥(해)수를 가진 사람의 특징을 설명할 때 바다의 특징을 비유적으로 사용하는 경우가 많습니다. 돼지가 다양한 음식을 먹듯이 亥(해)수는 다양한 정보를 수집하는 능력이 뛰어납니다. 넓은 관심사와 호기심으로 새로운 정보를 끊임없이 배우고 경험하려는 성향이 있지만, 조심해야 할 점은 내 의지대로 육체를 활용하는 데 어려움이 있거나, 억울한 누명 같은 문제가 생길 수 있습니다.

일간이 시절을 만나는 것

사주에서 일간과 월지는 나와 어머니와의 궁합을 나타내는데, 형제, 자매를 포함합니다. 일반적으로 24세 이후 사회생활을 시작하고 결혼과 동시에 새로운 가정을 꾸려 나갑니다. 시절을 잘 만나면 일간과 월지의 궁합이 좋아서 어머니와 좋은 관계를 유지하며 지내고, 인생의 중요한 시기에 어머니의 도움을 받을 가능성이 높습니다. 반면 시절을 만나지 못하면 원하는 도움을 받지 못하고, 결혼 후에는 부모와 떨어져 지낼 가능성이 높습니다.

시절 인연은 특정한 시간과 공간의 환경이 조성되었을 때 일어나는 사건이나 만남을 의미합니다. 모든 사건은 우연이 아닌 필연적인 조건 속에서 발생한다는 인과 법칙에 기반합니다. 시절 인연의 핵심 개념을 보여주는 부분 중 중국 승려 운서주굉(雲棲株宏)이 편찬한 『선관책진(禪關策進)』에 '시절 인연이 도래하면 자연히 부딪혀 깨쳐서 소리가 나듯 척척 들어맞으며 곧장 깨어나 나가게 된다.'라는 구절이 있습니다. 불교에서는 업(業)을 짓고 과보(果報)를 받는 시간적 차이를 세 가지로 나누는 삼시업(三時業)의 개념이 시절 인연과 관련됩니다. 현생에 짓고 현생에 받는 업은 순현업(順

現業), 전생에 짓고 금생에 받거나 금생에 짓고 내생에 받는 업은 순생업(順生業), 여러 생 동안 받는 업은 순후업(順後業)입니다.

순현업은 봄에 볍씨를 뿌려 가을에 수확하는 것으로, 현생에서 직접적으로 원인과 결과를 경험합니다. 순생업은 전생의 인연으로 금생에 부부가 되는 것, 금생의 인연으로 내생에 부부가 되는 것입니다. 이것은 현재 인연의 중요성을 강조하는 의미입니다. 순후업은 여러 생에 걸쳐서 과보를 받는 것으로, 즉각적인 결과를 기대하지 않고 꾸준히 노력해야 한다는 의미입니다. 즉 삼시업은 우리의 삶이 현생뿐 아니라 전생과 내생의 여러 생에 연결되어 있다는 것을 말하며, 현명한 삶을 살아가는 데 중요한 지침이 될 수 있습니다.

시절의 의미는 단순히 사회 발전만을 의미하는 것이 아니라, 정신적인 안정과 삶의 만족감을 얼마나 느끼느냐에 대한 것으로 생각합니다. 예를 들어 여름에 속하는 庚(경)금은 뜨거운 여름의 未(미)월이나 申(신)월에 태어나야 시절을 얻게 됩니다. 그런데 수확의 계절 酉(유)월에 태어나면 시절을 잃게 됩니다. 즉 나에게 꼭 맞는 옷을 입었을 때라야 편안함과 만족감이 높아지는 것과 같습니다.

시절을 보는 방법은 사계도를 활용해서 일간과 월지의 계절을 비교합니다. 일간이 봄과 여름에 있는 글자라면 월지도 봄과 여름에 있어야 하고, 일간이 가을이나 겨울에 있다면 월지도 가을이나 겨울일 때 시절이 적절합니다. 예로 기(기)토 일간인 사람은 가을과 겨울에 활동하는 에너지를 갖고 있습니다. 그렇다면 酉戌亥, 子丑寅월 중에 태어나면 기(기)토의 저장하고 품는 역할을 충실히 해내지만, 봄 卯(묘)월에 태어나면 제 역할을 하기 어렵습니다. 아래는 일간이 시절을 얻는 조건입니다.

일간 甲(갑)목은 亥월과 子丑寅월에서 시절을 만나 성장하고, 乙(을)목은 卯辰巳, 午未申월에서 시절을 만나 성장합니다.

丙(병)화는 卯辰巳, 午未申월에서 시절을 만나 빛을 전달하고, 丁(정)화는 午未申, 酉戌亥월에서 시절을 만나 열을 전달합니다.

戊(무)토는 卯辰巳, 午未申월에서 시절을 만나 터전이 되고, 己(기)토는 酉戌亥, 子丑寅월에서 시절을 만나 터전이 됩니다.

庚(경)금은 巳월과 午未申월에서 시절을 만나 딱딱해지고, 辛(신)금은 酉戌亥, 子丑寅월에서 시절을 만나 딱딱해집니다.

壬(임)수는 酉戌亥, 子丑寅월에서 시절을 만나 물을 공급하고, 癸(계)수는 卯辰巳월에서 시절을 만나 물을 공급합니다.

Chapter

04

간지에 대하여

천간과 지지가 만나서 60간지를 만들어 냅니다

봄乙 / 봄癸

여름丙 / 여름庚 / 봄과 여름戊

가을辛 / 가을丁

겨울壬 / 겨울甲 / 가을과 겨울己

천간과 지지가 만나서 60간지를 만들어 냅니다

시	일	월	년	
戊	辛	庚	辛	→ 천간
子	酉	寅	亥	→ 지지

(월 칸 위에 "간지" 표시)

탄생 바코드에 나타나는 사주팔자는 복층 구조의 저택과 같습니다. 간지라고 하는 것은 위층은 천간, 아래층은 지지로 된 방입니다. 천간과 지지가 각각 고유한 의미를 지니듯, 간지(干支) 또한 고유한 의미를 가지고 있습니다. 간지는 甲子(갑자) 간지부터 癸亥(계해) 간지까지 모두 60개입니다. 61세를 회갑이라고 부르는 이유는 60개의 간지가 60년을 한 바퀴 돌고 처음 있던 곳으로 돌아오기 때문입니다. 최초의 甲子년이 언제인지는 기록이 불명확하지만, 우리나라에서 사용하는 60甲子의 원년은 세종 26년(1444) 甲子입니다.

사주를 공부한 사람은 60甲子를 사용하여 하루 일진을 주로 봅니다. 2023년 10월 20일 오전 11시의 60甲子는 癸卯년 壬戌월 辛亥일 癸巳시이며, 이날의 일진은 辛亥입니다. 辛亥 간지의 뜻을 알면 이날 하루의 흐름을 대략 짐작할 수 있습니다. 그렇다고 후亥일 마다 매번 같은 일이 반복되는 것은 아닙니다. 사건이라고 하는 것은 각 개인의 사주팔자를 무시하고 일어나진 않습니다. 하루 일진을 무조건 보는 것만으로는 큰 의미가 없습니다. 하지만 이삿날, 수술 날짜 등 중요한 결정을 내릴 때 함께 고려하면 최적의 시기를 선택하는 데 도움이 될 수 있습니다.

대자연에는 각 계절에서 해야 할 일이 정해져 있어 비슷한 기운끼리 모입니다. 봄은 펼치는 기운, 가을은 오므리는 기운이 모이게 되는데, 사계절의 특징을 가장 잘 나타내는 4개의 간지를 간략하게 살펴본 다음 이어서 봄부터 겨울까지 60개의 모든 간지를 만나 보겠습니다.

봄 癸+乙 ⇨ 癸卯 간지

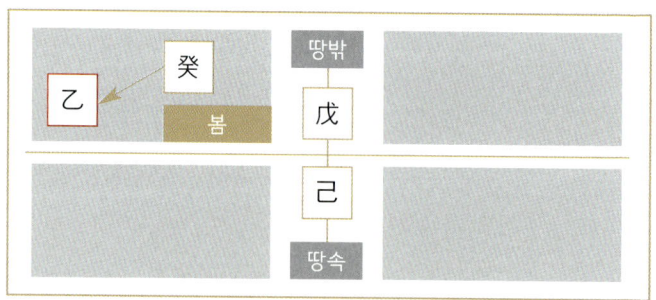

천간 乙(을)목을 지지로 내리면 卯(묘)목입니다. 넓은 戊(무)토의 땅에서 癸(계)수가 乙(을)목을 도와 봄을 끌어갑니다. 癸卯 간지는 발산의 속성이며, 새싹이 수분을 흡수해서 성장합니다. 乙(을)목이 따뜻한 봄을 만나면 움츠렸던 기운을 밖으로 펼치고 활발하게 움직입니다.

여름 丙+庚 ⇨ 丙申 간지

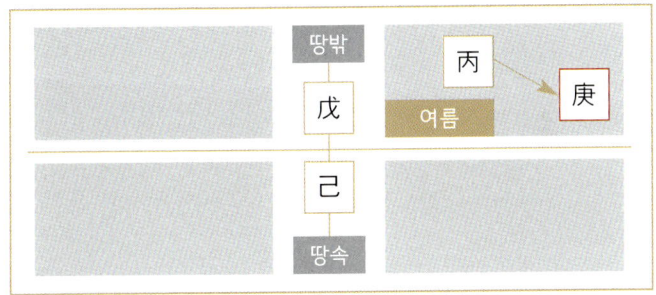

천간 庚(경)금을 지지로 내리면 申(신)금입니다. 넓은 戊(무)토의 땅에서 丙(병)화가 庚(경)금을 도와 여름을 끌어갑니다. 丙申 간지는 열매를 확장하고 완성해 가는 과정이지만 丙(병)화의 분산 작용이 없다면 庚(경)금 열매가 클 수 없습니다.

가을 丁+辛 ⇨ 丁酉 간지

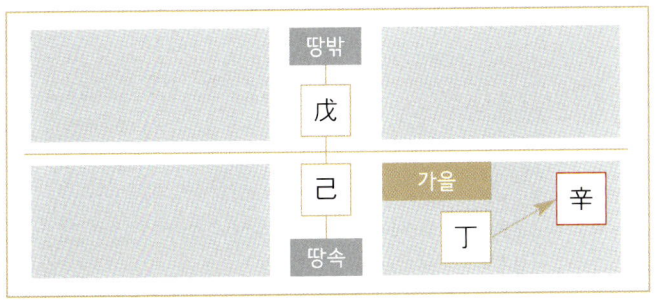

천간 辛(신)금을 지지로 내리면 酉(유)금입니다. 좁은 己(기)토의 땅에서 丁(정)화가 辛(신)금을 도와 가을을 끌어갑니다. 丁酉 간지는 수렴의 속성이며, 열을 모으면 열매가 중량을 못 이겨 낙하합니다. 열매는 땅속에서 辛(신)금 씨앗이 되고 丁(정)화 열을 품어서 겨울에 온기를 유지합니다.

겨울 壬+甲 ⇨ 壬寅 간지

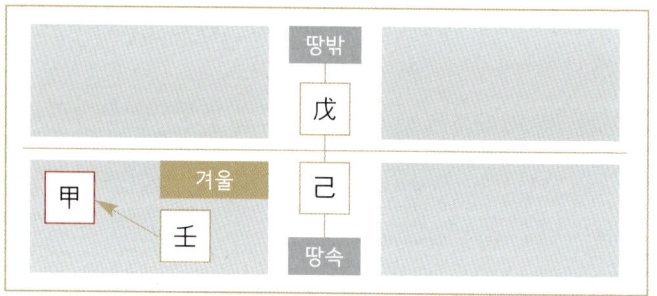

천간 甲(갑)목을 지지로 내리면 寅(인)목입니다. 좁은 己(기)토의 땅에서 壬(임)수가 甲(갑)목을 도와 겨울을 끌어갑니다. 壬寅 간지는 응축의 속성으로, 壬(임)수가 甲(갑)목에게 수분을 전달하여 뿌리를 내리도록 돕습니다.

60간지를 보는 방법은 여러 가지가 있습니다.

① 만세력 앱을 활용해서 탄생 바코드에 연주(年柱), 월주(月柱), 일주(日柱), 시주(時柱) 4개의 간지를 확인합니다. 공부 목적이 아닌 경우는 60개의 간지를 일일이 읽을 필

요는 없습니다.

② 각 간지의 지장간을 확인합니다. 만세력에는 지지 아래 지장간이 표기되어 있어 쉽게 찾을 수 있습니다. 예를 들어, 乙亥 간지의 경우 지지 亥(해)수의 지장간은 천간 戊(무)토, 甲(갑)목, 壬(임)수입니다.

③ 각 간지에서 천간과 지지가 동일한 계절인지 확인합니다. 동일하면 조화롭고 안정적인 성향일 수 있지만 상이하면 불균형을 이루게 됩니다. 乙亥 간지는 봄(乙)과 가을(亥)의 만남입니다. 봄의 활동적인 乙(을)목과 늦가을의 정적인 亥(해)수의 조합으로 활동의 제약과 불편함을 겪을 수 있습니다.

④ 간지의 특성, 성격, 심리, 인간관계, 적성을 살핍니다.

봄 乙

乙	乙	乙	乙	乙	乙
亥	卯	未	巳	酉	丑

乙亥 간지

乙(봄) : 팔팔이乙

亥(가을) : 깜깜이壬 · 고집이甲 · 듬듬이戊

卯辰巳(봄) → 午未申(여름) → 酉戌亥(가을) → 子丑寅(겨울) → 卯辰巳(봄)

      봄에 활동하는 팔팔이 乙(을)목이 가을의 기운을 가진 亥(해)월을 만났습니다. 亥(해)수는 바다와 호수 같은 물의 속성으로, 어머니처럼 만물을 품기도 하지만 강력한 쓰나미로 변할 수 있습니다. 푸르고 싱싱한 새싹이 차갑디차가운 물을 만나서 움직임이 둔해지니 망망대해를 항해하듯 정착하지 못하고 방황합니다.

      부부 궁이 乙亥면 함께 사는 것을 불편해하고, 시간이 지날수록 배우자에게서 벗어나려는 마음이 강해집니다. 결혼 초기에는 함께 사는 동안 배우자에게 의지하지만, 38세에서 45세 시기에는 마음의 방황이 심해지거나 멀리 이동할 일이 생깁니다.

성격과 심리적 환경은 좋지 않습니다. 乙(을)목은 워낙 활동적이기 때문에 사람들과 친해지려고 해도 환경에 제약이 따릅니다. 타고난 본성과 다르게 위축되면서 우울감을 자주 느낍니다. 따뜻한 가정과 재산이 많더라도 답답해하는 이유를 뚜렷하게 찾지 못합니다.

인간관계가 좋은 편이어서 외부 활동을 통해 인맥을 넓혀 나갑니다. 낯선 사람과도 쉽게 친해지는 편이며, 상대방의 연락처를 저장하는 습관 때문에 소유하고 있는 전화번호가 많지만, 유지와 관리에는 소홀해서 효율성이 떨어집니다.

적성이나 진로는 어떨까요. 내부 공간에서 한 가지 분야만 반복할 경우 버티지 못하고 도망가기 때문에 환경을 자주 바꾸거나 유동적인 일을 하는 것이 좋습니다. 예로 해외 무역업이나 운송업, 영업활동입니다. 손재주가 있어서 그리거나 만들고, 지식을 말로 전하는 강의도 좋습니다.

乙
卯

乙卯 간지

乙(봄) : 팔팔이乙

卯(봄) : 팔팔이乙 · 고집이甲

卯辰巳(봄) → 午未申(여름) → 酉戌亥(가을) → 子丑寅(겨울) → 卯辰巳(봄)

봄에 활동하는 팔팔이 乙(을)목이 같은 봄의 기운을 가진 卯(묘)월을 만났습니다. 乙(을)목은 아침 일찍 집을 나서서 해질 때까지 소식이 없을 정도로 바쁩니다. 乙(을)목의 파릇파릇한 잎이 빛과 수분을 통해서 에너지를 얻는다고 해도 땅이 넓어야 활동하는 데 지장이 없습니다. 사주에 戊(무)토의 땅이 없다면 정착이 어렵고 이동이 잦습니다. 그러므로 乙卯 간지는 癸(계)수, 丙(병)화, 戊(무)토까지 있을 때 가장 좋습니다.

부부 궁이 乙卯라면 서로 조심을 해야 합니다. 각자가 외부 공간에서만 머물려고 하고, 일도 동시다발로 벌여서 결국 수습에 실패합니다. 특히 사주에 금의 속성이 없다면 시작에 비해 결과가 없을 수 있습니다.

성격과 심리적 환경은 좋은 편입니다. 아주 쾌활하고 긍정적이며 자기관리에 철저한 대신 가정에 소홀할 수 있습니다. 매일 외출을 필수로 생각하는데, 쇼핑 중에 할인 코너는 가지 않는 것이 좋습니다. 당장 필요 없는 물건인데도 일단은 장바구니에 담다 보니 매번 결제금액을 초과합니다.

인간관계도 좋습니다. 호기심이 많아서 다양한 활동에 참여하면서 인맥을 넓힙니다. 굳이 아군과 적군을 구별하지 않기 때문에 많은 사람을 만나지만 대신 깊은 관계를 유지하는 사람은 소수일 수 있습니다.

적성이나 진로는 어떨까요. 소근육을 사용하는 글과 그림, 유치원이나 초등 교육, 그물망 인맥과 설득력 있는 마케팅을 활용해서 보험설계나 판매업을 성공적으로 해냅니다.

乙未 간지

乙(봄) : 팔팔이乙

未(여름) : 저장이己 · 팔팔이乙 · 오믈이丁

卯辰巳(봄) → 午未申(여름) → 酉戌亥(가을) → 子丑寅(겨울) → 卯辰巳(봄)

봄에 활동하는 팔팔이 乙(을)목이 여름의 기운을 가진 未(미)월을 만났습니다. 未(미)토가 터전이기는 해도 乙(을)목이 정착할 수 있는 곳이 아닙니다. 열기가 강한 未(미)월은 활동하기 불편하므로 다른 땅을 찾아 떠나야 숨이라도 쉴 수 있습니다.

부부 궁이 乙未면 배우자와 외출을 자주 하거나 각자도생하는 방식으로 살아갑니다. 사주에 戊(무)토가 있다면 그 궁에 있는 가족과 친밀하게 지냅니다. 없다면 운에서 올 때 배우자를 떠날 가능성이 큽니다. 청소년기라면 심할 경우 가출을 하거나 부모가 걱정할 만한 일탈 행동을 할 수 있습니다. 성인이라면 살던 집을 임대하고 다른 지방으로 이사하게 되고, 사업하는 사람일 경우 자금 회전에 어려움이 많을 수 있습니다.

성격과 심리적 환경이 좋다고 볼 수 없습니다. 활발하고 긍정적이긴 하지만 감정 기복이 있고 눈치를 많이 봅니다. 진행하던 일이 갑자기 막힐 때 차분히 해결책을 찾기보다 회피하거나 숨어버립니다. 이런 경우를 대비해서 평소 심리적 여유를 가져야 합니다. 산책이나 수영, 라이딩을 통해 답답함을 해소해야 위기 상황이 와도 극복하기 쉬워집니다.

인간관계는 보통입니다. 사소한 일에 민감하게 반응하고 불편함을 호소하며 자기방어가 심합니다. 부부 관계도 마찬가지입니다. 乙(을)목이 未(미)토에 발목이 잡힌 이상 몸과 마음이 자유로울 수 없습니다.

적성이나 진로는 어떨까요. 고정된 장기 투자보다는 임대 분양처럼 유동적인 흐름을 타거나 이동성이 많은 직업이 좋습니다.

乙巳 간지

乙
巳

乙(봄) : 팔팔이乙

巳(봄) : 태양이丙 · 돈주렁이庚 · 듬듬이戊

卯辰巳(봄) → 午未申(여름) → 酉戌亥(가을) → 子丑寅(겨울) → 卯辰巳(봄)

봄에 활동하는 팔팔이 乙(을)목이 같은 봄의 기운을 가진 巳(사)월을 만났습니다. 태양이 丙(병)화가 있는 곳이라서 관심을 한 몸에 받습니다. 乙巳 간지는 개인보다 세상에 존재하는 많은 사람을 향해가야 발전합니다. 乙(을)목은 살아 움직이는 생명체이자 삶의 원동력이고, 丙(병)화는 화려한 빛 에너지입니다. 둘이 만나면 기운을 사방팔방 퍼트리는 행위를 해야 합니다. 그렇지 않고 사적인 욕망으로 사용하면 그릇이 작아져서 발전할 좋은 기회를 놓치게 됩니다.

부부 궁이 乙巳면 배우자의 외모가 수려합니다. 다만, 경제적인 능력이 조금 부족할 수 있어서 자신이 경제활동을 책임져야 할지도 모릅니다. 하지만 년과 월에 금의 속성을 가진 경우라면 능력 있는 배우자를 만날 가능성이 큽니다.

성격과 심리적 환경은 매우 좋습니다. 활발하고 자신감이 넘치므로 일단 시작하면 끝까지 인내할 줄 알며 자존감도 높은 편입니다.

인간관계도 좋습니다. 성실하고 사교성이 좋아서 동성뿐 아니라 이성에게도 인기가 많은 편입니다.

적성이나 진로는 어떨까요. 사익보다 공공의 이익에 이바지하는 공무직이나 교육업과 인연을 맺으면 성공할 확률이 높습니다.

乙酉 간지

乙(봄) : 팔팔이乙

酉(가을) : 새침이辛 · 돈주렁이庚

卯辰巳(봄) → 午未申(여름) → 酉戌亥(가을) → 子丑寅(겨울) → 卯辰巳(봄)

봄에 활동하는 팔팔이 乙(을)목이 가을의 기운을 가진 酉(유)월을 만났습니다. 활동성이 많은 乙(을)목이 가을걷이 추수를 하는 곳에선 입도 손도 활용할 기회가 거의 없기에 백수와 다를 바 없습니다. 乙(을)목은 亥(해)월을 싫어하는데 이 酉(유)월도 반갑지 않습니다. 亥(해)월은 바닷물이 차가워서 도망가야 하고, 酉(유)월은 날카로운 서릿바람이 불어서 줄행랑치기 바쁩니다. 결국 부드럽고 유순한 乙(을)목이 수렴 기운이 강한 酉(유)월 때문에 살고자 하는 움직임이 극도로 위축됩니다.

부부 궁이 乙酉면 부부 관계가 불편하고 화합이 어렵습니다. 酉(유)금 배우자는 乙(을)목의 활동을 일거수일투족 간섭하고 집으로 끌어들이며 심하게 통제하니 乙(을)목에게는 배우자의 존재가 두렵게 느껴집니다. 만약 사주에 천간 丙(병)화나 지지 巳(사)화가 있다면 酉(유)금 배우자를 통제할 수는 있습니다. 亥(해)수도 도움 되지만 없다면 서로 다투기만 합니다. 특히 월주 직업 궁이 乙酉 간지면 가을에 추수해서 거두는 형태로 나타납니다.

성격과 심리적 환경은 좋지 않습니다. 겉으로 보기에는 별로 고민이 없어 보여도 상처를 잘 받습니다. 乙(을)목의 본성과는 달리, 맺고 끊음이 분명하여 이중적인 성격으로 오해받을 수 있습니다. 특히 주장이 강한 상대를 만나면, 할 말을 못하고 위축되어 버립니다.

인간관계는 보통입니다. 사람들과 원활한 소통을 원하지만, 별 뜻 없이 내뱉는 가벼운 농담에도 민감하게 반응하며, 불안과 우울증세가 나타날 수 있습니다.

적성이나 진로는 어떨까요. 약하고 부드러운 기운과 날카로운 기운이 만나서 다투는 형태는, 질병을 치료하거나 날카로운 도구를 다루는 직업, 또는 자본을 투자해서 수익을 내는 것도 해당합니다.

乙丑 간지

乙(봄) : 팔팔이乙

丑(겨울) : 저장이己 · 새침이辛 · 톡톡이癸

卯辰巳(봄) → 午未申(여름) → 酉戌亥(가을) → 子丑寅(겨울) → 卯辰巳(봄)

봄에 활동하는 팔팔이 乙(을)목이 겨울의 기운을 가진 丑(축)월을 만났습니다. 乙(을)목이 癸(계)수와 辛(신)금이 있는 엄동설한 차가운 丑(축)월에 나타났기에 조금 생뚱맞은 모습입니다. 게다가 어둡고 습하기까지 해서 활동하기에 매우 불편합니다. 만약 부부 궁이 乙丑이면 서로 불편한 관계로 지내게 됩니다.

丑(축)토 동굴 속에 저장된 재물을 누구나 탐을 냅니다. 乙(을)목이 욕심내면 내 것이 아니기 때문에 몸이 상합니다. 丑(축)월의 공간에 오래 지낼수록 몸이 냉해져서 손발이 마비되거나 피의 흐름이 막혀 몸과 정신이 이상해집니다.

乙亥 간지도 새싹이 차가운 곳에서 동결되는 문제가 있지만 乙丑 간지는 증상이 더 심각해집니다. 亥(해)월은 가을의 끝자락이고 丑(축)월은 얼음이 어는 한겨울이므로, 이 문제를 해결하려면 되도록 떠나는 것이 좋습니다.

성격과 심리적 환경은 좋지 않습니다. 활동이 많은 乙(을)목이라도 뭔가 부자연스럽습니다. 미처 뽑지 못해 꽁꽁 언 배추나 무와 같은 상태입니다. 엉뚱한 발언으로 주위 사람들을 당황하게 하고 분위기를 싸늘하게 합니다.

인간관계는 보통입니다. 사회성은 나쁘지 않으나 경제 사정이 어려워지면 사업 자금을 빌려서 채무불이행으로 신용 문제가 나타날 수 있으니 주의할 필요가 있습니다.

적성이나 진로는 어떨까요. 세무사나 질병을 치료하는 한의사, 의약품 조제사, 사업을 원한다면 사업 아이템의 발굴과 미래의 성장 가능성에 대해 장기적인 안목을 갖고 고민해야 합니다.

봄 癸

癸	癸	癸	癸	癸	癸
亥	卯	未	巳	酉	丑

癸
亥

癸亥 간지

癸(봄) : 톡톡이癸

亥(가을) : 깜깜이壬 · 고집이甲 · 듬듬이戊

卯辰巳(봄) → 午未申(여름) → 酉戌亥(가을) → 子丑寅(겨울) → 卯辰巳(봄)

　　봄에 활동하는 톡톡이 癸(계)수가 가을의 기운을 가진 亥(해)월을 만났습니다. 癸亥 간지는 60개의 간지 중 마지막 종착지에 해당하며, 진행 중이거나 지난 과거사를 정리하고 새로운 시작을 계획한다는 뜻을 가집니다. 사주에 정착할 땅이 없다면 방황하는 떠돌이가 될 수 있습니다.

　　부부 궁이 癸亥면 서로 좋은 관계는 아닙니다. 일간은 위로 발산하는 기운을 가졌기에 즐거움을 외부에서 찾고 싶어 하고, 배우자는 응축의 기운을 사용하므로 외부보다 내부 활동을 선호합니다. 부부가 같은 물의 속성이지만 추구하는 방향이나 목적이 상반됩니다.

성격과 심리적 환경은 보통입니다. 癸(계)수가 성장하는 공간은 땅 밖이라서 답답하고 제약적인 환경보다는 개방적이고 자유로운 분위기에서 능력을 발휘할 수 있습니다. 그뿐만 아니라 타인과의 소통과 교류를 통해 정보를 공유하고 배우는 것을 중요하게 생각합니다.

인간관계도 보통입니다. 강물은 주위에 있는 온갖 것을 건드리며 흘러가듯이 다양하게 인연을 만들어 갑니다. 다만, 흐르는 강물은 결코 한곳에 머물러 있지 않는 것처럼 깊은 관계를 맺기가 어렵습니다.

적성이나 진로는 어떨까요. 곳곳에 흩어져 있는 강줄기가 최종 바다에 모이는 것처럼, 많은 정보를 끌어모아 분류하고 분석하는 능력을 갖추고 있어서 정보수집, 회계, 분석, 마케팅 분야나 교육, 종교, 명리, 명상 등의 정신세계와 인연이 있습니다.

癸卯 간지

癸(봄) : 톡톡이癸

卯(봄) : 팔팔이乙 · 고집이甲

卯辰巳(봄) → 午未申(여름) → 酉戌亥(가을) → 子丑寅(겨울) → 卯辰巳(봄)

봄에 활동하는 톡톡이 癸(계)수가 같은 봄의 기운을

가진 卯(묘)월을 만났습니다. 겨울에 壬(임)수가 甲(갑)목을 돌보듯 봄에는 癸(계)수가 乙(을)목을 보살피는데, 성장하는 새싹을 봄비로 적셔서 돕는 상황입니다. 癸(계)수는 자신의 사상이나 의지를 직접 드러낼 수 없기 때문에, 乙(을)목을 앞세워서 표현하고 전달합니다. 이때 癸(계)수의 행동이 과할 경우는 오히려 간섭과 집착으로 왜곡되어서 역효과를 가져옵니다. 癸卯 간지를 효율적으로 사용하려면 사주에 천간 丙(병)화 또는 지지 巳(사)화가 있어야 합니다. 좋게 발현되면 癸(계)수의 사상이 널리 퍼져서 대중에게 관심받는 인물이 되고, 나쁘게 발현되면 드러나지 말아야 할 사적인 정보나 비밀이 노출되어 곤란한 상황을 겪을 수 있습니다.

부부 궁이 癸卯면 서로의 부족한 부분을 보완하고 조화로운 관계를 유지할 수 있는 좋은 궁합이지만, 배우자를 통제하거나 간섭하려는 경향이 있을 수 있습니다. 이러한 행동이 부부 갈등과 불화를 일으킬 수 있지만, 적절한 거리를 유지하고 개인적인 공간을 존중한다면 크게 문제가 되지 않습니다.

성격과 심리적 환경은 좋습니다. 따뜻한 봄날 나비처럼 밝고 긍정적인 에너지를 가지고 있으며, 입담이 좋아서 어디를 가든 인기가 많습니다. 새로운 사람들과 쉽게 친해지고 다양한 관계를 형성하는 데도 능숙합니다. 다만, 복잡하거나 진지한 상황을 싫어하고, 가볍고 긍정적인 분위기를 선호합니다.

인간관계도 좋은 편입니다. 다양한 사람을 만나 인맥을 넓혀가는데, 윗사람보다는 아동이나 젊은 성인과 소통이 더 잘됩니다.

적성이나 진로는 어떨까요. 유치원이나 초등 교육에 적합하고 보험설계나 정수기 대여업도 좋습니다. 입과 손발을 활용하는 악기, 그림, 운동, 예술, 조각, 손 글씨 등으로 겹벌이를 할 수 있습니다.

癸未 간지

癸(봄) : 톡톡이 癸

未(여름) : 저장이 己 · 팔팔이 乙 · 오물이 丁

卯辰巳(봄) → 午未申(여름) → 酉戌亥(가을) → 子丑寅(겨울) → 卯辰巳(봄)

봄에 활동하는 톡톡이 癸(계)수가 여름의 기운을 가진 未(미)월을 만났습니다. 未(미)월은 무더워 때문에 수분이 증발하여 식물이 성장하기에는 조금 버겁습니다. 癸(계)수는 未(미)월의 공간까지 오기 힘듭니다. 마음은 未(미)월에 있는 乙(을)목에게 가고 싶어 하지만 체내의 수분이 사라져서 움직일 기운이 없습니다. 그러므로 癸(계)수가 살려면 최대한 멀리 가야 합니다. 이곳은 오로지 庚(경)금만 버틸 수 있습니다. 그래서 癸未 간지는 해외와 인연이 많습니다.

부부 궁이 癸未면 사주에 물이 있는지부터 확인해야 합니다. 그렇지 않으면 부부가 함께 지내기 어렵습니다. 자신도 모르게 이사를 자주 하게 되거나 근무지가 자주 바뀌는 상황이 일어납니다.

성격과 심리적 환경은 좋지 않습니다. 심리적 부담이 크게 느껴지고, 전반적으로 장기전에 취약하므로 주의 집중이 어려워지거나 한곳에 오래 머물지 못합니다.

인간관계는 보통입니다. 타인과의 교류에 많은 에너지를 사용하는 경우, 피로감을 느끼기 쉽습니다. 또한 다른 사람의 감정을 과도하게 받아들여서 에너지가 소진될 수 있습니다.

적성이나 진로는 어떨까요. 물로 화재를 진압하는 소방, 이동이 잦은 건설 현장이나 건축, 영업, 무역업이 좋습니다. 자동차 딜러나 땅을 사고파는 부동산 중개, 식자재 도소매업도 잘 맞습니다.

癸巳 간지

癸(봄) : 톡톡이癸

巳(봄) : 태양이丙 · 돈주렁이庚 · 듬듬이戊

卯辰巳(봄) → 午未申(여름) → 酉戌亥(가을) → 子丑寅(겨울) → 卯辰巳(봄)

봄에 활동하는 톡톡이 癸(계)수가 같은 봄의 기운을

가진 巳(사)월을 만났습니다. 巳(사)월은 꽃피는 곳입니다. 癸(계)수가 丙(병)화를 향해 물방울을 분사하면 공중에 다양한 빛의 무지개가 만들어집니다. 癸(계)수는 巳(사)월에서 화려한 색을 드러내지만, 마음에 흑심을 품으면 감춰진 비밀이 폭로되어 구설에 오릅니다.

부부 궁이 癸巳면 남성의 경우 아내의 도움을 받아 성공할 가능성이 높습니다. 아내가 남편의 사업이나 사회적 활동에 적극적으로 참여하고 지원하여 성공을 끌어낼 수 있습니다. 여성의 경우는 좋은 배우자를 만나더라도 구속감을 느끼고 힘들어할 수 있습니다. 남편이 지나치게 책임감을 강조하고 가정에 대한 통제력을 행사한다면, 여성은 자신의 자유가 제한되는 느낌을 받게 됩니다.

성격과 심리적 환경은 매우 좋습니다. 톡톡 튀는 밝은 기운을 가지고 주변 사람들에게 즐거움을 주면서 분위기를 밝게 만듭니다. 특히 과거에 집착하지 않고 미래 발전적인 목표를 세워서 꾸준히 노력하는 성향입니다. 그뿐만 아니라 건강, 외모, 능력 등을 관리하는 뛰어난 처세술로 최고의 모습을 유지합니다.

인간관계도 좋습니다. 타인과의 관계 형성과 유지에 능숙하며, 다양한 사람들과 편안하게 소통하면서 건강한 관계를 맺어갑니다.

적성이나 진로는 어떨까요. 화장, 분장, 피부미용,

의상, 사진, 광고 등 홍보하는 분야는 다 좋습니다.

癸酉 간지

癸(봄) : 톡톡이癸

酉(가을) : 새침이辛 · 돈주렁이庚

卯辰巳(봄) → 午未申(여름) → 酉戌亥(가을) → 子丑寅(겨울) → 卯辰巳(봄)

봄에 활동하는 톡톡이 癸(계)수가 가을의 기운을 가진 酉(유)월을 만났습니다. 癸(계)수는 乙(을)목의 성장을 돕기 위해 존재하므로 성장을 방해하는 酉(유)월에서는 불편합니다. 酉(유)월은 庚(경)금과 辛(신)금이 경쟁하는 곳이라서 신경쇠약 증세나 노이로제, 감염, 불안증 같은 질병에 노출될 수 있습니다.

부부 궁이 癸酉면 38세~45세에 부부 문제나 육체 문제, 직업 궁이 癸酉면 그 시기에 직업변동이 일어나고, 자녀 궁이라면 자녀 문제로 드러나는데 이때 일어나는 상황이 일시적일 수 있습니다.

성격과 심리적 환경은 좋지 않습니다. 긴장과 불안을 잘 느끼다 보니 본의 아니게 실수할 때가 많습니다. 정신적인 사상에 흥미를 느끼기도 하지만 동시에 돈에 대한 집착도 강해서 둘 사이에 갈등할 때가 많습니다.

인간관계는 보통입니다. 사고체계가 남달라서 대

중적인 영역에는 흥미를 별로 못 느끼다 보니 소속감이 낮아지고 사회적 유대관계가 많이 축소됩니다.

적성이나 진로는 어떨까요. 소속감이 적은 자유직이나 교육, 종교, 철학, 질병 관리나 치료, 탱화 같은 불교미술도 좋습니다.

癸丑 간지

癸(봄) : 톡톡이癸

丑(겨울) : 저장이己 · 새침이辛 · 톡톡이癸

卯辰巳(봄) → 午未申(여름) → 酉戌亥(가을) → 子丑寅(겨울) → 卯辰巳(봄)

봄에 활동하는 톡톡이 癸(계)수가 겨울의 기운을 가진 丑(축)월을 만났습니다. 丑(축)월은 금은보화를 감춰 둔 동굴입니다. 乙丑 간지처럼 어둡고 습해서 癸(계)수가 좋아하지 않는 곳입니다. 그나마 봄에 가까워지므로 희망이 있는 곳이기도 합니다.

부부 궁이 癸酉면 관계가 원활하지 않습니다. 배우자는 동굴 입구에 얼어붙은 고드름 같아서 서로 소통이 힘들고 공감은 더욱 기대하기가 어렵습니다. 추위에 얼지 않으려면 떠날 수밖에 없는데, 사주에 천간 丙(병)화가 있다면 조금 낫습니다.

성격과 심리적 환경은 좋지 않습니다. 차갑고 냉소

적이며 의심이 많을 수 있습니다. 사주에 빛이 있다면 오히려 남을 도우면서 희생합니다. 하지만 한 번씩 독침을 방불케 하는 말투 때문에 의도치 않게 상처 주기도 합니다.

인간관계는 활발하지 않습니다. 자기만의 세계가 강하기 때문에 동굴로 들어가서 주위 사람들과 관계를 차단합니다. 마음의 문이 한 번 닫히면 먼저 열려고 하지 않습니다. 그러다 보니 점점 고독한 사람이 되어갑니다.

적성이나 진로는 어떨까요. 종교나 역학, 심리학, 발효식품 제조, 丙(병)화가 있다면 법조, 의료, 교도관, 경찰과 같이 세상을 이롭게 하는 직업에 어울립니다.

여름 丙

丙	丙	丙	丙	丙	丙
寅	午	戌	申	子	辰

丙
寅

丙寅 간지

丙(여름) : 태양이 丙

寅(겨울) : 고집이 甲 · 태양이 丙 · 듬듬이 戊

卯辰巳(봄) → 午未申(여름) → 酉戌亥(가을) → 子丑寅(겨울) → 卯辰巳(봄)

    여름에 활동하는 태양이 丙(병)화가 겨울의 기운을 가진 寅(인)월을 만났습니다. 寅(인)월에 사는 甲(갑)목이 뿌리를 제대로 내리려면 먼저 빛보다 물을 흡수해야 합니다. 빛을 분산하는 丙(병)화는 여름에 제 역할을 하는 에너지이기에 땅속에 사는 甲(갑)목을 만나면 여러 가지 고민거리가 생깁니다. 丙(병)화가 甲(갑)목을 데리고 넓은 땅으로 나갈 것인지, 성장을 마칠 때까지 마냥 기다릴 것인지 선택해야 합니다. 그래서 丙寅 간지는 시간이 오래 걸린다는 뜻을 갖게 됩니다.

    丙(병)화는 寅(인)월에 계속 머물러 있어 봐야 존재

감이 없으므로 언제든지 떠나려고 기회를 엿봅니다. 壬(임)수와 己(기)토가 전부인 줄로만 알던 甲(갑)목은 낯선 丙(병)화를 멀리서 쳐다만 봅니다. 丙(병)화를 따라나서고 싶지만, 마음뿐 자신이 없습니다. 그래서 丙寅 간지는 순수함을 말합니다.

사주에 천간 壬(임)수나 지지 亥(해)수가 있다면 甲(갑)목이 뿌리내리는 데는 문제가 없으며, 언젠가는 丙(병)화의 발자취를 따라갑니다. 壬(임)수 곁을 선택하면 공부하게 되지만, 丙(병)화를 따라나서면 공부를 포기하고 일찍 사회생활을 하게 됩니다.

부부 궁이 丙寅이면 심하게 나쁜 것은 아니지만, 사주에 물이 있고 없음에 따라 삶이 다르게 전개됩니다. 일간은 배우자를 보살피려 하고, 배우자는 부담스럽게 느끼면서 가까이 가지 않으려고 합니다.

성격과 심리적 환경은 보통입니다. 마음이 순수하고 따뜻합니다. 주변 사람들의 말에 쉽게 현혹되고 행동이나 반응도 느린 편입니다.

인간관계도 보통입니다. 타인의 말이나 행동을 별 의심 없이 받아들입니다. 다만, 자신의 의견을 분명하게 드러내지 못하다 보니 불필요한 관계가 계속 유지될 수 있으므로 명확한 관계 설정이 필요합니다.

적성이나 진로는 어떨까요. 환경이 열악하더라도 장기적인 안목을 길러서 투자하면 교육이나 의료, 법조계에서 충분히 발전할 수 있습니다.

> | 丙 |
> | --- |
> | 午 |
>
> **丙午 간지**
>
> 丙(여름) : 태양이丙
>
> 午(여름) : 오믈이丁 · 저장이己 · 태양이丙

卯辰巳(봄) → 午未申(여름) → 酉戌亥(가을) → 子丑寅(겨울) → 卯辰巳(봄)

여름에 활동하는 태양이 丙(병)화가 같은 여름의 기운을 가진 午(오)월을 만났습니다. 후덥지근한 午(오)월은 丙(병)화와 丁(정)화가 열심히 일하는 곳입니다. 丙(병)화가 午(오)월을 만나서 가장 먼저 하는 일이 庚(경)금을 찾아서 보살피는 일이므로, 丙午 간지는 오지랖이나 집착의 의미를 갖습니다.

사주에 천간 庚(경)금이나 지지 申(신)금이 있다면 庚(경)금을 누가 차지할 것인지 경쟁하게 되므로, 재물에 관심이 많을 수밖에 없습니다. 午(오)월인데도 사주에 금이 없다면 돈에 대한 집착이 강해져서 전 재산을 잃을 수 있으니 항상 투자에 유의해야 합니다. 부부 궁이 丙午면 자존심이 강해서 많이 다툴 일이 생깁니다.

성격과 심리적 환경은 보통입니다. 성실한 편이며 다방면으로 재능이 많으나 행동이 급하고 화를 잘 통제하지 못하므로 순간의 유혹을 이겨내야 합니다.

인간관계는 보통입니다. 무슨 일이든 의욕이 강하고 성실해서 주변 사람들을 돕습니다. 그러나 사람들을 통솔해서 주도하려는 심리 때문에 자칫 잘못되면 갈등의 원인이 되어 좋은 관계가 어긋날 수 있습니다.

적성이나 진로는 어떨까요. 자본금이 충분하면 사업도 괜찮으나 경비, 경찰, 군인 같은 특수직이 좋습니다. 철재나 금속을 다루는 일에도 인연이 닿습니다.

丙戌 간지

丙(여름) : 태양이 丙

戌(가을) : 듬듬이 戊 · 오믈이 丁 · 새침이 辛

卯辰巳(봄) → 午未申(여름)→ 酉戌亥(가을) → 子丑寅(겨울) → 卯辰巳(봄)

여름에 활동하는 태양이 丙(병)화가 가을의 기운을 가진 戌(술)월을 만났습니다. 丙(병)화가 戌(술)월을 만나면 기운을 잃고 무력해집니다. 여름에 강하게 드러나다가 가을이 되면 서산으로 지는 태양과 같습니다. 戌(술)월에는 丙(병)화가 원하는 庚(경)금이 없어서 제 역할을 다 못하게 되고, 대신 丁(정)화가 辛(신)금을 데리고 열심히 일합니다.

자연의 관점에서 보면, 戌(술)월에 곡식을 모두 거둬들이고 수확한 곡식과 열매를 잘 저장해야 겨울을 무사히 버틸 수 있습니다. 丙(병)화 빛이 쓰임을 잃었다는 것은 두 가지로 생각할 수 있습니다. 빛이 戌(술)토 창고에 갇혀서 무력해지거나, 丙(병)화가 창고에 있는 곡식들을 다 가질 수도 있기에 제대로 활용하면 폭발적인 발전을 이룰 수도 있습니다.

부부 궁이 丙戌이면 배우자를 위해 희생하는 삶을 살아갑니다. 의지대로 못 하고 이끌려서 산다는 생각을 갖게 되고, 부모 궁이 丙戌이면 부모나 형제와 떨어져 살아갑니다.

성격과 심리적 환경은 보통입니다. 행동이나 반응 속도가 조금 느리지만 자기 이익보다는 주변 사람들을 챙기고 배려하며 삽니다. 억울한 마음이 들 때 심하면 자신을 비난하고 학대할 수 있으니 틈틈이 자신을 챙기고 돌봐야 합니다.

인간관계는 보통입니다. 노력과 희생의 대가가 적고 인정받기 어렵습니다. 돕는 일에 익숙해서 손해를 보더라도 스트레스를 크게 느끼지 않으나, 허탈감을 느낄 때가 많습니다.

적성이나 진로는 어떨까요. 사람들을 배려하고 돌보는 복지나 봉사직에 잘 맞습니다.

丙申 간지

| 丙 |
| 申 |

丙(여름) : 태양이丙

申(여름) : 돈주렁이庚 · 깜깜이壬 · 듬듬이戊

卯辰巳(봄) → 午未申(여름) → 酉戌亥(가을) → 子丑寅(겨울) → 卯辰巳(봄)

여름에 활동하는 태양이 丙(병)화가 같은 여름의 기운을 가진 申(신)월을 만났습니다. 申(신)월은 丙(병)화가 庚(경)금을 가장 잘 보살필 수 있는 곳이며 壬(임)수가 생겨나는 중입니다. 하지만 寅(인)월에서 丙(병)화의 존재감을 드러낼 수 없듯이 이 申(신)월에서는 壬(임)수가 존재감을 드러내기가 어렵습니다. 단 대운이나 세운에서 천간 壬(임)수가 올 때는 오히려 힘을 얻어서 丙(병)화와 맞대결합니다. 이때는 물과 불이 만나 경쟁하게 되므로, 구설수나 배신의 문제가 발생하기도 합니다.

부부 궁이 丙申이면 같은 여름의 공간에서 마음 맞춰 잘 살아갑니다. 일간이 배우자에게 도움을 주는 역할이지만 배우자도 일간의 도움이 필요하기에 상생하는 관계로 발전합니다. 사주가 너무 화의 기운으로 되어 있을 땐 의견 충돌이 일어나서 자주 다툴 수 있습니다.

직업 궁이 丙申이면 열심히 뛰어다니지 않아도 돈이 저절로 들어오는 것 같이 느껴질 정도로 재물 운이 좋습니다. 다만, 돈에 대한 욕망이 너무 강하면 오히려 열매가 망가질 수 있으니 적당한 것이 좋습니다.

성격과 심리적 환경은 아주 좋습니다. 밝고 외향적이며, 추진력이 강해서 어떤 일이든 결정과 동시에 주저 없이 진행합니다. 열심히 사는 만큼 얻는 것도 많습니다.

인간관계도 좋습니다. 의리가 있고 인정이 많아서

주위에 도움을 많이 줍니다. 한 번 믿은 사람은 무슨 일이 있어도 배신하지 않고 최선을 다해 돕습니다.

적성이나 진로는 어떨까요. 통솔력이 뛰어나고 사업적 능력도 충분합니다. 그렇다고 사업이 무조건 성공한다는 의미는 아닙니다. 사업이 아니라면 이동이 많은 운전이나 유통, 차량을 이용하는 직업도 좋습니다.

丙	丙子 간지
子	丙(여름) : 태양이 丙 子(겨울) : 톡톡이 癸 · 깜깜이 壬

卯辰巳(봄) → 午未申(여름) → 酉戌亥(가을) → 子丑寅(겨울) → 卯辰巳(봄)

여름에 활동하는 태양이 丙(병)화가 겨울의 기운을 가진 子(자)월을 만났습니다. 丙(병)화가 깜깜한 子(자)월에 들어가면 빛을 잃어서 정체성이 사라집니다. 子(자)월의 입장은 조금 다릅니다. 어둠만 있던 조용한 곳에 丙(병)화가 찾아오면 길을 잃지 않게 도움을 받습니다.

부부 궁이 丙子면 일간이 배우자를 돕게 되고 배우자는 일간의 도움을 받을 수 있습니다. 子(자)월에는 癸(계)수만 있는 것이 아니고 壬(임)수도 함께 있습니다. 丙(병)화에게 壬(임)수는 별로 달갑지 않은 존재여서 부부 갈등이 일어나고, 주말부부 혹은 해외 파견 등으로 떨어져 사는 경우가 많습니다.

성격과 심리적 환경은 좋다고 볼 수 없습니다. 내향적이면서 동시에 외향적입니다. 평소에 밝은 모습으로 지내다가도 우울감을 느끼는 순간 환경을 탓하거나 자신을 학대하고 괴롭힙니다.

인간관계는 보통입니다. 주변에 어려운 상황이 발생하면 팔을 걷어붙이고 돕지만 의리만 앞세우게 되어 돈과 사람을 동시에 잃을 수 있습니다.

적성이나 진로는 어떨까요. 검은돈의 유혹을 참아내고 합법적인 일을 선택해야 합니다. 그러기 위해서는 교육업이 가장 안전하고, 명상이나 역학 공부를 통해 내면을 밝히는 것이 도움 됩니다.

丙辰 간지

丙(여름) : 태양이 丙

辰(봄) : 듬듬이 戊 · 톡톡이 癸 · 팔팔이 乙

卯辰巳(봄) → 午未申(여름) → 酉戌亥(가을) → 子丑寅(겨울) → 卯辰巳(봄)

여름에 활동하는 태양이 丙(병)화가 봄의 기운을 가진 辰(진)월을 만났습니다. 辰(진)월에는 乙(을)목, 癸(계)수, 戊(무)토가 모여 삽니다. 이들은 丙(병)화를 별로 반기지 않습니다. 수분이 증발해 버리면 땅이 마르고 건조해져서 활동에 제약받기 때문입니다. 그래서 丙辰 간지에서 발전하려면 벗어나서 멀리 가야 합니다.

부부 궁이 丙辰이면 추구하는 방향이 서로 다릅니다. 배우자의 터전이 황폐해지고 집착이 생기면서 근본 이유도 모른 채 종교를 찾거나 공부에 매달립니다.

성격과 심리적 환경은 보통입니다. 겉으로만 느긋해 보일 뿐 매우 조급합니다. 긴장과 불안도 잘 느끼고 특히 감정 변화가 많습니다. 평소에 마음을 안정시킬 수 있도록 근육을 이완하면 도움이 됩니다.

인간관계는 좋습니다. 사람들을 사귀는 데 별 어려움이 없고 오지랖이 넓어서 사소한 일까지 꼼꼼하게 챙깁니다. 좋은 사람 나쁜 사람 구별 없이 다양한 사람을 만나다 보니 인맥이 저절로 넓어집니다.

적성이나 진로는 어떨까요. 사업도 좋고 교육도 좋으나, 한곳에만 머물지 말고 해외 출장을 가거나 유동적인 일을 갖는 것이 좋습니다. 이 외에도 정보통신, 전자, 컴퓨터를 다루는 직업도 좋습니다.

여름 庚

庚	庚	庚	庚	庚	庚
寅	午	戌	申	子	辰

庚
寅

庚寅 간지

庚(여름) : 돈주렁이庚

寅(겨울) : 고집이甲 · 태양이丙 · 듬듬이戊

卯辰巳(봄) → 午未申(여름) → 酉戌亥(가을) → 子丑寅(겨울) → 卯辰巳(봄)

여름에 활동하는 돈주렁이 庚(경)금이 겨울의 기운을 가진 寅(인)월을 만났습니다. 그런데 庚(경)금이 만난 寅(인)월은 열매가 생기기도 훨씬 전의 상태입니다. 庚(경)금이 어떻게든 자신이 잘난 열매라는 사실을 알리고 싶다 해도, 寅(인)월에서는 가치를 제대로 인정받지 못하므로 포기하고 살아야 합니다. 그래서 庚寅 간지는 기존의 틀과 체제를 완전히 새로운 것으로 바꾼다는 의미입니다.

寅(인)월에 있는 甲(갑)목도 庚(경)금의 존재가 불편합니다. 甲(갑)목은 寅(인)월에서 욕심 없이 만족하고 사는

데 庚(경)금이 갑작스럽게 나타나서 무게를 잡으니 생뚱맞게 느껴집니다. 그래서 庚寅 간지는 엇박자가 나는 조합이라 서로를 밀어냅니다. 庚(경)금이 그나마 잘 지내려면 가진 것을 포기해야 합니다. 자존심을 버리고 서로 조금씩 양보하며 지내면 크게 발전할 수도 있습니다. 이것마저 싫다면 庚(경)금은 미련 없이 이곳을 떠나야 합니다.

부부 궁이 庚寅이면 자존심 때문에 다툽니다. 서로 다른 기질과 성격 때문에 마찰이 일어나므로 떨어져 사는 것이 좋습니다.

성격과 심리적 환경은 보통입니다. 자존심이 강하고 명예와 의리를 중요하게 생각합니다. 그렇기에 자신의 약점이 드러나는 것을 극도로 싫어해서 상황을 합리화하거나 자신을 방어하기 바쁩니다.

인간관계도 보통입니다. 활동 공간이 넓지 않아서 외부의 시선을 많이 의식합니다. 차라리 조용하고 사람이 적은 곳을 찾아서 사적인 시간을 보내는 쪽을 선택하기도 합니다.

적성이나 진로는 어떨까요. 업무 공간이 넓은 곳보다는 소담한 곳이 좋으며, 기술직이나 기획 업무가 적성에 맞습니다.

庚
午

庚午 간지

庚(여름) : 돈주렁이庚

午(여름) : 오믈이丁 · 저장이己 · 태양이丙

卯辰巳(봄) → 午未申(여름) → 酉戌亥(가을) → 子丑寅(겨울) → 卯辰巳(봄)

여름에 활동하는 돈주렁이 庚(경)금이 같은 여름의 기운을 가진 午(오)월을 만났습니다. 뜨거운 午(오)월은 庚(경)금이 막 태어난 곳입니다. 낮에는 丙(병)화의 도움으로 열매가 커가고 밤에는 丁(정)화의 도움으로 익어갑니다. 庚(경)금은 관심을 한 몸에 받을 수 있는 이 午(오)월을 무척 좋아하지만, 뜨거운 기운 때문에 약간의 수분을 보충해야 합니다. 수분이 부족한 상태에서 열의 기운만 강하면 열매가 상하거나 재물이 모이지 않습니다. 실제로 마음 수양을 위해서 사찰에 들어가거나, 깊은 산속에서 자연인으로 사는 예도 있습니다.

부부 궁이 庚午면 대부분 외모가 수려하거나 아름다울 수 있지만, 결혼은 늦게 하는 것이 좋습니다. 사회생활을 하는 중에 직업변동이 큰 편이며, 물이 보충되는 구조라면 긴 시간 동안 공부하기도 합니다.

성격과 심리적 환경은 보통입니다. 주관이 뚜렷하고 명확하며 특히 돈과 명예를 중요하게 생각하는 편입니다. 사주에 물이 부족할 경우 뜨거움을 견디지 못해 성격이 조급하거나 거칠어지고, 사주가 너무 뜨거울 경우 사실을 부풀리는 허풍쟁이로 변할 수 있습니다. 뜨거움을 술로 풀 수도 있는데 스트레스가 쌓이면 순간 폭발합니다.

인간관계는 좋습니다. 조직 생활에 적응을 잘하고 성실하며 주어진 일에 책임을 다하는 모습 때문에 지지자가 많습니다. 다만, 실수나 잘못을 바로 지적하는 경향이 있어서 구설이나 송사가 발생할 수 있으니 조심할 필요가 있습니다.

적성이나 진로는 어떨까요. 조직 생활에 적응력이 높아서 태양광이나 빛을 열로 전환하여 에너지를 활용하는 직장이 좋고, 물이 보충된 구조라면 교육이나 공직, 검경, 성악, 기술 사업이 적합합니다.

庚戌 간지

庚(여름) : 돈주렁이庚

戌(가을) : 듬듬이戊 · 오믈이丁 · 새침이辛

卯辰巳(봄) → 午未申(여름) → 酉戌亥(가을) → 子丑寅(겨울) → 卯辰巳(봄)

여름에 활동하는 돈주렁이 庚(경)금이 가을의 기운을 가진 戌(술)월을 만났습니다. 庚(경)금이 丙(병)화의 관심을 오랫동안 받고 싶어 하지만 戌(술)월에서는 포기해야 합니다. 戌(술)월은 경쟁자 辛(신)금이 丁(정)화와 함께 머무는 곳입니다. 酉(유)월의 공간은 庚(경)금과 辛(신)금이 자리싸움하

느라 시비가 일어나는 곳이지만, 戌(술)월에 오면 이유 불문하고 庚(경)금이 무조건 무릎을 꿇어야 합니다.

戌(술)월에 있는 辛(신)금은 시름시름 앓으면서 누워서 지냅니다. 庚(경)금이 이런 辛(신)금을 두고 시비를 걸거나 괴롭히면 무식하다는 소리만 듣게 됩니다. 그러니 戌(술)월을 만난 庚(경)금이 辛(신)금을 도와 창고를 잘 지킨다면 무탈하게 지낼 수 있습니다. 그래서 庚戌 간지에는 재물을 지키거나 터전을 지킨다는 뜻이 있습니다.

戌(술)토라는 글자는 거주 지역의 경비 역할을 말하기도 하지만, 가축이나 사람을 보호하는 개(dog)를 의미하기도 합니다. 금전이나 귀중한 물건을 보관한 재물창고를 책임지고 지켜내야 하므로, 호전적인 성향이 강할 뿐만 아니라 남들이 어려워하는 일을 도맡아서 책임을 집니다. 만약 창고를 도둑맞거나 상하면 매우 곤란한 상황을 겪게 되므로 경계를 늦추면 안 되기 때문입니다.

부부 궁이 庚戌이면 일간이 배우자를 지키는 것이 아니라, 자신을 인정해 달라고 호소하는 것입니다. 물론 생활력이 강하고 누구보다 부지런하지만, 호전성 때문에 배우자를 억압할 수도 있습니다. 그래서 庚戌 간지는 이왕이면 직업궁에 있는 것이 가장 좋습니다.

성격과 심리적 환경은 보통입니다. 가족이나 주변 사람들을 보호하는 따뜻한 마음을 가졌지만, 어투나 행동이 딱딱하게 드러나서 오해를 일으킵니다. 조금 보수적이긴 해도 책임감이 강해서 사람들에게 신뢰를 얻는 편에 속합니다.

인간관계도 보통입니다. 의리가 있고 책임감이 강해서 맡은 일을 끝까지 해내지만, 그만큼 시기 질투의 대상이 될 수 있으며, 흑과 백이 분명해서 융통성을 많이 필요로 합니다.

적성이나 진로는 어떨까요. 재물을 보호하거나 사람의 신변을 보호하는 경찰, 경호원, 군인, 보호직, 교정직, 특수직에서 두각을 나타냅니다.

庚申 간지

庚(여름) : 돈주렁이庚

申(여름) : 돈주렁이庚 · 깜깜이壬 · 듬듬이戊

卯辰巳(봄) → 午未申(여름) → 酉戌亥(가을) → 子丑寅(겨울) → 卯辰巳(봄)

여름에 활동하는 돈주렁이 庚(경)금이 같은 여름의 기운을 가진 申(신)월을 만났습니다. 庚(경)금 열매의 가치를 높여주는 丙(병)화를 만나면 온순해져서 명령에 순종합니다. 만약 사주에 丙(병)화가 없다면 오히려 마음대로 행동하려 듭니다. 특히 丙(병)화와 상극인 壬(임)수를 만나면 구속을 극도로 싫어하고 물처럼 자유로운 성향을 강하게 드러냅니다.

庚(경)금이 만난 申(신)월에는 자신을 닮은 열매가 이미 존재하며, 이 열매가 壬(임)수를 차지하고 있습니다. 천간 庚(경)금과 申(신)월에 있는 庚(경)금은 선의의 경쟁을 해야 하기에, 丙(병)화가 없는 庚申 간지는 지도자끼리 경쟁한다는 뜻을 가집니다. 하지만 이들의 경쟁은 사실 큰 의미가 없습니다. 丙(병)화가 있다면 모를까 壬(임)수만 있는 상태에서 출혈의 위험을 감수할 필요가 없습니다. 그래서 庚申 간지는 대적해서 싸우고 경쟁한다는 뜻도 있지만, 壬(임)수를 만나 기존의 틀을 깨거나 사고방식을 완전히 바꾼다는 뜻을 가집니다.

부부 궁이 庚申이면 함께 살기 어렵습니다. 지도자 역할을 서로 원하기 때문인데 타협한들 양보하기가 쉽지 않습니다.

성격과 심리적 환경은 보통입니다. 원하는 목표가 명확하고 단순합니다. 겉은 딱딱해 보여도 속마음은 여리고 부드럽습니다.

인간관계도 보통입니다. 자신의 존재감을 강하게 드러내고 행동이 경직되어 오해받는 일이 발생합니다. 주관이 뚜렷한 것은 장점이지만 때에 따라 부드러운 유연성이 필요합니다.

적성이나 진로는 어떨까요. 군인 같은 특수직이 좋으나 지시와 명령에 복종하는 것을 원치 않고 개인 사업에 관심을 가집니다.

| 庚 |
| 子 |

庚子 간지

庚(여름) : 돈주렁이庚

子(겨울) : 톡톡이癸 · 깜깜이壬

卯辰巳(봄) → 午未申(여름) → 酉戌亥(가을) → 子丑寅(겨울) → 卯辰巳(봄)

여름에 활동하는 돈주렁이 庚(경)금이 겨울의 기운을 가진 子(자)월을 만났습니다. 庚(경)금은 丙(병)화를 만나야 가치를 얻는데도 불구하고 물의 속성끼리 모인 子(자)월에서는 허우적댑니다. 庚(경)금 측면에서 보면, 어렵게 모은 재물을 壬(임)수와 癸(계)수 모녀에게 빼앗기는 꼴입니다. 아무리 발버둥 쳐도 벗어날 방법이 없어 보이지만, 사주에 丙(병)화가 있다면, 그 궁에 있는 가족에게 도움을 구할 수는 있습니다. 월간에 있다면 아버지에게, 시지에 있다면 자녀에게 어떤 방법으로든 도움을 받게 됩니다. 사주 어디에도 丙(병)화가 없는 경우에는 돈에 대한 욕심을 버리고 오히려 베풀어야 합니다. 그래서 庚子 간지는 물질과는 인연이 별로 없는 대신 공부와는 인연이 많습니다. 공부해서 자신이 소유한 지식을 많은 사람에게 전달하고 양성하는 것이 장기로 보면 의미 있는 일이 될 수 있습니다.

부부 궁이 庚子면 배우자에게 재산을 넘기게 되거나 재물이 점점 사라집니다. 돈 문제가 아니면 일간이나 배우자의 사회적 능력이 저하되는 상황으로 나타납니다. 전생 궁이자 국가 궁이 庚子면 교육이나 공직과 인연을 맺는 것이 좋습니다.

성격과 심리적 환경이 좋은 것은 아닙니다. 정해진 규칙에 따르기보다 오히려 틀을 깨는 방식을 사용합니다. 정신적인 세계에 관심이 많아지면서 우주 질서의 근원적인 물음에 흥미를 갖게 됩니다.

인간관계는 보통입니다. 잘 베푸는 성격이라서 무리 없이 관계를 맺습니다만, 학문이나 정신적인 사상에 관심을 두다 보니 단체나 조직 사회에서 점점 소속감이 낮아집니다.

적성이나 진로는 어떨까요. 공부에 흥미가 많으므로 정신적인 사상을 연구하는 교육이나 공무직, 아니면 종교나 역학을 공부하는 것도 좋습니다. 배운 지식을 활용해서 인류 발전에 이바지하는 일은 자신을 위해서도 가치 있는 삶이 될 것입니다.

庚辰

庚辰 간지

庚(여름) : 돈주렁이庚

辰(봄) : 듬듬이戊 · 톡톡이癸 · 팔팔이乙

卯辰巳(봄) → 午未申(여름) → 酉戌亥(가을) → 子丑寅(겨울) → 卯辰巳(봄)

여름에 활동하는 돈주렁이 庚(경)금이 봄의 기운을

가진 辰(진)월을 만났습니다. 자연이 순환하는 과정을 잠시 살피면, 辰(진)월에 새싹이 무럭무럭 성장하고 巳(사)월에 꽃이 핍니다. 午(오)월에 열매를 맺고, 未(미)월과 申(신)월에 열매가 커가면서 익습니다. 酉(유)월이 되면 열매가 완성되어 중력에 의해 낙하합니다. 戌(술)월에는 창고에 보관하고, 亥子丑월을 지나 寅(인)월에 다시 성장을 시작합니다. 寅卯辰월은 어린 甲(갑)목과 乙(을)목의 생명체가 무럭무럭 성장해야 하므로, 庚(경)금이 辰(진)월을 만나도 존재감을 드러내지 못합니다. 유혹에 흔들리지 않고 차분하게 대처하면서 기다리는 것이 중요합니다.

부부 궁이 庚辰이면 일간이 경제력을 동원해서 가정을 이끌어가는 경우가 많습니다. 일간 입장에서는 배우자가 필요로 하는 수분보다 빛이 더 필요하기에 서로 간 의견 충돌이 일어날 수 있습니다.

성격과 심리적 환경은 보통입니다. 성격이 조급한 편이어서 시작과 동시에 결과를 얻고 싶어 합니다. 목표를 향해 빠르게 행동하는 것은 장점일 수 있지만, 섣불리 행동해서 실수할 수 있으므로 차분하게 과정을 즐기는 것이 더 나을 것입니다.

인간관계도 보통입니다. 줄 서서 기다리는 것을 시간 낭비로 느끼고 일이 순차적으로 진행되지 않으면 짜증이 납니다. 자칫 소통이 불통이 되어 크고 작은 오해로 관계가 어굿나는 경우가 종종 발생합니다. 기다리는 동안 소리책이나 SNS를 이용하면서 주의를 환기하는 것이 좋습니다.

적성이나 진로는 어떨까요. 개인 사업으로는 요식업이나 주류업, 정신적인 만족을 추구한다면 종교학, 역사학, 역학, 교육 분야가 좋은 선택이 될 수 있습니다.

봄과 여름 戊

戊	戊	戊	戊	戊	戊
寅	午	戌	申	子	辰

戊寅 간지

戊
寅

戊(봄여름) : 듬듬이戊

寅(겨울) : 고집이甲 · 태양이丙 · 듬듬이戊

卯辰巳(봄) → 午未申(여름) → 酉戌亥(가을) → 子丑寅(겨울) → 卯辰巳(봄)

봄과 여름에 활동하는 듬듬이 戊(무)토가 겨울의 기운을 가진 寅(인)월을 만났습니다. 寅(인)월은 乙(을)목이 아니라 甲(갑)목이 있는 곳이라서 편하지 않습니다. 甲(갑)목이 성장해서 바깥세상으로 나가기 위해서는 때를 기다리면서 乙(을)목을 도와야 합니다. 그래서 丙寅 간지는 시간이 걸리지만 꿈을 실현하는 무대를 얻는다는 뜻을 가지며, 무언가를 키우거나 기르는 것과 인연이 됩니다. 사주에 천간 壬(임)수와 丙(병)화가 함께 있다면 사회에서 주목받는 사람이 될 수 있습니다. 다만, 아직 겨울이기 때문에 꽤 오랫동안 공부해야 가능합니다.

부부 궁이 戊寅이면 좋은 궁합은 아닙니다. 일간은 많은 사람의 터전이 되어야 하고, 배우자는 일간의 행동을 이해하지 못합니다. 서로 다른 에너지와 성향으로 인해 소통이 어려워지고, 종종 부부 갈등과 불일치를 낳게 됩니다.

성격과 심리적 환경은 보통입니다. 강한 자존감과 천부적인 지도력을 갖췄음에도 오히려 다른 사람을 돕는 지지형에 가깝습니다. 또한 신중한 판단력과 분석력은 실수를 줄이고 목표를 달성하는데 장점으로 작용합니다.

인간관계도 보통입니다. 성공에도 불구하고 자랑하거나 교만하게 행동하지 않는 겸손한 태도는 주변 사람들에게 좋은 인상을 주고 인간관계를 더욱 발전시킵니다. 배신이나 상처를 용납하지 않는 명확한 가치관은 자신을 보호하는 무기로 사용되지만, 효과적으로 해결하는 다른 방안을 찾아보는 것도 도움이 됩니다.

적성이나 진로는 어떨까요. 교육업과 공무직이 좋으며 기획 능력이 뛰어나고, 장기간 투자하는 연구 분야나 부동산 투자, 부동산 중개업과도 인연이 있습니다.

戊午 간지

戊(봄여름) : 듬듬이戊

午(여름) : 오믈이丁 · 저장이己 · 태양이丙

卯辰巳(봄) → 午未申(여름) → 酉戌亥(가을) → 子丑寅(겨울) → 卯辰巳(봄)

봄과 여름에 활동하는 듬듬이 戊(무)토가 여름의 기운을 가진 午(오)월을 만났습니다. 午(오)월은 더운 기운이 극에 달하는 곳입니다. 수분이 증발하여 땅이 건조해지고 논밭에서 자라는 농작물은 움직임이 거의 없을 정도입니다. 午(오)월을 만난 戊(무)토는 무언가를 기를 수 있는 상황이 아닙니다. 단 밤낮으로 일을 하는 丙(병)화와 丁(정)화만은 예외인데, 주로 직업을 바꾸거나 사업을 시작하고 중단하는 것으로 나타납니다. 午(오)월은 乙(을)목 새싹에서 庚(경)금 열매로 바뀌는 곳입니다. 내세울 만큼의 큰 열매는 아니지만, 계속해서 성장해 나갈 여건이 마련된 곳이기에 戊午 간지에서는 물질에 대한 욕망이 커갑니다. 만약 약한 庚(경)금을 크게 성장시키려면 육체노동을 각오해야 합니다.

부부 궁이 戊午면 나쁘지 않습니다. 각자의 역할에 충실하고 화합이 잘 됩니다. 일간보다는 배우자가 더 주도적이어서 집안의 가장 역할을 맡을 수도 있습니다.

성격과 심리적 환경은 보통입니다. 자존심이 강하고 의욕이 넘칩니다. 감정을 숨기지 못하고 즉흥적으로 반응하지만 그리 오래가진 않습니다.

인간관계는 좋습니다. 나름의 사교성이 있는 편이라 남녀노소 가리지 않고 사귄 결과 인맥이 넓습니다. 다만, 한번 적은 영원한 적이 될 수 있으므로 유연하게 대처할 필요가 있습니다.

적성이나 진로는 어떨까요. 사주원국이나 운을 잘 살펴야 합니다. 원국이든 운에서든 寅卯辰 목의 기운을 보충하면 교육이나 공직으로, 申酉戌 금의 기운을 보충하면 무역, 금융, 철강, 금속 관련업으로, 亥子丑 수의 기운을 보충하면 연구, 개발, 교육, 종교와 인연이 됩니다.

戊
戌

戊戌 간지

戊(봄여름) : 듬듬이戊

戌(가을) : 듬듬이戊 · 오믈이丁 · 새침이辛

卯辰巳(봄) → 午未申(여름) → 酉戌亥(가을) → 子丑寅(겨울) → 卯辰巳(봄)

봄과 여름에 활동하는 듬듬이 戊(무)토가 가을의 기운을 가진 戌(술)월을 만났습니다. 戌(술)월은 그동안 열심히 일해서 가꾼 곡식과 과일을 거둬들여서 보관한 창고입니다. 戌(술)월이 지나 눈이 오고 얼음이 얼면 활동이 어려워지므로 만반의 준비를 해야 합니다.

천간 戊(무)토가 있는 곳이 戌(술)월입니다. 戊(무)토는 乙(을)목과 庚(경)금이 활동하는 무대지만, 戌(술)토는 庚(경)금의 경쟁자 辛(신)금이 있는 곳이라서 불편해합니다. 천간 戊(무)토는 항상 자신의 존재를 드러내고 싶어 하고, 戌(술)월에 있는 戊(무)토도 자리를 뺏길 이유가 없으니, 둘은 좋으나 싫으나 경쟁할 수밖에 없습니다. 그래서 戊戌 간지는 서로 영역을 확보하기 위해 경쟁한다는 뜻을 가집니다. 戌(술)월을 지나면 깜깜한 亥(해)월로 넘어갑니다. 亥(해)월은 辛(신)금의 육체가 소멸한 곳이며 윤회하는 곳이기에, 亥(해)월과 연결된 戌(술)월에서 종교를 갖거나 원거리 이동을 하게 됩니다.

부부 궁이 戊戌이면 부부가 이별할 가능성이 큽니다. 부부가 영역싸움으로 갈등하는 이유도 있지만, 재물과 먹거리를 저장한 창고이기 때문에 항상 갈등 상황을 겪게 됩니다.

성격과 심리적 환경은 좋다고 볼 수 없습니다. 자기주장이 강하고 호전적이어서 의도치 않게 거친 말을 내뱉어서 오해를 낳거나 상처를 주게 됩니다. 그래도 가족이나 아군은 끝까지 책임지고 보호합니다.

인간관계는 좋습니다. 도전정신과 모험심이 강해서 지지자가 많으며, 통솔력까지 갖추고 있어서 지도력을 발휘하는 데 문제가 없습니다.

적성이나 진로는 어떨까요. 안정되고 순탄한 삶을 바란다면 일찍부터 종교 활동이나 봉사하는 분야에 인연을 맺는 것이 좋습니다.

戊
申

戊申 간지

戊(봄여름) : 듬듬이戊

申(여름) : 돈주렁이庚 · 깜깜이壬 · 듬듬이戊

卯辰巳(봄) → 午未申(여름) → 酉戌亥(가을) → 子丑寅(겨울) → 卯辰巳(봄)

봄과 여름에 활동하는 듬듬이 戊(무)토가 여름의 기운을 가진 申(신)월을 만났습니다. 戊(무)토는 申(신)월을 만나면 안정을 찾습니다. 아무것도 심겨 있지 않은 벌거숭이 땅이면 가치가 크게 없지만, 庚(경)금의 열매 하나로 인해 땅의 모양을 갖출 수 있어서 자존감이 저절로 높아집니다. 戊申 간지는 주로 땅 위에 건물을 올리는 형태로 나타납니다. 하지만 申(신)월에 있는 庚(경)금은 천간 戊(무)토의 기운에 눌려서 가치를 제대로 평가받지 못한다는 아쉬움이 있습니다. 사주에 丙(병)화가 있다면 庚(경)금을 키워서 발전할 수 있으나, 丙(병)화가 없는 戊申 간지는 크게 기대하기가 어렵습니다.

부부 궁이 戊申이면 배우자를 일일이 간섭하고 통제하려고 합니다. 답답함을 못 견딘 배우자는 집 바깥으로 나가려고 시도해도, 결국은 일간의 통제에 계속 머무르게 됩니다.

성격과 심리적 환경은 보통입니다. 다양한 분야에 관심이 많고 능숙하게 소화하는 능력을 지니고 있습니다. 모든 것이 완벽해야 한다는 강박적인 생각은 지나친 개입으로 이어질 수 있으므로, 적절한 거리를 유지하는 것이 좋습니다.

인간관계도 보통입니다. 동호회, 봉사활동 등을 통해 공통 관심사를 가진 사람들과 만나고 교류하지만, 자칫 피상적인 관계로만 유지될 가능성이 있습니다.

적성이나 진로는 어떨까요. 사주 구조가 좋으면 부동산으로 부를 축적할 수도 있고, 사업이나 무역업, 여행업, 학원 강사, 아동 상대로 하는 판매업, 은행, 금융업과 인연이 있습니다.

戊子 간지

戊(봄여름) : 듬듬이戊

子(겨울) : 톡톡이癸 · 깜깜이壬

卯辰巳(봄) → 午未申(여름) → 酉戌亥(가을) → 子丑寅(겨울) → 卯辰巳(봄)

봄과 여름에 활동하는 듬듬이 戊(무)토가 겨울의 기운을 가진 子(자)월을 만났습니다. 子(자)월은 癸(계)수의 고향이지만 乙(을)목이 있는 戊(무)토의 땅으로 가고 싶어 시도합니다. 이런 상황에서 癸(계)수는 자연스럽게 戊(무)토를 만났으니 만족스럽습니다. 戊(무)토의 입장도 땅을 촉촉하게 유지할 수 있어서 불만이 없습니다. 문제는 癸(계)수뿐 아니라 壬(임)수도 함께 있습니다. 戊(무)토는 癸(계)수를 데리고 어두운 子(자)월을 탈출할 것이냐, 아니면 참고 머물 것이냐에 대해 고민하게 됩니다. 그래서 戊子 간지는 땅을 벗어날지 말지 갈등한다는 뜻을 가집니다.

부부 궁이 戊子면 인내심이 필요합니다. 중요한 결정을 내릴 때 갈팡질팡합니다. 부부 갈등을 해결하지 못하면 각자도생하게 되고, 자녀가 부모 사이의 소통 역할을 맡게 됩니다. 이는 자녀에게 큰 부담과 스트레스를 줄 수 있습니다.

성격과 심리적 환경은 보통입니다. 외향적인 성격이면서도 생각이 많고 예민합니다. 이것저것 계획을 많이 세워보지만, 결과에 대한 확신이 적기 때문에 막상 실행에 옮기려고 하면 갈등이 생깁니다.

인간관계도 보통입니다. 단체나 조직의 요구에 민감하게 반응하고, 외부를 향하려는 에너지와 내부에 머물려는 에너지가 상충해서 스트레스가 많을 수 있습니다. 욕구불만이 고조되면 감정을 폭발적으로 쏟아낼 수 있어 주의해야 합니다. 욕구불만은 누구나 경험하는 자연스러운 감정이지만, 잘 다루지 않으면 인간관계가 악화하고 우울과 불안으로 이어질 수 있습니다.

적성이나 진로는 어떨까요. 중간 역할을 맡는 대행업, 화약을 사용하는 발파 공사 또는 지반을 파는 굴착공사가 좋습니다.

戊
辰

戊辰 간지

戊(봄여름) : 듬듬이戊

辰(봄) : 듬듬이戊 · 톡톡이癸 · 팔팔이乙

卯辰巳(봄) → 午未申(여름) → 酉戌亥(가을) → 子丑寅(겨울) → 卯辰巳(봄)

    봄과 여름에 활동하는 듬듬이 戊(무)토가 봄의 기운을 가진 辰(진)월을 만났습니다. 乙(을)목, 癸(계)수, 戊(무)토가 사는 곳에 천간 戊(무)토라는 존재가 주인 행세를 하겠다고 나타났는데 과연 반겨줄지 살펴보겠습니다. 먼저, 乙(을)목과 癸(계)수는 인상을 찌푸릴 이유가 없습니다. 터전이 하나 더 생기면 활동할 수 있는 무대가 훨씬 넓어집니다. 다만, 辰(진)월에 살고 있는 戊(무)토 입장에서는 경쟁자가 나타나니 당황스럽고 불편합니다. 싸움은 이제부터입니다. 乙(을)목과 癸(계)수를 독차지하던 戊(무)토가 갑자기 나타난 천간 戊(무)토와 경쟁하게 되면 승자와 패자로 나뉘게 됩니다. 그래서 戊辰 간지는 자존심으로 경쟁한다는 뜻을 가집니다. 두 戊(무)토는 스트레스를 받는 처지이지만, 乙(을)목과 癸(계)수는 이땅 저땅을 모두 차지할 수 있어서 오히려 즐겁니다.

    사주에 목의 기운이 강하면 생명체를 길러내는 것과 인연이 되고, 금의 기운이 강하면 땅의 가치가 높아집니다. 수의 기운이 강하면 나무를 키우려고 하고, 화의 기운이 강하면 재물에 대한 집착이 강해집니다.

　　　　부부 궁이 戊辰이면 둘 다 생활력이 강하지만, 자존심 때문에 쉽게 굴복하지 않으므로 한 번 다투면 크게 다툽니다.

　　　　성격과 심리적 환경은 보통입니다. 외향적이고 주관이 뚜렷해서 명확한 목표를 갖고 전진하는 것은 좋으나, 돌발 상황에 대비해서 순발력과 유연성을 강화해야 합니다.

　　　　인간관계는 좋습니다. 사회성이 좋고 다양한 사람을 폭넓게 만납니다. 대신 어긋나 있는 관계를 정리하지 못해서 손해 볼 수는 있습니다.

　　　　적성이나 진로는 어떨까요. 물을 공급하는 생수 사업이나 갈증 해소에 도움 되는 교육업이 좋은데 직장생활보다 개인 사업을 더 원할 수 있습니다.

가을 辛

辛	辛	辛	辛	辛	辛
亥	卯	未	巳	酉	丑

辛亥 간지

辛
亥

辛(가을) : 새침이 辛

亥(가을) : 깜깜이 壬 · 고집이 甲 · 듬듬이 戊

卯辰巳(봄) → 午未申(여름) → 酉戌亥(가을) → 子丑寅(겨울) → 卯辰巳(봄)

  가을에 활동하는 辛(신)금 새침이가 같은 가을의 기운을 가진 亥(해)월을 만났습니다. 亥(해)월은 壬(임)수가 있는 곳입니다. 辛(신)금이 亥(해)월까지 왔다면 복잡한 세상만사 벗어나서 윤회할 일만 남았습니다. 그래서 辛亥 간지는 힘든 일을 겪고서야 편안해진다는 뜻을 가집니다.

  辛(신)금이 亥(해)월에서 壬(임)수를 만나게 되니 이렇게 편안할 수가 없습니다. 지나온 시련을 떠올리며 슬픔과 좌절의 눈물을 흘립니다. 이곳 亥(해)월에 있는 甲(갑)목은 辛(신)금의 육신이 사라지면서 남긴 영혼이며, 子(자)월을 지나고 丑(축)월에서 새로운 육신을 부여받게 됩니다. 그래서 辛亥 간지는 과거를 마감하고 새롭게 태어나는 재생을 뜻합니다. 만약 辛(신)금이 亥(해)월에서 잘못되면 재탄생의 기회가 사라지고, 甲(갑)목의 영혼이 상하면서 정체성을 잃고 방황합니다. 이렇게 되면 辛亥 간지가 부정적인 의미로 쓰여서 길을 잃고 방황하거나 마음대로 하려는 행동으로 나타납니다.

   부부 궁이 辛亥면 배우자에게서 안정을 얻을 수도 있고 반대로 나타날 수도 있습니다. 배우자 입장에서는 일간의 예민한 성향을 이해하고 받아들이지만, 일간 당사자에겐 윤회의 과정이 고통스럽습니다. 이때는 둘 중 누구라도 종교를 가져서 업을 소멸해야 합니다.

   성격과 심리적 환경은 보통입니다. 사소한 일에 예민하게 반응하고 스트레스에 취약합니다. 첫인상은 차갑고 냉정하게 보일 수 있지만 배려심과 잔정이 많습니다.

   인간관계는 보통입니다. 사주에 따뜻한 기운이 보충되지 않으면 차갑고 냉정한 인상이 강하게 각인되어 손해를 보는 경우가 많습니다. 특히 언어에 날카로움이 묻어나서 오해를 일으킵니다.

   적성이나 진로는 어떨까요. 오감이 발달한 이유로 기술이나 예술, 미용, 성형, 피부관리, 문신, 메이크업과 인연이 많고, 종교나 정신적인 영역에도 흥미를 느낍니다.

辛卯 간지

辛
卯

辛(가을) : 새침이 辛
卯(봄) : 팔팔이 乙 · 고집이 甲

卯辰巳(봄) → 午未申(여름) → 酉戌亥(가을) → 子丑寅(겨울) → 卯辰巳(봄)

가을에 활동하는 辛(신)금 새침이가 봄의 기운을 가진 卯(묘)월을 만났습니다. 땅속이 편한 辛(신)금이 얼떨결에 卯(묘)월로 나왔다가 적응하기 어려운 상황에 놓입니다. 극도로 예민해진 辛(신)금은 자신과 비교될 정도로 건강미가 넘치는 乙(을)목을 만나게 되어 질투심이 납니다. 辛(신)금이 乙(을)목 가까이 가려고 하면 乙(을)목은 놀라면서 줄행랑을 치게 되니, 한쪽은 쫓고 한쪽은 도망가는 톰과 제리 같은 생존게임이 반복됩니다. 그래서 辛卯 간지는 활동을 방해받아서 육체적으로 심리적으로 제약이 많아진다는 뜻을 가집니다.

辛(신)금은 뭔가 감춰야 하고 반대로 乙(을)목은 드러내야 하는 속성인데, 이렇게 상반된 기운끼리 만나면 타협과 조정이 어렵습니다. 辛(신)금이 乙(을)목을 통제하려는 행동이 심하게 나타날 경우는 과욕으로 인해 사업에서 부도를 맞을 수 있습니다. 辛(신)금이 乙(을)목을 보면 마음대로 해도 된다는 착각을 하게 되는데, 사주에 천간 丙(병)화나 丁(정)화가 있다면 얼마든지 통제할 수 있습니다.

부부 궁이 辛卯면 배우자에게 존중받기는 어렵습니다. 배우자는 답답하고 불편해서 도망칠 궁리만 하기 때문입니다. 그 자리에 있다가는 눈물 흘릴 일만 발생하기 때문에 살기 위해선 어쩔 수 없습니다.

성격과 심리적 환경은 좋지 않습니다. 내향적이고 완벽을 추구하는 현실주의입니다. 맺고 끊음이 분명하고 뒤처리도 깔끔하지만, 한 치 오차가 발생하면 극도로 예민해져서 스트레스를 많이 받게 되며 수면 패턴도 불규칙할 수 있습니다.

인간관계는 보통입니다. 지나치게 거절하거나 지적하는 행동 때문에 주변 사람이 쉽게 다가오지 못하는 경우가 더러 발생합니다. 조직의 비전보다 개인의 성장이나 가치관을 더 중요하게 생각합니다.

적성이나 진로는 어떨까요. 직업에 변동이 많을 수 있는데, 약물을 다루거나 질병을 치료하는 의료전문가, 수학이나 통계를 다루는 분야, 사람을 자주 교체하거나 낡은 것을 새것으로 교체하는 분야의 수익 사업가, 날카로운 도구를 사용하는 미용 또는 반영구 화장 관련 전문가가 좋습니다.

辛未 간지

辛(가을) : 새침이辛

未(여름) : 저장이己 · 팔팔이乙 · 오믈이丁

卯辰巳(봄) → 午未申(여름) → 酉戌亥(가을) → 子丑寅(겨울) → 卯辰巳(봄)

가을에 활동하는 辛(신)금 새침이가 여름의 기운을 가진 未(미)월을 만났습니다. 辛(신)금은 가을과 겨울에 활동하는 에너지이기 때문에 봄과 여름에는 적응이 어렵습니다. 특히 수분이 부족한 상태에서 열을 흡수하면 극도로 예민해집니다. 未(미)월에 있는 乙(을)목은 辛(신)금을 보기만 해도 몸이 굳어 버립니다. 乙(을)목은 辛(신)금의 날카로움에 압도되고 위축되지만, 설상가상으로 더위까지 가세해서 도망갈 수도 없는 상황입니다. 그래서 辛未 간지는 불안하고 답답한 상황을 뜻하며 해외와 인연이 많습니다.

未(미)월에 있는 乙(을)목은 辛(신)금의 얼굴을 보기만 해도 자유롭던 움직임이 금세 굳어 버립니다. 될 수 있으면 멀리 도망가야 하는데, 더위에 지쳐서 발만 동동거릴 뿐입니다. 그래서 辛未 간지는 불안하고 답답한 상황을 뜻하며 해외와 인연이 많습니다.

辛卯 간지와 辛未 간지 모두 辛(신)금과 乙(을)목이 서로 밀고 당기는 관계이며, 부부 궁이 辛未면 화합이 어려울 수 있습니다.

성격과 심리적 환경은 좋다고 볼 수 없습니다. 선천적으로 총명해서 빠르게 이해하고 습득하는 능력을 가지고 있습니다. 이는 학습, 업무, 삶의 여러 측면에서 큰 도움이 될 수 있지만, 모든 것이 계획대로 진행되어야만 만족합니다. 예상과 다르게 진행되면 심한 스트레스를 받습니다. 대신 정보를 수집하고 분석하여 정확한 판단을 내리는 능력은 아주 뛰어납니다.

인간관계는 보통입니다. 꼼꼼하게 따지는 성향 때문에 주변 사람들이 불편해할 수 있습니다. 이것으로 발생하는 소외감이나 피해의식 때문에 은둔형 외톨이가 될 수 있으니, 다른 사람들의 의견과 생각을 열린 마음으로 받아들이면서 타협하는 것이 필요합니다.

적성이나 진로는 어떨까요. 일찍 해외로 유학을 가거나 외국어를 전공하는 것도 도움이 됩니다. 해산물을 취급하는 식품업, 한의, 무역, 종교, 역술, 꼼꼼하고 면밀한 성향과 숫자에 대한 감각이 뛰어나므로 회계직도 좋습니다.

辛巳 간지

辛(가을) : 새침이 辛

巳(봄) : 태양이 丙 · 돈주렁이 庚 · 듬듬이 戊

卯辰巳(봄) → 午未申(여름) → 酉戌亥(가을) → 子丑寅(겨울) → 卯辰巳(봄)

가을에 활동하는 辛(신)금 새침이가 봄의 기운을 가진 巳(사)월을 만났습니다. 봄에는 꽃이 피고 여름에는 열매가 맺혀서 무럭무럭 성장해 갑니다. 巳(사)월은 많은 사람이 꽃구경하려고 戊(무)토가 있는 넓은 공원에 모여듭니다. 어느 날

예고 없이 辛(신)금이 나타나 시선이 집중되면서 분위기가 반전됩니다. 辛(신)금은 여럿이 어울리는 것에 익숙지 않습니다. 辛(신)금처럼 내부에 있던 존재가 외부에 노출되었다는 것은 숨겨졌던 것이 드러나서 관심의 대상이 된다는 것입니다. 잘못 노출되면 감추고 싶은 것이 드러나서 크게 상처받을 수 있습니다. 辛巳 간지가 좋게 발현되면 다이아몬드가 빛에 의해 반짝여서 주위로부터 관심받는다는 뜻이 되지만, 고독한 길을 선택해서 멀리 떠난다는 뜻도 됩니다.

부부 궁이 辛巳면 각자 사는 방식이 너무나 다릅니다. 함께 살면 각자 살고 싶고, 각자 살면 함께 살고 싶은 모순적인 감정을 가지게 됩니다. 마치 견우와 직녀처럼 만남과 헤어짐을 반복하면서 서로 어울리지 않은 상대와 관계를 유지해 갑니다.

성격과 심리적 환경은 보통입니다. 조용하고 차분하며, 혼자 시간을 보내는 것을 좋아하다 보니 타인의 시선을 많이 의식하고, 자신을 드러내는 데 어려움을 느끼는 편입니다. 다양한 재능을 가지고 있는 것은 장점이지만, 실생활에 직접 활용하는 것엔 그다지 관심이 없습니다.

인간관계도 보통입니다. 다이아몬드가 빛을 받아 화려하게 빛나는 모습처럼, 실제로 타고난 외모나 재능으로 사회적 시선을 받게 됩니다. 하지만 동시에, 사회적 시선이 부담으로 다가올 수 있습니다. 끊임없이 평가받는다는 생각과 항상 완벽해야 한다는 압박감 때문에 자신의 진짜 모습을 드러내는 데 대한 두려움 등이 생길 수 있습니다.

적성 및 직업으로는 방송계, 해외 무역, 교육, 종교, 역술과 인연이 많습니다.

辛酉 간지

辛(가을) : 새침이辛

酉(가을) : 새침이辛 · 돈주렁이庚

卯辰巳(봄) → 午未申(여름) → 酉戌亥(가을) → 子丑寅(겨울) → 卯辰巳(봄)

가을에 활동하는 辛(신)금 새침이가 같은 가을의 기운을 가진 酉(유)월을 만났습니다. 庚(경)금과 辛(신)금이 티격태격 경쟁하는 사이에 또 하나의 천간 辛(신)금이 나타나서 존재를 알립니다. 이렇게 되면 辛(신)금 둘이 자리싸움의 문제와 동시에 힘이 강해집니다. 따라서 辛酉 간지는 세력을 형성해서 존재감을 드러낸다는 뜻을 가지게 됩니다. 辛酉 간지는 물의 유무가 중요합니다. 왜냐하면 壬(임)수만이 辛(신)금의 예민함을 달랠 수 있기 때문입니다. 이왕이면 화의 기운까지 보충되는 것이 좋습니다.

부부 궁이 辛酉면 각자 독립적인 성향을 가지고 있기 때문에, 함께 사는 것보다 따로 사는 것이 더 편안할 수 있습니다. 실제로 주말 부부로 사는 경우가 많고, 평생 함께 산다면 서로 간섭하지 않고 개인 공간을 존중하는 것이 중요합니다.

성격과 심리적 환경은 보통입니다. 영리하고 총명해서 삶의 여러 측면에 큰 도움이 될 수 있지만, 지나치게 똑똑하다는 생각으로 자기중심적인 사고에 갇혀 지내기도 합니다. 이러한 사고방식은 주변 사람들의 감정을 이해하지 못하고 상처 주는 말을 내뱉지만, 정서적으로 민감해서 역으로 쉽게 상처받습니다.

인간관계는 보통입니다. 경쟁 심리뿐 아니라 완벽주의 성격은 일중독으로 이어지는 주요 요인이 되면서 가족이나 주변 사람들과의 관계가 협소해집니다. 물론 사회적으로는 성공할 확률이 높지만, 고통과 인내를 수반한 결과물입니다.

적성이나 진로는 어떨까요. 직업 운을 판단하는 기준이 있습니다. 운이 화의 기운으로 흐르면 庚(경)금을 활용하여 조직이나 단체에 소속되어 직장생활을 선호하고, 수의 기운으로 흐르면 辛(신)금이 우위를 차지해서 개인 사업을 원합니다. 금의 속성을 잘 활용하면 반도체나 금속, 은행, 공학 분야에 인연이 닿습니다.

辛
丑

辛丑 간지(丑의 지장간 : 癸辛己)

辛(가을) : 새침이辛

丑(겨울) : 저장이己 · 새침이辛 · 톡톡이癸

卯辰巳(봄) → 午未申(여름) → 酉戌亥(가을) → 子丑寅(겨울) → 卯辰巳(봄)

　　　　가을에 활동하는 辛(신)금 새침이가 겨울의 기운을 가진 丑(축)월을 만났습니다. 丑(축)월에는 癸(계)수와 辛(신)금이 있습니다. 둘은 곧 丑(축)월을 떠날 계획입니다. 하필 이때 쌍둥이 辛(신)금이 나타나니 모두가 놀랍니다. 두 辛(신)금은 癸(계)수를 얻기 위해서 경쟁하는 상황에 놓이고, 癸(계)수는 누구를 선택해야 할지 고민 중입니다. 그래서 辛丑 간지는 살던 곳을 떠나 멀리 간다는 뜻을 가집니다.

　　　　丑(축)월은 엄마 배 속에 있는 태아가 만삭이 된 상태입니다. 丑(축)월에 있는 辛(신)금은 곧 태어날 甲(갑)목이며, 癸(계)수는 태아의 성장 발육에 필요한 양수입니다. 즉 辛(신)금이 무사히 탄생할 때까지는 癸(계)수의 도움을 받는 처지입니다. 丑(축)월 속에 있는 辛(신)금과 丑(축)월 밖에 있는 천간 辛(신)금은 서로 다른 입장에 있습니다. 전자는 양수를 흡수하며 성장 중이고, 후자는 이미 출산 후에 등장한 상태라서 서로가 함께할 수 없습니다. 그래서 辛丑 간지는 인간관계의 단절이나 고립을 말합니다.

부부 궁이 후㐅이면 원 가족을 떠나 각자 생활한다면 부부 관계를 오래 유지할 수 있습니다.

성격과 심리적 환경은 좋다고 볼 수 없습니다. 생각이 지나칠 정도로 많고 복잡하며 경쟁심도 강합니다. 강한 애착심 때문에 낡은 물건도 버리지 못하는 습관을 갖고 있습니다. 더 이상 쓰지 않는 물건은 주기적으로 정리해서 새로운 것이 들어올 수 있는 공간을 만들어야 합니다.

인간관계는 보통입니다. 특히 혈연에 대한 집착이 강해서 떠나야 하는 상황에도 떠나질 못합니다. 가족과 떨어져 지내더라도 심리적 거리는 그대로 유지할 수 있으니 미련 두지 말고 떠나야 발전합니다.

적성이나 진로는 어떨까요. 종교, 역학, 교육이나 날카로운 금의 속성을 사용하는 침술, 한의, 세무직에 잘 맞습니다.

가을 丁

丁	丁	丁	丁	丁	丁
亥	卯	未	巳	酉	丑

丁
亥

丁亥 간지

丁(가을) : 오믈이丁

亥(가을) : 깜깜이壬 · 고집이甲 · 듬듬이戊

卯辰巳(봄) → 午未申(여름) → 酉戌亥(가을) → 子丑寅(겨울) → 卯辰巳(봄)

가을에 활동하는 오믈이 丁(정)화가 같은 가을의 기운을 가진 亥(해)월을 만났습니다. 丁(정)화의 열에너지는 등촉처럼 亥(해)월의 어두운 밤바다를 밝혀 줍니다. 야간 항해를 안전하게 돕는 길잡이 역할 외에도, 바다에 사는 생태계가 파괴되지 않도록 지켜줍니다. 그래서 丁亥 간지는 어둠 속에서 헤매지 않도록 보호하는 것과, 집중력을 발휘해서 어느 한 분야의 전문가 반열에 오른다는 뜻을 가집니다. 사주에 辛(신)금까지 있다면 세 글자가 화합을 이루어서 가치가 훨씬 높아집니다.

부부 궁이 丁亥면 궁합은 나쁘지 않지만, 가끔 일간의 일탈 행동이 드러날 수 있습니다. 배우자에게 열을 뺏기지 않으려는 심리가 강하게 작용하기 때문입니다.

성격과 심리적 환경은 좋습니다. 조용하고 내향적이며 이타적입니다. 관심 분야에 집중하면 주변의 방해 요소를 무시하고 자신의 능력을 최대치로 발휘하여 높은 성과를 낼 수 있지만, 대신 다른 분야를 소홀히 할 수 있습니다. 자기 관리는 혼자만의 시간을 통해 스트레스를 해소하고 휴식을 취합니다.

인간관계는 보통입니다. 개인적 또는 사회에서 통용되는 일반적인 관계보다 교육이나 예술 활동을 통한 전문적인 관계가 더 활발합니다.

적성이나 진로는 어떨까요. 교육, 연구, 그림 등 학문이나 다양한 예술 활동이 좋습니다.

丁卯 간지

丁(가을) : 오믈이 丁

卯(봄) : 팔팔이 乙 · 고집이 甲

卯辰巳(봄) → 午未申(여름) → 酉戌亥(가을) → 子丑寅(겨울) → 卯辰巳(봄)

가을에 활동하는 오믈이 丁(정)화가 봄의 기운을 가진 卯(묘)월을 만났습니다. 卯(묘)월은 乙(을)목 새싹이 신나게 활동하는 곳이지만, 깔끔을 떠는 丁(정)화를 만나서 피곤해집니다. 丁(정)화 입장에서는 천방지축으로 벌이기 좋아하는 乙(을)목의 기운을 통제해야만 할 것 같습니다. 돌부리에 넘어질까, 걱정되어 하는 조언이나 관심이 乙(을)목은 간섭으로만 받아들입니다. 결과에 상관없이 丁卯 간지는 잘못된 것을 바로잡아 수정한다는 뜻을 가집니다.

부부 궁이 丁卯면 궁합이 좋지만 배우자 쪽에서 힘들어할 수 있습니다. 절제된 생활을 강요받고 산다고 생각하므로, 소통해서 막힌 기의 흐름을 뚫어야 합니다. 긴장과 불안이 극에 달하면 무력감과 강요에 대한 분노를 느끼게 되고, 스트레스와 우울 등의 심리적 문제로 나타나게 됩니다.

성격과 심리적 환경은 보통입니다. 정리 정돈을 잘하고 깔끔합니다. 넓고 환한 곳보다는 최소한의 프라이버시가 보장되는 공간을 선택해서 효율적으로 활용합니다.

인간관계도 보통입니다. 품성이 바르고 선해서 주변 사람들의 신뢰를 얻지만, 자신도 모르게 상대의 언행에 대해 지적하는 경향이 있을 수 있습니다.

적성이나 진로는 어떨까요. 공직이나 교육이 좋으며 나무를 다듬고 가꾸는 조경이나 화원을 가꾸는 일이 좋습니다.

丁
未

丁未 간지

丁(가을) : 오믈이丁

未(여름) : 저장이己 · 팔팔이乙 · 오믈이丁

卯辰巳(봄) → 午未申(여름) → 酉戌亥(가을) → 子丑寅(겨울) → 卯辰巳(봄)

가을에 활동하는 오믈이 丁(정)화가 여름의 기운을 가진 未(미)월을 만났습니다. 무더운 未(미)월 속의 乙(을)목은 함께 있는 丁(정)화의 뜨거운 열 때문에 기운이 없습니다. 이런 상황에서 천간 丁(정)화까지 가세하니 더 고통스럽습니다. 팔다리가 축 늘어진 상태의 乙(을)목은 천간 壬(임)수나 지지 亥(해)수가 가진 생명수를 간절히 원하고 있습니다.

두 丁(정)화가 경쟁하는 상황이 오래가면 뜨거운 열의 속성이 점점 강해집니다. 그래서 丁未 간지는 흩어진 기운을 한곳에 끌어모으는 집중력을 뜻하지만, 집착으로 잘못 사용하면 심각한 문제를 일으킵니다.

부부 궁이 丁未면 두 사람 모두 내향적인 성격을 가지고 있어서 소통의 부족이나 감정 표현의 어려움을 겪습니다. 관심사도 제한적이어서 갈등과 오해를 유발할 수 있습니다.

성격과 심리적 환경은 보통입니다. 집중력이 높아서 학문이나 연구에 높은 성과를 달성할 수 있습니다. 하지만 잘못 발현되면 집착으로 변해서 통제할 수 없는 상황에 놓이게 되므로 균형을 잡아나가야 합니다.

　　　　인간관계도 보통입니다. 사람들과 진지하게 관계를 맺는 편인데, 관심이 지나칠 경우 에너지가 불필요하게 소모되므로 적당한 거리 두기가 필요합니다. 대상에 따라 다르지만, 물리적인 거리를 예로 든다면 공적인 간격은 최소 1m 이상이 적절합니다. 사적인 관계여도 특별한 애정 표현을 할 때 외에는 50cm 이내로 다가오면 부담스럽습니다. 심리적인 거리도 유사하게 적용하면 됩니다.

　　　　적성이나 진로는 어떨까요. 전기나 전자 관련 제조업, 수리, 조각, 기술직 공무원이나 권투, 복싱 같은 운동도 좋습니다.

丁巳 간지

丁(가을) : 오물이丁

巳(봄) : 태양이丙 · 돈주렁이庚 · 듬듬이戊

卯辰巳(봄) → 午未申(여름) → 酉戌亥(가을) → 子丑寅(겨울) → 卯辰巳(봄)

　　　　가을에 활동하는 오물이 丁(정)화가 봄의 기운을 가진 巳(사)월을 만났습니다. 丙(병)화가 庚(경)금 열매를 만들어 내기 위해 열심히 일을 하는 데 반해 丁(정)화는 한가해 보입니다. 巳(사)월이라는 곳에서는 丁(정)화의 역할이 크지 않기 때문입니다. 즉 丙(병)화가 노동력을 총동원해서 음식을 열심히 준비하면 丁(정)화는 식탁에 수저를 놓고 먹기만 하면 되는 상황이므로, 丁巳 간지는 크게 노력하지 않아도 쉽게 얻는다는 뜻을 가집니다.

부부 궁이 丁巳면 배우자 복이 있습니다. 배우자가 돈을 벌어주면, 일간은 그저 관리만 하면 되는 상황입니다.

성격과 심리적 환경도 좋습니다. 재물에 대한 욕망이 강하고 그만큼 능력도 갖추었습니다. 겉보기에는 조용하고 소심해 보이지만, 큰일을 겪게 되면 적극적으로 나서서 깔끔하게 처리합니다.

인간관계는 보통입니다. 주변 사람들의 인정을 받으면서 천천히 신뢰를 쌓아갑니다. 자기관리에 철저하고 개인적인 불리한 상황을 잘 드러내지 않습니다.

적성이나 진로는 어떨까요. 조직의 임원으로서 능력을 제대로 발휘하므로 사업보다는 직장생활이 좋습니다. 전문 분야를 원한다면 불이나 열을 활용하는 요식업이나 금속을 다루는 일도 좋습니다.

丁
酉

丁酉 간지
丁(가을) : 오믈이丁
酉(가을) : 새침이辛 · 돈주렁이庚

卯辰巳(봄) → 午未申(여름) → 酉戌亥(가을) → 子丑寅(겨울) → 卯辰巳(봄)

가을에 활동하는 오믈이 丁(정)화가 같은 가을의 기운을 가진 酉(유)월을 만났습니다. 酉(유)월은 庚(경)금과 辛(신)금이 서로 돕기도 하지만 결과적으로는 경쟁해야 하는 곳입니다. 庚(경)금은 열매가 최대한 커지기 위해 丙(병)화의 도움이 필요한 반면, 辛(신)금은 열매의 부피를 최대로 줄이기 위해 丁(정)화의 도움이 필요합니다. 辛(신)금은 여름을 지나는 동안 빛을 많이 모은 상태라서, 丁(정)화를 만나면 고맙기도 하지만 부담감도 함께 느낍니다. 辛(신)금의 몸이 뜨거워질수록 壬(임)수를 찾게 됩니다. 이런 이유로 丁酉 간지는 예민하고 강한 집착의 뜻을 가집니다. 사주에 물이 보충된다면 총명하고 재물 운이 좋지만, 물이 부족하면 날카로움 때문에 몸이 상하거나 돈을 잃을 수 있습니다.

부부 궁이 丁酉면 둘 다 내향적인 성격을 가지고 있어서 갈등이 크게 없는 편이지만, 각자의 목표가 다르면 일간이 아무리 다정하게 대해도 배우자가 밖으로 나가 다른 즐거움을 찾고 싶어 합니다.

성격과 심리적 환경은 보통입니다. 예민하고 소심한 편입니다. 재물에 대한 관심이 많으며 공간이 넓은 곳보다는 좁은 곳, 외부보다는 내부 활동을 선호합니다. 사주에 물이 없을 때는 자주 격해지고 조급하게 반응합니다.

인간관계도 보통입니다. 잘잘못을 따지고 지적하는 경향이 있습니다. 사소한 말에 민감한 반응을 보이면 자잘

한 분쟁이 일어날 수 있으니 중간중간 쉬어가는 여유가 필요합니다.

적성이나 진로는 어떨까요. 열이나 금속을 다루는 일이나 조선업, 사업도 나쁘진 않습니다.

丁丑 간지

丁(가을) : 오물이丁

丑(겨울) : 저장이己 · 새침이辛 · 톡톡이癸

卯辰巳(봄) → 午未申(여름) → 酉戌亥(가을) → 子丑寅(겨울) → 卯辰巳(봄)

가을에 활동하는 오물이 丁(정)화가 겨울의 기운을 가진 丑(축)월을 만났습니다. 丁(정)화는 巳(사)월부터 戌(술)월까지 열매를 익히는 역할을 수행합니다. 戌(술)월이 끝나면 丁(정)화 에너지는 약해지고 亥子丑월에서 어둠을 밝히는 등촉으로만 사용됩니다. 丑(축)월에서는 丁(정)화의 열보다 丙(병)화의 빛을 활용하는 것이 훨씬 효율적인데, 丑(축)토 속에 있는 癸(계)수의 발산 에너지가 폭발해서 봄을 향해 나아가야 하기 때문입니다. 그래서 丁丑 간지는 인연을 떠나보낸다는 의미와 내면을 밝히는 종교적 색채를 가지고 있습니다.

부부 궁이 丁丑이면 나왔다가 다시 들어가는 반복 행위로 사용되는데, 만났다가 헤어지고 다시 만나는 일상을 반복할 수 있습니다.

성격과 심리적 환경은 보통입니다. 내향적이고 배려심이 깊어서 사소한 것이라도 소중하게 생각합니다. 다만, 재물에 대한 욕구가 강하기 때문에 이와 관련된 유혹을 뿌리치기가 어렵습니다.

인간관계는 좋습니다. 가끔 분노 조절이 필요할 때가 있지만, 조직을 이끄는 지도자급으로는 좋은 평가를 받습니다.

적성이나 진로는 어떨까요. 丁丑 간지에 甲(갑)목이 있으면 교육, 공직, 검경으로 사용할 수 있고, 육체를 활용하는 운동 분야도 적성에 맞습니다. 甲(갑)목이 없다면 좁은 내부 공간을 관리하는 기술직이나 특수직과 인연을 맺을 가능성이 크며, 재물을 관리하는 능력이 뛰어나서 은행, 금융업으로 활용할 수 있습니다.

겨울 壬

壬	壬	壬	壬	壬	壬
寅	午	戌	申	子	辰

壬寅 간지

壬
寅

壬(겨울) : 깜깜이 壬

寅(겨울) : 고집이 甲 · 태양이 丙 · 듬듬이 戊

卯辰巳(봄) → 午未申(여름) → 酉戌亥(가을) → 子丑寅(겨울) → 卯辰巳(봄)

　　　　겨울에 활동하는 깜깜이 壬(임)수가 같은 겨울의 기운을 가진 寅(인)월을 만났습니다. 壬(임)수가 가진 물로 寅(인)월에 있는 甲(갑)목을 돕고 있습니다. 甲(갑)목이 뿌리를 충분히 내릴 때까지 땅속에서 기운을 모아가야 합니다. 그래서 壬寅 간지는 조용히 공부한다는 뜻을 가집니다. 寅(인)월에는 甲(갑)목뿐만 아니라 丙(병)화가 함께 있지만, 존재감은 거의 없는 상태입니다. 丙(병)화의 힘이 강해지는 때가 오면 땅 밖으로 떠나야 합니다. 壬(임)수와 丙(병)화는 물과 빛의 관계이기 때문에 사이좋게 지내기가 어렵습니다. 둘 사이에서 눈치를 보는 甲(갑)목은 丙(병)화의 힘이 강해지기 전에 몸을 튼튼히 만들어서 떠나야 하므로 壬寅 간지는 이별의 가능성이 있습니다.

부부 궁이 壬寅이면 자녀를 가르치고 훈육하듯이 배우자를 대합니다. 일간이 남성인 경우는 아내를 보살피는 모습으로 비치지만, 여성이라면 남편에게 잔소리하고 간섭하는 모습으로 비치고, 관심이 자녀에게 집중될 때 남편은 소외감을 느끼게 됩니다. 부부 갈등을 최소화하려면 자녀를 일찍 독립시키거나 부부가 분리된 환경에서 사는 방법도 나쁘지 않습니다.

성격과 심리적 환경은 보통입니다. 차분하고 내향적이어서 안정적인 삶을 유지하는 데 도움이 되며, 끊임없이 새로운 지식을 배우고 탐구하는 데 즐거움을 느낍니다. 하지만 지나치게 민감한 성향은 자존감 저하로 이어질 수 있습니다.

인간관계는 좋습니다. 壬寅 간지가 가진 겨울 속성의 단점은 겉보기에 차갑고 무뚝뚝하며, 다가가기 어려운 인상을 줄 수 있습니다. 실제로는 따뜻하고 다정한 마음을 가지고 있으며, 타인을 위해 헌신적으로 노력합니다.

적성이나 진로는 어떨까요. 심리치료나 교육 또는 공무직, 기획, 건설, 부동산 분야가 좋습니다.

壬
午

壬午 간지

壬(겨울) : 깜깜이 壬

午(여름) : 오믈이 丁 · 저장이 己 · 태양이 丙

卯辰巳(봄) → 午未申(여름) → 酉戌亥(가을) → 子丑寅(겨울) → 卯辰巳(봄)

겨울에 활동하는 깜깜이 壬(임)수가 여름의 기운을 가진 午(오)월을 만났습니다. 午(오)월은 丙(병)화와 丁(정)화가 함께 머무는 곳입니다. 자연의 관점으로 살피면 빛의 분산과 열의 수렴작용이 동시에 이루어집니다. 빛을 통해 과일이 크게 부풀려지고 열을 통해 영글어 갑니다. 하지만 壬(임)수에게는 이곳 午(오)월이 생명수를 공급하기 버거운 곳입니다. 사주 구조를 살폈을 때 壬(임)수를 도울 수 없는 상황이라면 뜨거운 기운을 견디기가 어려워서 언젠가는 탈출을 시도할 것입니다. 그래서 壬午 간지는 어려운 상황을 힘들게 버티거나 혹은 버티지 못해서 탈출하거나, 둘 중 하나를 선택하는 것을 말합니다.

부부 궁이 壬午면 배우자 궁이 丙(병)화 빛에서 丁(정)화 열로 바뀌는 공간이기 때문에 결혼생활이 불안정할 수 있습니다. 일간이 여성일 경우는 주로 공부에 관심을 많이 갖지만, 물의 흐름이 막히면서 공부하는 과정이 순탄하지 않을 수 있습니다. 이러한 문제를 해결하려면 멀리 떠나있거나 해외에서 사는 것이 좋습니다. 구조에 따라서 배우자의 능력으로 부자가 될 수 있지만, 그게 아니라면 대부분은 자신을 희생하며 살아갑니다.

성격과 심리적 환경은 보통입니다. 내면에 열정을 많이 갖고 있어서 최선을 다하는데, 전체적으로 기운이 약한 편에 속하므로 자신도 모르게 장기적인 활동을 꺼리게 됩니다.

인간관계는 보통입니다. 주로 타인을 위해 봉사하는 삶을 살아갑니다. 하지만 그 과정에 상처를 받거나 실망감을 느끼더라도 자신의 감정을 솔직하게 표현하지 않는 경우가 많습니다. 이는 스트레스가 쌓이는 원인이 될 수 있으며, 극단적인 경우에는 외부와 차단하는 방식으로 행동하게 됩니다.

적성이나 진로는 어떨까요. 의료, 심리치료사, 복지계통이 잘 맞습니다.

壬戌 간지

壬(겨울) : 깜깜이 壬

戌(가을) : 듬듬이 戊 · 오물이 丁 · 새침이 辛

卯辰巳(봄) → 午未申(여름) → 酉戌亥(가을) → 子丑寅(겨울) → 卯辰巳(봄)

겨울에 활동하는 깜깜이 壬(임)수가 가을의 기운을 가진 戌(술)일을 만났습니다. 戌(술)일은 辛(신)금의 조건이 좋은 상태가 아닙니다. 봄과 여름을 지나 이곳까지 오는 동안 충분히 버텼지만, 다음 달 亥(해)월이 되면 현생을 마감하고 새로 태어날 준비를 해야 합니다. 戌(술)월은 뜨거운 화로 같은 곳입니다. 丁(정)화의 에너지를 辛(신)금에게 쏟아부을수록 亥(해)월로 넘어가기가 쉬워집니다. 그래서 壬戌 간지는 시공간이 크게 바뀌면서 멀리 떠나가는 이별을 뜻하고, 실제로 타향이나 해외와 인연이 많습니다.

부부 궁이 壬戌이면 서로를 존중하고 배려하는 좋은 궁합으로 보이지만 입장이 서로 다릅니다. 일간은 배우자가 가진 열이 필요하고, 배우자는 열을 빼앗기지 않으려고 합니다. 고독과 쓸쓸함의 근본적인 이유를 모르다 보니 종교에 관심을 가지거나, 교육 분야에서 일하는 경우가 많습니다.

성격과 심리적 환경이 좋다고 볼 수 없습니다. 우울한 기분이 장시간 지속되고, 삶과 죽음의 철학적인 사고와 종교적 색채를 강하게 드러냅니다. 명상이나 단전호흡, 기공은 통찰을 얻거나 초월적인 경험을 하는 데 도움이 될 수 있습니다.

인간관계는 좋다고 보기가 어렵습니다. 가상 세계나 정신적인 세계, 추상적인 주제에 대한 호기심이 많습니다. 현실적인 대화에 대한 흥미 부족은 타인과의 오해를 불러일으키고, 관계 형성에서 어려움을 겪습니다.

적성이나 진로는 어떨까요. 질병을 치료하거나 다양하고 복잡한 생명현상을 연구하는 생명공학 또는 장례 지도, 심리치료, 교육이나 공무직에 인연이 많습니다.

壬
申

壬申 간지

壬(겨울) : 깜깜이 壬

申(여름) : 돈주렁이 庚 · 깜깜이 壬 · 듬듬이 戊

卯辰巳(봄) → 午未申(여름) → 酉戌亥(가을) → 子丑寅(겨울) → 卯辰巳(봄)

　　　겨울에 활동하는 깜깜이 壬(임)수가 여름의 기운을 가진 申(신)월을 만났습니다. 원래 申(신)월에 있는 壬(임)수는 존재감이 거의 없는 상태입니다. 이때 천간 壬(임)수가 나타나면 申(신)월에 있던 壬(임)수의 힘이 갑자기 강해지고, 申(신)월에 있는 庚(경)금 열매는 장맛비를 만나서 흐물거립니다. 이러한 이유로 壬申 간지는 경계나 틀이 사라지고 자유로워진다는 의미를 갖게 됩니다.

　　　부부 궁이 壬申이면 좋은 관계는 아닙니다. 배우자는 빛을 차단하는 일간 때문에 가정에 적응하지 못해서 방황하게 되고, 일간은 배우자의 행동을 이해하지 못해서 부부 화합이 어려워집니다.

　　　성격과 심리적 환경은 좋다고 볼 수 없습니다. 틀에 박힌 사고방식에서 벗어나 자신의 삶을 스스로 주도하고 싶은 욕구가 강합니다. 규칙이나 제약에 얽매이는 것도 좋아하지 않습니다. 어차피 삶은 예상치 못한 변화와 사건으로 가득하여서 새로운 환경에 빠르게 적응할 수 있는 장점이 될 수 있습니다.

　　　　　인간관계는 보통입니다. 주변 사람들과 평범하고 안정적인 관계를 유지합니다. 다만, 책임 회피나 미루는 경향으로 인해 주변 사람들과 갈등이 발생할 가능성이 있습니다. .

　　　　　적성이나 진로는 어떨까요. 조직 생활과 개인 사업 중에서 갈등합니다. 생명을 구하기도 하지만 반대로 죽이기도 하는 묘한 이중성을 갖고 있습니다. 그러므로 육체와 정신을 함께 다루는 의료, 한의, 약, 물리치료, 심리치료, 역술, 교육업이 좋습니다. 또한 기존의 틀을 바꾸거나 변형하는 피부미용이나 피부성형도 잘 맞습니다.

壬子 간지

壬(겨울) : 깜깜이壬

子(겨울) : 톡톡이癸 · 깜깜이壬

卯辰巳(봄) → 午未申(여름) → 酉戌亥(가을) → 子丑寅(겨울) → 卯辰巳(봄)

　　　　　겨울에 활동하는 깜깜이 壬(임)수가 같은 겨울의 기운을 가진 子(자)월을 만났습니다. 천간과 지지에 있는 글자 둘 다 물의 속성을 가지고 있지만, 천간 壬(임)수는 무한 응축의 기운을 가지고 있고, 지지 子(자)월은 응축된 것을 오히려 풀어내는 곳입니다. 子(자)월에 있는 癸(계)수가 바깥세상에 나오려고 움직이기 시작합니다. 그래서 壬子 간지는 들어가고 나오기를 반복한다는 뜻을 가집니다.

壬(임)수와 癸(계)수만 있는 子(자)월에 새로운 천간 壬(임)수가 나타나면, 癸(계)수의 입장에서는 갑자기 두 명의 엄마를 얻게 됩니다. 친모와 계모 사이에서 방황하다가 언젠가는 子(자)월을 떠날 것입니다. 물질의 속성이 없는 壬子 간지는 지식에 대한 탐구심이 강하고 학문에 열정을 갖고 있으므로, 부부 궁이 壬子면 생각보다 가정을 지키는 데 어려움을 겪을 수 있습니다.

壬子 간지에 토의 기운이 섞이면 잘 흘러가던 물의 흐름이 멈추게 되고, 맑았던 정신이 흐릿해질 수 있습니다. 예를 들어 지지에 丑(축)토가 섞이면 자궁 냉증이나 자궁 질환이 생길 가능성이 있고, 辰(진)토가 섞이면 고혈압이나 당뇨의 문제가 우려됩니다. 未(미)토가 섞이면 신장이나 방광의 문제가 발생할 가능성이 있습니다.

성격과 심리적 환경은 보통입니다. 섣부른 판단을 하기보다는 깊이 생각하고 행동하는 경향이 있지만, 자기 생각을 잘 드러내지 않아서 주변 사람들에게 오해받을 수 있습니다. 또한, 독서나 공부를 통해 방대한 지식을 쌓거나 오랜 시간 동안 수련 활동이나 명상으로 내공을 쌓아가는 사람이 많습니다.

인간관계는 보통입니다. 단체 활동보다는 개인적인 활동이나 정신세계에 몰입하면서 주변 사람들과의 거리를 유지하는 경향이 있습니다.

적성이나 진로는 어떨까요. 개인 사업을 원하면 교육 사업이 좋습니다. 역학, 한의, 의료, 재활, 심리치료 등에 인연이 많은데, 반드시 합법적인 일을 해야 문제가 발생하지 않습니다.

壬辰 간지

壬(겨울) : 깜깜이 壬

辰(봄) : 듬듬이 戊 · 톡톡이 癸 · 팔팔이 乙

卯辰巳(봄) → 午未申(여름) → 酉戌亥(가을) → 子丑寅(겨울) → 卯辰巳(봄)

겨울에 활동하는 깜깜이 壬(임)수가 봄의 기운을 가진 辰(진)월을 만났습니다. 이곳에서 癸(계)수와 乙(을)목이 신나게 놀고 있습니다. 천간 壬(임)수는 이 辰(진)월의 마른 땅에 도착해서 힘이 부족한 癸(계)수를 도와야 합니다. 그래서 壬辰 간지는 어려운 사람을 돕는 이타적 행위를 뜻합니다.

부부 궁이 壬辰이면 독신으로 사는 것이 좋습니다. 결혼하면 배우자의 성격이 강직해서 사소한 부분까지 배려하며 살아야 합니다. 함께 살려면 마음을 비우고 봉사하는 마음으로 사는 수밖에 없습니다.

성격과 심리적 환경은 좋다고 보기 어렵습니다. 여성적이고 내향적이지만, 의외로 생활력이 강해서 어려운 상황을 잘 극복해 나갑니다.

　　　인간관계는 좋습니다. 이미 남을 돕는 행위에 익숙해져 있어서 도움이 필요한 사람이 있다면 기꺼이 손잡아 주는 따뜻한 마음을 가졌습니다. 주위에 지지하는 사람이 많더라도 자신을 보호하는 일에 소홀히 하면 육체적 정신적 피로가 빨리 찾아옵니다.

　　　적성이나 진로는 어떨까요. 육체뿐만 아니라 심리적으로 어려운 사람을 보살피는 한의, 수의, 약제, 심리치료, 종교인, 역술, 교육이 좋습니다.

겨울 甲

甲	甲	甲	甲	甲	甲
寅	午	戌	申	子	辰

甲寅 간지

甲
寅

甲(겨울) : 고집이甲

寅(겨울) : 고집이甲 · 태양이丙 · 듬듬이戊

卯辰巳(봄) → 午未申(여름) → 酉戌亥(가을) → 子丑寅(겨울) → 卯辰巳(봄)

　　　　겨울에 활동하는 甲(갑)목 고집이가 같은 겨울의 기운을 가진 寅(인)월을 만났습니다. 寅(인)월에 있는 丙(병)화의 존재감이 거의 없는 상태에서 천간 甲(갑)목이 찾아왔지만, 그 누구도 반겨주지 않아 자존심이 많이 상해 있습니다. 두 甲(갑)목이 서로의 능력과 재능을 뽐내며 영역 다툼을 벌이기에, 甲寅 간지는 우두머리 둘이 경쟁한다는 뜻을 가집니다. 타고난 강인함 때문에 상처가 나고 몸이 부서져도 타협할 마음이 없는 요지부동의 상태에 있게 됩니다. 丙(병)화의 입장에서는 지루하고 무미건조하던 차에 새로운 자극과 변화를 맞습니다.

　　　　부부 궁이 甲寅이면 여성이라도 활발하게 사회활동을 합니다. 문제는 둘 다 성격이 비슷해서 서로 대장 역을 원하지만, 천간과 지지의 상황이 다르게 흘러가므로 삶의 목적과 방향에 차이가 날 수밖에 없습니다. 갈등을 줄이려면 되도록 주말 부부나 해외에 근무하는 방식으로 떨어져서 사는 것이 좋습니다.

　　　　성격과 심리적 환경은 보통입니다. 강한 의지와 끈기를 가지고 목표를 향해 끊임없이 노력합니다. 정의로운 일에 앞장서고, 자신의 신념이 쉽게 흔들리지 않습니다. 하지만 융통성 부족으로 변화에 적응하는 데 어려움을 겪을 수 있습니다. 사주에 물의 유무에 따라 마음의 안정을 찾는 방식이 달라집니다. 물이 충분히 있다면, 섬세하고 예민한 감정을 다스리기 위해 공부에 집중하게 되고, 없다면 솔직하고 직설적인 성격이 거칠고 공격적으로 변할 수 있습니다.

　　　　인간관계도 보통입니다. 뛰어난 능력과 실력으로 단체나 조직에 기여합니다. 책임감도 있고 성실하게 업무를 수행해서 주변 사람들의 신뢰를 얻습니다. 다만, 자신의 실력을 과시하거나, 타인을 능가하려는 경쟁적인 모습을 보일 수 있습니다.

　　　　적성이나 진로는 어떨까요. 좋은 지도자로서 CEO나 기획, 교육, 건축, 부동산과 인연이 있습니다.

甲午 간지

甲(겨울) : 고집이 甲

午(여름) : 오믈이 丁 · 저장이 己 · 태양이 丙

卯辰巳(봄) → 午未申(여름) → 酉戌亥(가을) → 子丑寅(겨울) → 卯辰巳(봄)

겨울에 활동하는 甲(갑)목 고집이가 여름의 기운을 가진 午(오)월을 만났습니다. 午(오)월은 甲(갑)목이 버티기에 힘든 곳이므로 고향으로 돌아가는 것이 현명합니다. 그래서 甲午 간지는 힘들게 왔다가 다시 떠나는 새 출발의 뜻을 가집니다. 땅 위에 사는 乙(을)목은 午(오)월을 만나도 활동할 수 있지만, 땅속에 사는 甲(갑)목은 추진력을 잃습니다. 다만, 사주에 壬(임)수가 보충되면 기운을 회복하고 시작과 중단을 반복하는 상황으로 나타납니다.

부부 궁이 甲午면 궁합이 맞지 않습니다. 각자 타고난 성향이 다르고 고집스럽기까지 합니다. 살아가는 환경도 너무나 달라서 타협이 어렵습니다.

성격과 심리적 환경은 좋지 않습니다. 내향적이고 고집이 세며 빨리 소진되는 편입니다. 시작할 때는 자신감으로 추진하다가 점점 힘을 잃으면서 좌불안석이 됩니다. 충분한 준비운동 없이 경마에 참여하는 것과 같으므로 되도록 장기전을 피하는 것이 좋습니다.

인간관계는 보통입니다. 맡은 일을 책임감 있게 수행하며 약속을 잘 지킵니다. 하지만 능력이나 상황을 고려하지 않고 모든 제안을 받아들입니다. 이러한 과도한 자신감 때문에 실패를 경험할 가능성이 커집니다.

적성이나 진로는 어떨까요. 직업변동이 잦고 불안정합니다. 개인 사업에 관심을 보이지만 기획력과 실행력을 다 갖추고 있어서 직장생활이 유리합니다. 사업을 원하면 사주에 금의 기운이 있어야 가능합니다.

甲 戌	甲戌 간지 甲(겨울) : 고집이甲 戌(가을) : 듬듬이戌 · 오믈이丁 · 새침이辛

卯辰巳(봄) → 午未申(여름) → 酉戌亥(가을) → 子丑寅(겨울) → 卯辰巳(봄)

겨울에 활동하는 甲(갑)목 고집이가 가을의 기운을 가진 戌(술)월을 만났습니다. 천간 甲(갑)목이 만난 戌(술)월은 뜨거운 아스팔트에 말라붙은 몸과 같아서 견디기가 매우 힘들고 불편합니다. 이 상태에서 할 수 있는 것은 없습니다. 영상을 되감아서 과거로 돌아가느니 생명수를 찾아서 亥(해)월까지 버티는 것이 낫습니다. 그렇기에 甲戌 간지는 외부 활동을 멈추고 미래를 준비하며 공부하는 것을 말합니다.

부부 궁이 甲戌이면 甲(갑)목의 뻣뻣하고 직선적인

성향이 배우자를 세게 누르는 행위로 드러날 수 있습니다. 이렇게 되면 자신이 사회에 나가서 경제활동을 해야 합니다. 일간이 여성일 경우에 사주 구조가 좋으면 교육이나 공직에 있는 남편을 만나서 살아갈 가능성이 큽니다.

성격과 심리적 환경은 좋지 않습니다. 너무 올곧아서 융통성이 부족합니다. 물이 없는 사주라면 약간 다혈질이고 조급한 성격으로 드러납니다. 물론 자신에게 맡겨진 일들이 벅차고 힘들더라도 불평하지 않고 최선을 다하기는 하지만, 그만큼 빨리 소진되어 성과를 얻기 어렵습니다.

인간관계는 보통입니다. 고집이 세고 자기주장이 강해서 갑작스러운 다툼에 휘말릴 수 있습니다. 겉보기에는 성격이 올곧고 강직하지만, 내면은 청정 지역의 순수한 물처럼 쉽게 상처받습니다. 즉 대중 앞에서는 자존심 지키느라 큰소리치지만, 뒤돌아서서는 마음 아파합니다.

적성이나 진로는 어떨까요. 주로 미래를 설계하는 교육, 공직, 건설, 정치와 인연을 맺는 것이 좋습니다.

甲申 간지

| 甲 |
| 申 |

甲(겨울) : 고집이甲
申(여름) : 돈주렁이庚 · 깜깜이壬 · 듬듬이戊

卯辰巳(봄) → 午未申(여름) → 酉戌亥(가을) → 子丑寅(겨울) → 卯辰巳(봄)

겨울에 활동하는 甲(갑)목 고집이가 여름의 기운을 가진 申(신)월을 만났습니다. 갑옷으로 무장한 庚(경)금이 작고 순진한 甲(갑)목을 보자 괴롭히려고 합니다. 즉 庚(경)금 강철을, 나무를 베는 데 사용하면 수확한다는 뜻이 됩니다. 반대로 甲(갑)목에게는 庚(경)금이 매우 위협적인 존재로 느껴집니다. 이때는 甲(갑)목이 공격당한다는 의미로 사용됩니다. 甲申 간지가 재물 운이 좋지만, 사익을 챙기면 건강에 악영향을 미칩니다. 따라서 이익을 공평하게 분배하고 베푸는 마음으로 살아가는 것이 건강을 지키는 지혜입니다.

부부 궁이 甲申이면 배우자의 힘이 더 강하고 재물복도 있습니다. 만약 부부 갈등이 잦으면 가지고 있던 재산이 모두 외부로 나갑니다.

성격과 심리적 환경은 보통입니다. 융통성이 조금 부족한 편이지만 성격이 바르고 올곧은 편입니다. 일의 과정보다는 결과를 더 중요시하여 속전속결로 밀어붙이려는 경향이 있지만, 마음이 급할 때일수록 꾸준하고 성실하게 단계를 밟아 나가는 것이 중요합니다.

인간관계도 보통입니다. 주변 사람들의 잘못된 행동이나 실수를 보고만 있지 못해서 지도하고 훈계합니다. 상대가 원하지 않는 지시나 훈계는 간섭으로 느껴질 수 있기에 상황에 맞춰 관여하는 것이 좋습니다.

적성이나 진로는 어떨까요. 재물에 관심이 많은데

개인 사업이 가능하고 직장생활이라면 현장 관리, 경비, 검찰이나 의료직이 좋습니다.

> **甲子 간지**
> 甲
> 子
>
> 甲(겨울) : 고집이甲
> 子(겨울) : 톡톡이癸 · 깜깜이壬

卯辰巳(봄) → 午未申(여름) → 酉戌亥(가을) → 子丑寅(겨울) → 卯辰巳(봄)

겨울에 활동하는 甲(갑)목 고집이가 같은 겨울의 기운을 가진 子(자)월을 만났습니다. 子(자)월은 壬(임)수와 癸(계)수가 있는 곳이며, 땅속의 하강과 땅 밖의 상승을 동시에 준비하는 곳입니다. 子(자)월에서는 아직 물질을 만들 수 없으므로 필요할 경우 땅 밖에 나가야 원하는 것을 얻을 수 있습니다. 이곳에서는 천간 甲(갑)목도 할 일이 거의 없기에 癸(계)수를 따라서 밖에 나가려고 준비합니다. 그래서 甲子 간지는 보이지 않는 곳에서 새로운 시작을 위해 준비하는 것을 말합니다.

甲子 간지는 60간지의 출발점이기에 부모의 도움을 바랄 수 없는 상태라서 고향을 떠나 타향에서 새롭게 자리 잡고 살아야 합니다. 그래서 甲子 간지는 교육업에 종사하는 것이 가장 좋고, 돈에 대한 열망이 강하다면 많은 것을 버리고서야 가능합니다.

부부 궁이 甲子면 살고 있는 공간이 어두우므로 밝

은 곳으로 떠나기를 원합니다. 보통 38세에서 45세 사이에 이르면 배우자와 떨어져서 살아갈 가능성이 큽니다. 이때 부부 중 한 사람이 해외로 가거나 주말부부를 하는 것이 좋은데, 평생 함께 살게 될 경우는 돈이 모이지 않을 수 있습니다.

성격과 심리적 환경은 좋지 않습니다. 우유부단하고 생각이 많은 편이며, 보수적이고 융통성이 부족한 데다 올곧기까지 합니다. 조상이나 부모의 도움을 받을 수 없는 환경에서 자라다 보니 독립심이 자동으로 강해집니다.

인간관계는 보통입니다. 충분히 지도자의 자격을 갖추고 태어났습니다. 직장에서는 인정받는 사람이 되고, 가정에서는 원하지 않더라도 가정을 책임지는 첫째 역할을 떠맡습니다. 사주가 물이 부족한 구조라면 이른 나이에 사회생활을 시작해서 어렵게 재물과 인맥을 만들어 갑니다.

적성이나 진로는 어떨까요. 정신적인 지도자로서 교육업에 적합하며, 아동보다 성숙한 고등학생이나 대학생, 성인과 인연을 맺는 것이 좋습니다. 사업을 원한다면 교육이나 학원 사업이 가장 좋고 운전이나 운수업도 적성에 맞습니다.

甲辰 간지

甲(겨울) : 고집이甲

辰(봄) : 듬듬이戊 · 톡톡이癸 · 팔팔이乙

卯辰巳(봄) → 午未申(여름) → 酉戌亥(가을) → 子丑寅(겨울) → 卯辰巳(봄)

　　　　겨울에 활동하는 甲(갑)목 고집이가 봄의 기운을 가진 辰(진)월을 만났습니다. 辰(진)월은 戊(무)토, 癸(계)수, 乙(을)목이 함께 활동하는 곳인데, 천간 甲(갑)목이 나타나서 동생 乙(을)목과 마주칩니다. 辰(진)월에서는 乙(을)목과 경쟁해도 힘을 발휘하기 어렵습니다. 그렇기에 甲辰 간지는 정착이 어려운 땅을 만나 경쟁해야 하고, 싫다면 다른 곳으로 떠난다는 뜻을 가집니다.

　　　　사주에 물이 충분할 경우 甲(갑)목이 乙(을)목과 경쟁하면 甲(갑)목이 우위에 설 수 있습니다. 반대로 물이 부족하면 甲(갑)목은 乙(을)목에게 물을 구걸해야 합니다. 이때는 乙(을)목에게 우위를 뺏기고 무릎을 꿇어야 하는 상황이 오기에, 부부 궁이 甲辰이면 함께 살기 어렵습니다. 단 사주에 천간 壬(임)수나 지지 亥(해)수가 보충하면 甲(갑)목이 힘을 얻습니다. 이처럼 사주팔자에 있는 간지의 특징은 고정적인 것이 아니며, 주위의 조합에 따라서 삶이 달라집니다.

　　　　성격과 심리적 환경은 좋지 않습니다. 사고의 폭이 제한되어 있어서 복잡한 것을 싫어하고 능력을 발휘하는 과정에 한계가 오고, 자칫 불안과 우울감만 높아집니다.

　　　　인간관계는 보통입니다. 가족이나 친한 관계라도 무조건 믿어서는 안 됩니다. 믿는 도끼에 발등 찍히듯 이용당하거나 배신당하는 일이 종종 생길 수 있습니다.

적성이나 진로는 어떨까요. 육체를 쓰는 스포츠맨이나 군인, 경찰직이 어울립니다. 사주에 천간 壬(임)수나 지지 亥(해)수가 충분하다면 교육이나 공직과 인연이 되지만 그렇지 못할 때는 학업에는 별로 인연이 없습니다.

가을과 겨울 己

己	己	己	己	己	己
亥	卯	未		巳	酉	丑

己
亥

己亥 간지

己(가을겨울) : 저장이己

亥(가을) : 깜깜이壬 · 고집이甲 · 듬듬이戊

卯辰巳(봄) → 午未申(여름) → 酉戌亥(가을) → 子丑寅(겨울) → 卯辰巳(봄)

　가을과 겨울에 활동하는 저장이 己(기)토가 가을의 기운을 가진 亥(해)월을 만났습니다. 己(기)토는 저장하는 것에 익숙해서 금의 속성을 만나면 입가에 미소가 지어집니다. 반대로 성장을 필요로 하는 목의 속성을 만나면 물질이 없는 상태라서 별로 달가워하지 않습니다. 己(기)토가 만난 亥(해)월은 목의 기운을 가진 甲(갑)목이 사는 곳입니다. 어둡고 답답해서 밖을 나가려고 시도해 보지만, 생각처럼 쉽지 않아서 시간을 갖고 기다려야 하는 상황입니다. 그래서 己亥 간지는 진행 중인 일을 잘 마무리하며 새 출발을 준비하는 과정을 뜻합니다.

부부 궁이 己亥면 둘 다 내향적이고 사고가 자유롭습니다. 사는 공간이 답답해서 외부로 나갔다가 다시 들어오기를 반복하는데, 일간은 직접 행동으로 실천하지만 배우자는 생각에만 그칠 가능성이 큽니다.

성격과 심리적 환경은 보통입니다. 조용하고 내향적이며 한곳에 오래 머물려고 하지 않습니다. 미래에 대해 계획하고 구체적으로 구상하는 데, 타고난 성향대로 아주 세심합니다.

인간관계는 보통입니다. 말수가 적고 눈에 띄는 행동을 거의 하지 않는데도 어느새 다양한 부류의 인맥을 맺고 있습니다. 차가운 인상 때문에 손해를 볼 수 있으므로 표정 관리와 감정 관리가 필요합니다.

적성이나 진로는 어떨까요. 기획이나 건설, 건축, 토목, 교육업이 좋습니다. 운전직은 조금 불안정해서 단기로 사용하는 것이 좋습니다.

己卯 간지

| 己 |
| 卯 |

己(가을겨울) : 저장이己

卯(봄) : 팔팔이乙 · 고집이甲

卯辰巳(봄) → 午未申(여름) → 酉戌亥(가을) → 子丑寅(겨울) → 卯辰巳(봄)

가을과 겨울에 활동하는 저장이 己(기)토가 봄의 기운을 가진 卯(묘)월을 만났습니다. 卯(묘)월에는 甲(갑)목과 乙(을)목이 함께 있지만 봄이기 때문에 乙(을)목의 활동성이 더 강합니다. 丑(축)월에서 생활해 오던 己(기)토는 卯(묘)월에서 적응하기가 쉽지 않습니다. 또한 卯(묘)월은 己(기)토가 좋아하는 금의 속성이 전혀 없기에 별로 애착이 없습니다.

乙(을)목의 입장도 마찬가지입니다. 천간 己(기)토가 아니라 넓고 환한 戊(무)토의 땅에 가기 위해 발버둥을 칩니다. 己(기)토는 말괄량이 같은 乙(을)목이 점점 부담스러워집니다. 그래서 己卯 간지는 살던 곳을 버리고 떠난다는 뜻을 가집니다.

부부 궁이 己卯면 궁합이 맞지 않다고 봅니다. 서로 답답함을 느끼고, 각자의 자리를 지키지 못하며, 밖으로 나가려는 경향이 있기 때문입니다. 즉 서로 다른 에너지가 충돌하여 불안정한 관계를 만들어 냅니다. 부모 궁이 己卯면 청소년기에 방황할 가능성이 있고, 자식 궁이 己卯면 자녀가 청소년기에 방황할 수도 있습니다. 물론 己卯 간지의 좋은 점도 있는데, 己(기)토 땅에 乙(을)목 새싹이 생동감을 주면서 모양 좋게 꾸며줍니다.

성격과 심리적 환경은 좋지 않습니다. 내향적이면서도 외향적인 모습을 보입니다. 특히 새로운 환경에 적응력이 뛰어나며 총명합니다. 하지만 자유로운 영혼을 가지고 있어 구속받는 것을 싫어하고, 마음에 들지 않을 때 충동적인 행동을 할 수 있습니다. 또한 변화나 변동이 잦아 이사를 자주 다니거나 직업이 자주 바뀔 가능성이 높습니다.

인간관계는 보통입니다. 주위 사람들은 乙(을)목의 '갈 지(之)'자 행보(zig-zagging)를 이해하지 못합니다. 그저 산만한 행동으로 받아들이는데, 장기적으로 반복되다 보면 결국은 신뢰를 잃을 수 있습니다.

적성이나 진로는 어떨까요. 교육, 건설, 임대업이 가장 좋습니다.

己未 간지

己(가을겨울) : 저장이己

未(여름) : 저장이己 · 팔팔이乙 · 오믈이丁

卯辰巳(봄) → 午未申(여름) → 酉戌亥(가을) → 子丑寅(겨울) → 卯辰巳(봄)

가을과 겨울에 활동하는 저장이 己(기)토가 여름의 기운을 가진 未(미)월을 만났습니다. 未(미)월에 있는 丁(정)화는 뜨거운 사막을 잘 견디는 반면, 함께 있는 乙(을)목은 기진맥진한 상태로 겨우 버텨냅니다. 乙(을)목은 未(미)월에 답답함을 느끼고 떠나려는 욕구를 가지지만 결국은 헛수고로 돌아갑니다. 이러한 상황에서 천간 己(기)토가 나타났다고 해도 잠시 머물다가 다시 떠나기 때문에 모든 일은 丁(정)화가 책임지고 관리해야 하는 상황입니다. 乙(을)목이 숨 쉬고 사는 방법은 어떤 방법을 써서라도 떠나야 합니다. 그래서 己未 간지는 己卯 간지와 마찬가지로 살던 땅을 떠나서 방황한다는 뜻을 가집니다.

부부 궁이 己未면 일간이 여성이라도 사회활동을 해야 합니다. 땅이 건조해서 성격이 고집스럽지만, 물이 충분히 보충된다면 오히려 축축한 땅으로 바뀌게 되어서 안정을 찾게 됩니다.

성격과 심리적 환경은 좋지 않습니다. 여성적이고 내향적인 성격을 가지고 있으며, 고집이 센 편입니다. 일에 있어서는 분석력과 정리력이 뛰어나 최종 결과물을 제대로 도출해 내지만, 노력에 비해 만족도가 낮은 편입니다. 또한 재물욕이 많지만, 사주 구조상 쉽게 취하지 못하는 경우가 많습니다.

인간관계는 보통입니다. 未(미)토라는 글자가 의미하는 산양(山羊)의 특성처럼 사람들을 멀리하고 고독을 즐깁니다. 관계를 단절하는 상황에 놓이더라도 당사자는 아무런 불편함을 느끼지 못합니다.

적성이나 진로는 어떨까요. 구속성이 적은 자유직이나 임대 분양업이 좋습니다. 직업과 연결되지 않더라도 다양한 분야의 자격증을 취득하거나 취미활동에 흥미를 두는 것도 마음을 잡는 데 도움이 됩니다.

己巳 간지

己(가을겨울) : 저장이 己
巳(봄) : 태양이 丙 · 돈주렁이 庚 · 듬듬이 戊

卯辰巳(봄) → 午未申(여름) → 酉戌亥(가을) → 子丑寅(겨울) → 卯辰巳(봄)

가을과 겨울에 활동하는 저장이 己(기)토가 봄의 기운을 가진 巳(사)월을 만났습니다. 천간 己(기)토의 수렴 기운이 지지 巳(사)월의 분산 기운을 만나 적절한 관계를 못 만들지만, 물질 추구 면에서는 공감대를 형성할 수 있습니다. 巳(사)월은 눈부시게 밝은 곳이라서 천간 己(기)토가 머물 곳이 아닙니다. 머물러 봤자 실질적인 일은 巳(사)월에 있는 戊(무)토와 庚(경)금과 丙(병)화가 합니다. 다만, 이곳을 관리할 기회는 주어집니다. 그래서 己巳 간지는 일을 대신 맡아서 관리한다는 뜻을 가집니다. 한가지 주의해야 할 것은 규율을 벗어난 행동입니다. 아무리 己(기)토가 관리한다고 해도 자기 것처럼 마음대로 취하면 언젠가는 곤경에 처합니다.

부부 궁이 己巳면 둘 다 집 밖을 좋아합니다. 주기적으로 여행이나 이사를 자주 다닐 수 있으며 소소한 모임도 많이 가집니다.

성격과 심리적 환경은 좋습니다. 말주변이 좋고 총명합니다. 단 지식이나 정보를 과장할 수 있으니 주의할 필요가 있습니다. 정보를 글로 기록해서 전달하는 것에 능숙합니다.

인간관계도 좋습니다. 소심한 것 같지만 의외로 대범한 면도 있습니다. 활동력이 왕성해서 동호회나 각종 모임으로 인맥을 넓혀 나갑니다.

적성이나 진로는 어떨까요. 변화가 많거나 유동적인 일이 잘 맞으며 대행업이나 홍보와 광고업도 좋습니다.

己酉 간지

己(가을겨울) : 저장이己

酉(가을) : 새침이辛 · 돈주렁이庚

卯辰巳(봄) → 午未申(여름) → 酉戌亥(가을) → 子丑寅(겨울) → 卯辰巳(봄)

가을과 겨울에 활동하는 저장이 己(기)토가 가을의 기운을 가진 酉(유)월을 만났습니다. 이곳에는 己(기)토가 좋아하는 금들이 많습니다. 庚(경)금과 辛(신)금 중 어느 것을 먼저 가질까 고민할 정도입니다. 庚(경)금은 경쟁자 戊(무)토가 애지중지하는 것이라서 조금 부담스럽습니다. 辛(신)금은 비록 크기가 작아서 관리하기 편리하지만, 가치가 높아서 도난 위험에 취약하다는 특징을 갖고 있습니다. 그래서 己酉 간지는 아무리 잘났어도 숨겨놓은 보석과 같기에 가치를 인정받기 어렵습니다.

酉(유)월은 쓸쓸한 가을입니다. 잎 속에 있던 수분

이 모두 빠져나가고 바싹 말라 낙엽이 되어 땅을 덮습니다. 땅속에서는 辛(신)금이라는 소중한 씨앗이 있습니다. 씨앗은 재탄생을 준비하는 윤회의 출발점이고, 주로 다이아몬드와 같은 귀금속에 비유합니다. 씨앗은 물을 만나서 부드러워졌을 때 뿌리를 내리고 싹을 틔워 새 삶을 시작합니다.

부부 궁이 己酉면 가지고 싶은 금을 배우자가 품었기에 배우자의 능력으로 살아가지만, 일단 주머니에 들어온 것은 쉽게 내놓으려고 하지 않습니다.

성격과 심리적 환경은 보통입니다. 금의 속성을 품었기에 자존심이 강하고 재물욕도 많습니다. 겉보기엔 검소하게 생활하지만 최대한 아끼고 절약해서 실속을 챙기는 편입니다.

인간관계는 보통입니다. 다양한 인맥을 통해 교류하지만, 매우 현실적이어서 소수의 사람만 깊은 관계를 맺습니다.

적성이나 진로는 어떨까요. 금융업이나 자금을 관리하는 투자 분석, 땅을 분배하는 분양업이 좋습니다.

己丑 간지

己(가을겨울) : 저장이己

丑(겨울) : 저장이己 · 새침이辛 · 톡톡이癸

卯辰巳(봄) → 午未申(여름) → 酉戌亥(가을) → 子丑寅(겨울) → 卯辰巳(봄)

가을과 겨울에 활동하는 저장이 己(기)토가 겨울의

기운을 가진 丑(축)월을 만났습니다. 丑(축)월은 辛(신)금, 癸(계)수, 己(기)토가 머무는 곳입니다. 癸(계)수는 곧 이곳을 떠날 예정이기 때문에 천간 己(기)토가 찾아와도 癸(계)수의 계획에는 변동 사항이 없습니다. 己丑 간지에서 고향에 대한 미련을 버리지 않으면 발전이 어렵습니다. 아기가 만삭이 되면 엄마 뱃속을 떠나는 것처럼, 가진 것을 어느 정도는 포기해야 새 출발이 가능합니다. 부모 형제에 대한 애착을 버리지 못하는 것은 전생에 해결하지 못한 업보 때문입니다.

　　　　부부 궁이 己丑이면 배우자가 가진 辛(신)금과 癸(계)수를 가지기 위해 집착합니다. 사주에서 물이 보충되지 않는 한 일간은 배우자가 가진 금과 수분을 뺏기 위해 괴롭힐 수 있는데, 일간의 행동을 감당하지 못한 배우자는 결국 떠날 수밖에 없습니다.

　　　　성격과 심리적 환경은 좋지 않습니다. 깍쟁이처럼 물질에 대한 집착이 강하고 인색한 경향이 있습니다. 겉으로는 단순하고 내향적으로 보이지만, 내면은 불안하고 방황하는 모습을 가지고 있습니다.

　　　　인간관계는 보통입니다. 특정 사람에게 집중하기보다는, 많은 사람과 두루두루 친하게 지내는 편이지만, 자신의 생각과 의견을 고집하는 경향이 있어 의견 충돌이 발생할 수 있습니다. 불편하거나 서운한 일이 있어도, 솔직하게 표현하지 않고 오랫동안 마음속에 담아둡니다.

적성이나 진로는 어떨까요. 丙(병)화가 있다면 대부분 사업을 원합니다. 丑(축)토에 있는 금을 꺼내서 소유하려는 욕망 때문입니다. 단체에 소속되면 건축이나 건설업도 좋고 군, 금융, 의료계도 좋습니다. 운이 목의 기운으로 흐르면 모양을 바꾸면서 교육이나 공직과 인연이 됩니다.

Chapter 05

천간 조합에 대하여

천간과 천간이 만나면
甲(갑)목 / 乙(을)목
丙(병)화 / 丁(정)화
庚(경)금 / 辛(신)금
壬(임)수 / 癸(계)수

천간과 천간이 만나면

각각의 글자는 고유의 의미를 지닙니다. 甲(갑)목은 목화토금수 오행 중 목(木)의 기운을 나타내며, 살아 움직이는 대부분의 생명체를 의미합니다. 정원에 씨앗을 심으면 발아 조건이 맞는 한, 일정 시간이 지나 씨앗은 부드러워지고 뿌리가 나오며 발아합니다. 작은 씨앗에서 뿌리가 나오는 것은 단순한 성장의 시작이 아닌, 잠재된 생명력이 발현되고 삶의 기운이 움직이는 순간입니다.

배추는 밭에 재배하는 한해살이 또는 두해살이 잎줄기채소입니다. 배추 자체만으로도 쌈장에 찍어 먹거나 배추전과 백김치를 만들어 먹는 등 맛있는 요리를 만들 수 있지만, 배추에 만두 속을 채워서 만든 배추 만두, 무와 양념장을 섞은 배추 섞박지, 전골이나 샐러드 등 다른 재료를 혼합하면 더욱 풍부한 맛과 영양을 즐길 수 있습니다. 즉 甲(갑)목이라는 한 글자를 넘어, 여러 조합의 다채로운 시각으로 읽어낼 필요가 있다는 것입니다.

甲(갑)목이 庚(경)금을 만나는 것과 乙(을)목을 만나는 것은 다른 의미를 도출합니다. 甲(갑)목와 乙(을)목이 만난 甲乙 조합은 같은 목의 속성을 가진 형제와 같아서 서로에게 친밀감과 유대감을 느끼며, 어려움이 있을 때 서로 돕기도 하고 경쟁하기도 합니다. 하지만 甲(갑)목과 庚(경)금이 만난 甲庚 조합은 목과 금의 서로 다른 속성으로, 유아동과 덩치가 큰 중학생 형의 만남입니다. 혈통이 같은 친인척이라도 대부분은 동생이 형에게 순종하는 흐름입니다. 이때 제삼자의 개입 여부에 따라 상황이 반전되기도 합니다. 즉 사주를 읽을 때 처음에는 각 글자의 의미를 다양하게 파악하고 나서 두 글자 간, 세 글자 간 조합으로 확장하면 읽을거리가 풍성해집니다.

천간 조합을 읽는 방법은, 사주원국에서 년과 월, 월과 일, 년과 일, 년과 시, 년월시, 월일시 등으로 된 글자의 조합을 찾습니다. 이때 궁까지 고려할 필요는 없습니다. 만약 궁의 의미를 참고하고 싶다면 연간은 조부, 연지는 조모, 월간은 부친, 월지는 모친, 일간은 자신, 일지는 배우자, 시간과 시주는 자녀이므로 해당하는 가족을 궁위와 연결해서 보면 됩니다. 아래 그림은 천간 戊(무)토와 辛(신)금 조합을 예시로 든 것이며, 조합의 순서는 甲(갑)목부터입니다.

시	일	월	년
戊	辛	庚	辛
子	酉	寅	亥

甲(갑)목

甲(갑)목은 새 생명체의 탄생을 상징합니다. 씨앗의 껍질을 뚫고 뿌리를 내린 지 얼마 되지 않은 상태입니다. 인간의 삶에 비유하자면, 갓 태어난 아기는 팔다리에 힘이 없고, 스스로 움직일 수 없는 상태입니다. 엄마가 챙겨주는 모유나 이유식을 먹어야만 성장할 수 있습니다. 뿌리를 내린다는 것은 경험이 없는 새로운 길을 개척해 간다는 것이므로, 기존에 해오던 것과는 조금 다른 행위를 해야 합니다. 좋게 발현되면 창조적 에너지로, 나쁘면 고집과 주변 환경에 대한 무시로 나타날 수 있습니다. 甲(갑)목은 과거와는 전혀 다른 세상으로 나아가야 하기에, 끈기와 인내심을 갖고 노력해야 원하는 결과를 얻을 수 있습니다.

甲乙의 만남

甲(갑)목은 乙(을)목에게 도움을 주고, 乙(을)목은 甲(갑)목의 도움을 받는 처지입니다. 서로 상생하거나 상황에 따라서는 경쟁하기에 시기, 질투, 다툼이 발생합니다. 甲(갑)목과 乙(을)목은 계속 살아있음을 증명하고자 움직이므로 강한 육체를 상징합니다. 마치 부모의 사랑을 독차지하다가 동생이 태어나고부터는 관심을 나눠 가져야 하는 상황입니다.

甲乙庚 또는 甲乙辛의 만남

甲乙 조합에 庚(경)금이나 辛(신)금이 함께 합니다. 庚辛(경신)금이 일시적으로 甲(갑)목과 乙(을)목의 움직임을 방해하면 육체가 상하거나 정신적으로 힘들어질 수 있습니다. 여기에 丙(병)화의 빛이나 丁(정)화의 열을 만나면 庚(경)금과 辛(신)금의 기운이 날카롭게 변해서 甲(갑)목과 乙(을)목을 괴롭히는 상황이 됩니다. 쉽게 표현하면 주말에 남매만 있는 집에 이웃 불청객이 찾아왔고, 잔심부름을 시키면서 괴롭힙니다. 때마침 부모님이 귀가해서 돕지 않는 한은 이길 방법이 없습니다. 그래서 甲乙庚 또는 甲乙辛이 만나면 庚(경)금과 辛(신)금이 우위를 차지합니다.

甲丙戊의 만남

戊(무)토는 땅의 표면을 의미하지만, 외부 환경으로부터 몸을 보호하는 인체의 피부에 해당합니다. 甲丙戊 조합은 피부를 빛으로 화사하게 꾸미는 성형수술로 발현되기도 하고 육체가 상할 수도 있습니다. 피부가 건조한 사람은 평소 물을 섭취해서 수분을 보충하거나, 보습 크림을 수시로 발라야 합니다. 관리에 소홀할 경우, 피부가 건조해지고 거칠어지기 때문에 천간 壬(임)수나 지지 亥(해)수가 있어야 좋습니다.

甲丁의 만남

둘의 관계가 나쁘다고 볼 수 없지만 입장이 서로 다릅니다. 겨울에 있는 甲(갑)목은 얼어있는 땅속에서 밖을 향해 나가려는데, 가을에 있는 丁(정)화가 甲(갑)목을 붙잡아 두는 상황입니다. 즉 丁(정)화는 甲(갑)목의 도움을 받고자 하고, 甲(갑)목은 그런 丁(정)화가 달갑지만은 않습니다.

甲丁辛의 만남

먼저 丁辛 관계만 보면 나쁘지 않습니다. 丁(정)화는 辛(신)금에게 마음을 주고 辛(신)금은 丁(정)화의 도움을 받습니다. 이 상황에서 甲(갑)목이 나타나더라도 丁(정)화는 甲(갑)목과 辛(신)금 둘 다를 좋아하고, 辛(신)금도 甲(갑)목을 향합니다. 사주에 물이 없는 경우는 조금 달라집니다. 갈증이 나는 辛(신)금이 물 달라고 甲(갑)목을 괴롭히면 몸이 상합니다.

甲戊의 만남

별로 어울리지 않는 조합입니다. 戊(무)토는 甲(갑)목보다 乙(을)목이 활동하는 독보적인 무대라서 마음에 들지 않습니다. 壬(임)수나 亥(해)수가 없는 戊(무)토는 甲(갑)목에겐 황무지일 뿐입니다. 땅은 인체를 상징하므로 甲戊 조합으로 만나면 육체가 상할 수 있습니다.

甲己의 만남

甲(갑)목이 己(기)토를 만나 안정을 찾고 뿌리내린 다음 세상 밖에 나가려고 준비합니다. 이 의미는 지금까지 해오던 일을 마무리하고, 과거 경험에서 얻은 교훈을 바탕으로 새로운 시작을 위한 방향을 설정합니다.

甲己庚의 만남

느닷없이 庚(경)금이 나타나서 甲己 사이를 훼방 놓습니다. 이렇게 되면 미래를 준비하는 과정에 차질이 생기거나 일이 중단되는 등 외부에서 방해하는 일이 발생합니다.

甲己壬의 만남

己(기)토가 甲(갑)목에게 터전이 되어주고, 壬(임)수는 己(기)토와 甲(갑)목을 촉촉하게 적셔줍니다. 셋은 한동네 사이좋은 이웃이거나, 독서 모임처럼 같은 목표를 가진 사람들끼리 맺어진 관계입니다.

甲庚의 만남

甲(갑)목과 庚(경)금 둘 다 뻣뻣하고 융통성이 별로 없습니다. 힘이 약한 甲(갑)목이 힘센 庚(경)금을 이기기가 어렵습니다. 예를 들어 일진 庚(경)금에게 괴롭힘을 당해오던 甲(갑)목이 기운에 눌려 순종해 오다가 자존감을 회복하고자 힘겨루기해도 庚(경)금을 이길 수 없는 이유는, 힘의 불균형과 정신적인 압박감이 크기 때문입니다. 그래서 甲庚 조합이 될 때는 직업을 바꿔야 하는 상황이 오거나 몸이 상하는 등 스트레스를 받는 일이 발생합니다.

甲辛의 만남

甲(갑)목은 辛(신)금을 반기지 않습니다. 甲(갑)목이 辛(신)금을 만나면 기억에도 없는 과거의 나를 보는 것 같아서 불편합니다. 즉 태아가 세상 밖에 나올 때 탯줄을 끊는다는 것은, 이전 세상과의 연결을 끊고 새로운 세상을 열어간다는 의미입니다. 전생과 현생의 갈림길이 바로 甲辛 조합이기 때문에 둘이 만나면 갓 태어난 甲(갑)목 쪽이 상합니다.

甲壬의 만남

壬(임)수를 만난 甲(갑)목은 물 만난 고기처럼 마음 놓고 뛰어놀 수 있습니다. 둘은 같은 겨울의 속성이기 때문에 경험하지 않는 미래의 삶을 꿈꾸면서 조용히 공부하거나 내면을 살핍니다.

乙(을)목

乙(을)목은 甲(갑)목이 이루어 놓은 것을 활용합니다. 또 乙(을)목은 이것저것 도전하고 인간관계를 넓혀 나갑니다. 아무리 바빠도 戊(무)토의 땅을 갖고 있다면 심리적인 안정을 찾을 수 있습니다. 乙(을)목의 움직임을 방해하는 글자가 많을수록 일의 진행이 더뎌지면서, 성격이 소극적으로 변하고 부정적인 태도를 보입니다.

乙丙의 만남

乙(을)목이 丙(병)화를 보면 자신의 기운을 전달합니다. 乙(을)목이 봄(卯辰巳월)에 태어났다면 활동이 자유로워서 丙(병)화를 향하는 마음이 순수하지만, 丙(병)화가 원하는 금의 속성을 갖지 못했다면 할 일 없이 허풍만 심해집니다.

乙丙庚의 만남

乙(을)목이 庚(경)금을 만나면 꿈을 이룹니다. 乙庚 조합에 丙(병)화가 보충되면 열매가 크게 확장되면서 재물에 관심이 많아지고 사업으로 부자가 될 수도 있습니다.

乙丁의 만남

乙(을)목은 펼치고 丁(정)화는 오므리는 작용을 합니다. 乙(을)목과 丁(정)화가 만나면 서로 다른 특성 때문에 여러 가지 제약을 받게 되지만, 입과 손발을 활용하는 재능은 타고났습니다.

乙戊의 만남

乙(을)목이 戊(무)토를 향해간다는 것은 무대에서 자신의 존재를 드러내고 꿈을 실현한다는 것입니다. 이 戊(무)토를 제대로 활용하면 그만큼 가치가 올라갑니다. 다만, 乙(을)목이 戊(무)토를 만났을 때 성장하는 시기인지, 수확하는 시기인지에 따라 용도와 쓰임이 달라집니다. 만약 봄(卯辰巳월)에 만나면 적극적인 성장이 가능하지만, 여름(午未申월)에 만나면 봄보다는 가치가 조금 낮아집니다.

乙庚의 만남

乙(을)목은 봄, 庚(경)금은 여름에 배속되는데, 부드러운 새싹이 시간이 흐르면서 꽃피고 열매 맺습니다. 일에 비유하면, 직장에서는 업무 성과가 향상되고, 사업에서는 수익이 증대됩니다. 乙(을)목만 있으면 좌우로 움직임만 시도하지만, 庚(경)금이 함께하면 열매라는 결과물이 만들어집니다. 乙(을)목은 끊임없이 변화하려는 개인적인 속성이고, 庚(경)금은 일정한 틀을 갖는 단체의 속성이기에, 둘이 만나면 개인에서 단체, 부드러움과 딱딱함 등 사주 구조에 따라 다양한 형태로 발현됩니다.

乙辛의 만남

乙(을)목은 아직 새싹에 불과하지만, 辛(신)금은 열

매가 완성되어서 땅으로 떨어진 씨앗입니다. 乙(을)목은 어떻게 하면 주위 사람들과 함께 지낼까를 고민하고, 辛(신)금은 어떻게 하면 관계를 정리해 버릴까를 고민합니다. 그래서 둘이 만나면 乙(을)목의 발랄한 움직임이 통제당해서 활동력을 잃게 되고, 정도가 심해지면 극단적인 생각까지 하게 됩니다.

乙辛戊의 만남

乙(을)목과 戊(무)토 사이에 辛(신)금이 끼어들었습니다. 乙(을)목은 戊(무)토의 땅에서 놀고 싶어 하는데 날카로운 辛(신)금에 찔려서 아파합니다. 乙(을)목의 육체나 마음이 상하면 성격이 예민하게 변해서 주변과 연락을 끊어버리게 되니 사회활동이나 건강, 심지어 경제 상황까지 좋을 수 없습니다. 내 인생의 사건과 사고는 내 사주 구조대로 일어나고, 사건에 대한 다양한 반응은 정해진 시공간에서 결정됩니다.

乙癸의 만남

성장을 위한 움직임은 대부분 乙(을)목과 癸(계)수에 의해 이루어집니다. 乙(을)목의 활동성과 癸(계)수의 발산 움직임이 만나면 주로 입과 손발을 적극적으로 활용합니다. 癸(계)수 입장에서 乙(을)목은 삶의 목적과 같아서 무조건 돕고 싶어 합니다.

乙癸戊의 만남

모두 밖을 향하는 기운끼리 모여서 성장을 촉진하기 때문에 갑자기 사랑에 빠지는 기분 좋은 조합입니다. 수분이 부족할 경우는 공부에 대한 흥미를 잃고, 사람들과 교류하며 외부 활동을 즐깁니다. 물이 넉넉한 구조라면 공부하면서 삶을 즐깁니다.

丙(병)화

丙(병)화는 빛을 주는 에너지로서 공간을 넓게 사용합니다. 활발하고 열정적이며, 좁은 공간보다는 넓고 개방된 공간을 선호합니다. 사주에 빛이 없는 구조는 주위 환경이 어둡습니다. 반대로 빛의 세기가 너무 강렬하면 주변 사람들에게 압박감을 주고, 인간관계에서 어려움을 겪을 수 있으므로 적절하게 조절되는 것이 좋습니다.

丙甲己의 만남

甲(갑)목이 己(기)토 터전에서 성장하다가 丙(병)화를 만나면 위를 향합니다. 이때 수분이 충분히 공급되어야만 甲(갑)목의 뿌리가 마르지 않습니다. 壬(임)수나 亥(해)수가 적절하게 공급되지 않으면 끈기와 인내심이 낮고, 제대로 성장하기도 전에 사회에 나가야 하는 상황이 생깁니다.

丙己丁의 만남

丙(병)화의 빛을 己(기)토에 저장했다가 丁(정)화의 열로 전환합니다. 즉 낮에는 丙(병)화가 빛을 만들고 그 빛을 戊(무)토가 받아냅니다. 밤에는 丁(정)화의 열로 수렴해서 다시 己(기)토에 저장합니다. 이런 움직임은 태양광으로 전기를 만들거나 중간에서 거래가 이루어지는 것과 비슷합니다.

丙庚의 만남

丙(병)화와 庚(경)금이 만나면 물질에 대한 관심이 커집니다. 만물의 부피를 확장하는 丙(병)화는 과장하는 행동과 탐욕을 통제해야 합니다. 만약 乙(을)목이 없는 상태에서 丙(병)화의 기세가 강할 경우는 과욕으로 경제 상황이 어려워질 수 있습니다. 물론 구조가 좋으면 庚(경)금이 丙(병)화라는 지도자를 만나서 견실한 열매로 완성되지만, 戊(무)토가 없다면 빛을 흡수하지 못해서 열매가 상할 수 있으므로 투자에 유의해야 합니다.

丙庚戊의 만남

여름에 가장 적절하게 활용하는 조합입니다. 丙(병)화가 戊(무)토의 땅에 빛을 반사하고 열매가 커가는데, 丙庚 조합처럼 물질에 대한 욕망이 강해집니다. 다만, 태어난 달이나 운이 여름(午未申)이면 물질의 확장이 자연스럽지만, 겨울

(子丑寅)이면 오히려 이타적으로 변해서 재물 확장이 어렵습니다.

丙庚壬 또는 丙庚子의 만남

丙(병)화의 빛이 庚(경)금이라는 열매를 크게 하고, 수분을 채워서 당도 높은 과일을 만들어 냅니다. 丙(병)화가 없는 상태에서 庚(경)금이 壬(임)수를 만나면 열매가 상할 수 있습니다. 하지만 壬(임)수의 입장은 다릅니다. 물이 정처 없이 흐르다가 갑자기 금을 품게 되면 1급 광천수가 되어서 가치가 훨씬 높아집니다.

丙壬의 만남

둘은 서로 충돌하는 관계여서 밀어내고 거부합니다. 물이 빛을 빼앗고 밝음을 어둠으로 끌어내려서 丙(병)화의 쓰임이 상실됩니다. 壬(임)수는 丙(병)화를 만나서 어둠을 밝히는 역할을 하지만, 丙(병)화가 壬(임)수의 통제를 불편해합니다. 다만, 사주에 물이 전혀 없는 구조라면 이러한 충돌을 통해서 오히려 발전할 기회를 얻게 됩니다.

丁(정)화

丁(정)화는 빛을 흡수해서 만든 열이자 중력의 에너지입니다. 만물 내부에 열을 주입하면 단단해져서 쓰임을 얻게 될 수도, 반대로 열을 흡수한 물질이 상할 수도 있습니다. 가장 자연스러운 쓰임은 여름에 과일의 속을 익혀서 가을에 수확할 수 있도록 하고, 수확한 열매가 씨앗이 되면 따뜻하게 품어서 새롭게 뿌리를 내릴 수 있도록 돕는 것입니다.

丁辛壬 또는 丁辛癸의 만남

매우 총명하고, 빠른 속도로 부를 축적하는 부자 사주 조합입니다. 壬(임)수의 수분을 저장한 辛(신)금이 丁(정)화의 열을 품게 되면 폭발하는 원리인데, 사주 구조가 나쁘면 돈 때문에 문제가 발생합니다. 사주원국에 丁辛壬 조합이 이미 있는 구조와 운에서 보충하는 경우는 의미가 다릅니다. 사주에 이미 있다면 언제라도 그 가치를 효율적으로 활용하지만, 운에서 들어오면 일시적으로 활용하게 되는데, 마음이 조급해지면서 비정상적인 행위를 할 수도 있습니다.

丁壬의 만남

丁(정)화와 癸(계)수가 서로를 밀어내는 관계라면, 丁(정)화와 壬(임)수는 당기는 관계입니다. 둘 다 최대로 수렴하는 기운이므로 강한 집중력과 내부에 엄청난 폭발력을 가지고 있어서 활용도가 높습니다.

丁癸의 만남

丁(정)화는 수렴하고 癸(계)수는 발산합니다. 丁(정)화와 癸(계)수가 만나면 충돌하지만, 이런 과정을 통해서 변화를 모색합니다. 예를 들어 심장은 한시도 멈추지 않고 운동합니다. 이때 丁(정)화 중력과 癸(계)수 척력이 밀고 당김을 반복합니다. 癸(계)수는 산소와 수분을 공급해서 생명을 유지하도록 하지만, 丁(정)화는 인체 내부에 열을 축적해서 노화와 질병을 만들어 냅니다. 늙어서 사망에 이르는 이유는 丁(정)화와 癸(계)수가 밀고 당기는 과정에 丁(정)화 중력의 힘이 癸(계)수보다 더 강하기 때문입니다.

丁壬癸의 만남

이 조합은 丁壬 조합의 응축 에너지가 癸(계)수에 의해서 폭발합니다. 연애에 비유하자면, 壬(임)수 남성이 丁(정)화 여성과 열애 중에 동생 癸(계)수가 나타나서 방해합니다. 壬(임)수가 둘을 중재하기 위해 조정과 타협을 시도하는 관계가 丁壬癸 조합입니다. 丁(정)화가 심하게 상하는 구조라면 몸이 상하거나 질병에 노출되는데, 구설에 휘말리거나 재산을 잃을 수도 있습니다.

庚(경)금

庚(경)금은 어떤 글자와 배합해도 근본적으로는 재

물을 추구합니다. 庚(경)금은 乙(을)목과 丙(병)화가 모여서 乙丙庚 조합이 되었을 때 가장 효율적으로 활용할 수 있습니다.

庚戌의 만남

庚(경)금은 사회활동을 하는 과정에 꼭 필요한 재물과 같은데, 庚(경)금의 열매가 戊(무)토의 땅에서 존재를 드러내면 땅의 가치가 올라갑니다. 하지만 丙(병)화와 乙(을)목이 없다면 열매의 크기가 작고 가치도 높지 않습니다.

庚癸丁의 만남

癸(계)수와 丁(정)화가 싸우는 상황에서 庚(경)금은 중재하지 않고 구경만 합니다. 庚(경)금은 丙(병)화의 도움이 필요하기 때문에 丁(정)화를 만나도 별로 반갑지 않습니다. 癸(계)수를 만나도 마찬가지입니다. 열매가 크기도 전에 썩어버려서 오히려 불편합니다.

庚壬의 만남

庚(경)금이 壬(임)수를 만나면 丙(병)화의 통제에서 벗어나 자유로워집니다. 단 壬(임)수의 주변에 수분이 너무 많으면 자유가 아니라 방탕한 형태로 발현될 수 있습니다.

辛(신)금

여름 과일과 같은 庚(경)금이 수확을 끝내고 辛(신)금이라는 씨앗이 되었습니다. 庚(경)금과 辛(신)금은 추구하는 방향이 서로 다릅니다. 庚(경)금은 여름에 있어야 하고, 辛(신)금은 가을에 있어야 쓰임을 얻습니다.

辛戊의 만남

庚戊 조합은 여름에 활용하고, 辛戊 조합은 가을에 활용합니다. 庚戊 조합은 물질을 강하게 추구하지만 辛戊 조합은 자신의 존재가치를 드러내면서 능력을 인정받고 싶어 합니다. 마치 다이아몬드가 보석함에 감춰져서 그 존재를 아무도 모르고 있다가 땅 위에 드러나는 순간 사람들이 辛(신)금의 가치를 알아주는 것과 같습니다.

辛丁의 만남

丁(정)화가 庚(경)금이라는 열매에 열을 공급하면 딱딱하게 변하면서 辛(신)금이라는 씨앗이 됩니다. 辛(신)금이 내부에 丁(정)화의 열을 품어야만 하는 이유는, 가을과 겨울을 지나면서 얼지 않아야 壬(임)수의 도움을 받고 뿌리로 다시 나올 수 있기 때문입니다.

辛壬의 만남

辛(신)금이 壬(임)수가 있는 어둠으로 들어가서 원래의 틀을 깨고 새로운 세상을 꿈꿉니다. 사주 구조가 좋으면 예술이나 기술로 활용하고, 좋지 않으면 마음을 잡지 못하고 방황하게 됩니다.

辛壬丙의 만남

丙(병)화가 壬(임)수를 만나면 충돌하지만, 辛(신)금을 만나면 당겨옵니다. 丙(병)화가 辛(신)금을 당겨서 丙辛 조합으로 만나도 해와 달이 순환하듯 낮과 밤이 교차하기에 같이 살기 힘듭니다. 이때 壬(임)수까지 개입되면, 辛(신)금이 壬(임)수와 짝이 되어서 丙(병)화의 빛을 빼앗아 버립니다. 블랙홀과 같은 壬(임)수가 丙(병)화를 어둠 속으로 끌고 들어가기 때문입니다. 丙辛 조합은 함께 만나지만 다시 헤어져야 하므로 전원 스위치처럼 껐다 켜는 전환 행위와 유사하고, 丙壬 조합은 물과 불이 충돌해서 전기를 만들어 내는 행위와 유사합니다.

辛壬癸의 만남

辛(신)금에 저장된 정보가 壬(임)수에 풀어지고 癸(계)수에서 새로운 가치로 바뀌는데 마치 윤회의 과정과 같습니다. 금의 기운을 수의 기운으로 전환해서 새로운 것을 창조하는 모든 행위에 어울립니다.

壬(임)수

壬(임)수는 온 우주에 있는 빛을 모조리 없애버리는 저승사자와 같으면서도 만물에 생명수를 공급하는 엄마와 같은 극히 이중적인 속성을 가졌습니다. 이런 특징은 사주 구조에 따라 달라지는데, 밝음을 향하면 엄마처럼, 어둠을 향하면 저승사자처럼 작용합니다. 즉 길을 잃은 사람들에게 방향을 제시하기도 하지만, 죽음처럼 두려움을 느끼게 하기도 합니다.

壬甲丙의 만남

甲(갑)목은 壬(임)수의 도움으로 뿌리내리고 丙(병)화의 도움으로 성장합니다. 壬(임)수와 丙(병)화가 직접 만나면 충돌하지만, 중간에 甲(갑)목이 끼어들면 전혀 다르게 활용됩니다. 壬(임)수는 甲(갑)목에게 생명수를 공급하고 甲(갑)목은 천천히 丙(병)화를 향해갑니다.

壬甲戊의 만남

甲(갑)목이 壬(임)수의 깊은 사상과 의지를 戊(무)토의 터전에 드러내고자 합니다. 壬(임)수의 물을 흡수한 땅은 촉촉해져서 甲(갑)목이 편안하게 성장할 수 있게 됩니다.

壬甲己의 만남

壬(임)수가 己(기)토에게 생명수를 전달하고, 甲(갑)목이 己(기)토의 땅에서 성장합니다. 겨울에 배속된 글자들이 모두 모여서 내부를 향하기에 집중력이 뛰어나고 총명합니다. 壬己로만 조합이 되면 흙 때문에 물의 흐름이 막힐 수 있어서 서로를 끌어당기는 힘이 약합니다. 여기서 甲(갑)목이나 乙(을)목이 개입되면 물의 흐름이 좋아지면서 성장하기 좋은 환경으로 바뀝니다.

壬乙의 만남

두 글자는 시공간이 달라서 엇박자가 발생합니다. 토끼처럼 뛰어다녀야 하는 乙(을)목이 블랙홀과 같은 壬(임)수를 만나면 움직임이 매우 둔해집니다. 따라서 두 글자는 서로 다른 움직임을 보이기 때문에, 결과적으로는 그 행동이 적절하지 않고 어색합니다. 壬(임)수를 흐르는 물에 비유하자면, 乙(을)목 버들잎이 물 위에 떠서 이리저리 휩쓸려 다니는 모습입니다. 이런 이유로 壬乙 조합은 한곳에 정착이 어렵거나 방황합니다.

壬乙己의 만남

셋이 함께 모이면 떠돌면서 방황합니다. 壬(임)수는 己(기)토의 땅이 촉촉해지도록 물을 공급해서 생명체가 자랄 수 있는 땅으로 만들어야 합니다. 그렇게 해야 甲(갑)목이 己(기)토에서 뿌리를 내릴 수 있습니다. 그런데 壬(임)수가 甲(갑)목이 아닌 乙(을)목을 만나 조합을 이루면, 추운 겨울인데도 乙(을)목이 땅 위로 가기 위해 계속 움직이려고 하므로 그 행위가 부자연스럽습니다. 구조에 따라서 좋은 작용도 있습니다. 壬(임)수의 물이 잘 흘러가다가 己(기)토의 땅에 막히면, 乙(을)목이 땅을 뚫어서 다시 흐름이 좋아지고 甲(갑)목을 기를 수 있는 터전으로 바뀝니다.

壬丁己의 만남

세 글자 모두 가을과 겨울에 활용합니다. 丁(정)화와 壬(임)수는 가장 깊은 곳에서 수렴하고 응축하는 기운이므로 집중력이 뛰어납니다. 여기에 己(기)토를 배합한 壬丁己 조합이 되면 엄청난 집중력을 발휘합니다. 이때 丁(정)화는 壬(임)수와 己(기)토의 어색한 만남을 구심점으로 잡아줍니다.

壬己의 만남

丁(정)화가 빠진 상태에서 壬(임)수와 己(기)토가 직접 만나면 중심을 잡아주는 역할이 없기에 壬(임)수의 흐름이 己(기)토에 막히면서 답답해집니다.

癸(계)수

癸(계)수는 만물의 성장을 촉진하는 막중한 책임을 맡았습니다. 乙癸戊로 조합하고 卯辰巳월을 만나면 생기를 공급해서 새싹들이 산과 들에 펼쳐지도록 돕습니다. 이때 癸(계)수의 특징을 잘 유지하는지 어그러지는지를 살펴야 합니다.

癸甲의 만남

둘은 서로 어울리지 않습니다. 甲(갑)목은 壬(임)수를 만나야 안정감을 얻는데, 폭발하려는 癸(계)수를 만나면 뿌리를 내리지 못해서 좌불안석입니다. 땅 밖을 향할 준비가 덜 되었는데도 癸(계)수가 자꾸 밖으로 튀어 나가게 만들기 때문입니다. 지도자 성향을 지닌 甲(갑)목이 癸(계)수의 경솔함을 견디지 못하면, 거칠게 행동하고 버릇이 없는 태도를 보입니다. 이때 구설이 발생하고 법적인 문제로 이어질 수도 있습니다. 좋은 방향으로 작용하면 교육이나 평론 또는 예술로 사용하게 됩니다.

癸甲戊의 만남

癸甲 조합에 戊(무)토가 함께 합니다. 甲(갑)목은 壬(임)수가 있을 때와 없을 때의 반응이 전혀 다릅니다. 壬(임)수가 없는 상태에서 甲癸戊 조합을 살펴보면, 壬(임)수를 만나지 못한 甲(갑)목은 사막의 선인장과 같습니다. 戊(무)토는

인체에서 피부나 몸인데, 甲(갑)목을 만나서 피부가 손상됩니다. 壬(임)수가 충분할 경우는 흉함이 크게 줄어듭니다.

癸丙 또는 癸乙丙의 만남

癸(계)수가 乙(을)목을 향해 기운을 쏟고, 乙(을)목이 丙(병)화를 향하면 방향이 자연스럽습니다. 즉 癸(계)수가 乙(을)목을 키워서 丙(병)화의 빛을 만들어 내기에, 癸(계)수가 丙(병)화를 만나면 쏜살같이 달려갑니다. 癸(계)수 입장은 손해입니다. 丙(병)화에게 수분을 흡수당해서 巳(사)월까지 겨우 버티지만, 午(오)월이 되면 결국 소진됩니다.

癸戊의 만남

癸(계)수는 봄에 수분을 공급해서 乙(을)목을 키우려고 합니다. 乙(을)목이 없는 상태의 癸戊 조합은 봄에 아지랑이처럼 온도가 오르지만, 乙(을)목이 빠진 癸戊 조합은 쓰임이 약합니다.

Chapter

06

지지 조합에 대하여

지지와 지지가 만나면
子(자)수 / 丑(축)토 / 寅(인)목 / 卯(묘)목
辰(진)토 / 巳(사)화 / 午(오)화 / 未(미)토
申(신)금 / 酉(유)금 / 戌(술)토 / 亥(해)수

지지와 지지가 만나면

지지 조합은 천간 조합보다 조금 복잡합니다. 각 글자 속에 천간의 글자를 품은 지장간이 함께 있기 때문입니다. 천간은 기(氣)적인 에너지라서 직접적으로 반응하지 않습니다. 이와 다르게 지지는 동(動)적이고 우리가 살아가는 환경 자체입니다. 즉 나의 육체나 재물에 직접 관여하기에 실제로 체감하는 정도가 매우 강하므로 조심히 살펴야 합니다.

시	일	월	년
戊	辛	庚	辛
子	酉	寅	亥

子(자)수

子丑의 만남 - 子(壬癸) · 丑(癸辛己)

　　　　子(자)수에 癸(계)수가 있고 丑(축)토에도 癸(계)수가 있어서 서로 엉키면 내부에 냉기가 가득 차게 됩니다. 子(자)수가 땅 밖으로 나가지 못하도록 丑(축)가 붙잡고 있어서 결론적으로 발전이 더딥니다.

子卯의 만남 - 子(壬癸)·卯(甲乙)

겨울 子(자)수의 차가운 물로 봄에 성장하는 卯(묘)목을 키우려고 하기에 뭔가 어색하고 비틀린 느낌이 듭니다. 子(자)수에서 丑(축)토를 거쳐서 寅(인)목까지 순차적으로 흘러야 자연스러운데, 갑자기 卯(묘)목을 만나면 성장하는 과정에 문제가 발생합니다. 근육을 풀어주는 준비운동 없이 갑자기 달리면 다리에 혈액이 뭉쳐서 상하는 것과 같습니다.

子卯辰의 만남 - 子(壬癸)·卯(甲乙)·辰(乙癸戊)

子卯 조합에 辰(진)토까지 만나서 子卯辰 조합이 만들어졌습니다. 겨울의 子(자)수는 땅 밖에 사는 卯(묘)목이 함께 있어서 억울해하는데, 수분이 증발하고 없는 辰(진)토까지 있는 상황입니다. 이 세 글자가 만나면 子(자)수에서 잉태를 준비하고 있는 생명체가 열이 오르는 辰(진)토에 노출되어서 좋지 않은 현상들을 만들어 냅니다.

子午의 만남 - 子(壬癸)·午(丙己丁)

발산하려는 子(자)수와 수렴하려는 午(오)화가 만나서 충돌합니다. 子午가 만나면 두뇌를 총명하게 사용하며, 이 조합이 년과 월에 있다면 그 의미가 강해집니다.

子未의 만남 - 子(壬癸)·未(丁乙己)

子(자)수의 차가운 물이 열이 가득한 未(미)토를 만나면 탁해져서 좋지 않습니다. 未(미)토 속에 있는 丁(정)화와 己(기)토는 물의 흐름을 방해하기 때문에 비정상적인 사고를 하게 되고, 잘못하면 배신을 당할 수도 있습니다.

子丑午 또는 子未午의 만남 -
子(壬癸)·丑(癸辛己)·午(丙己丁)·未(丁乙己)

子丑午나 子未午 세 글자가 만나는 경우 대부분 좋지 않습니다. 子丑午는 子丑의 차가운 성향끼리 합을 한 상태에서 뜨거운 午(오)화가 개입되면 육체가 상하거나 정신이 흐려집니다. 반대로 子未午는 午未의 뜨거운 성향끼리 합을 한 상태에서 차가운 子(자)수가 개입되면 이 역시도 육체와 정신이 쇠약해집니다.

子戌의 만남 - 子(壬癸)·戌(辛丁戊)

가을인 戌(술)토의 땅은 낙엽이 덮여서 열기로 가득한 화로와 같습니다. 戌(술)토 속에서 이미 丁(정)화가 辛(신)금을 자극하는 상황에서 다시 子(자)수를 만나면 발전합니다. 특히 년에 戌(술)토가 있고 월에 子(자)수로 되어 있으면 순탄하게 발전합니다.

丑(축)토

丑辰의 만남 - 丑(癸辛己)·辰(乙癸戊)

丑辰 조합은 크게 돈 벌려는 심리가 작용합니다. 丑(축)토에 있는 辛(신)금의 씨앗을 辰(진)토에 있는 癸(계)수에 의해 부풀리려는 욕망으로 변하기 때문입니다. 사주 구조가 나쁘면 癸(계)수의 판단력이 정상적이지 않습니다. 심하면 비정상적인 방식으로 돈을 탐해서 문제가 발생하므로, 이 조합이 있다면 편법이나 불법을 저지르지 않도록 조심해야 합니다.

丑寅의 만남 - 丑(癸辛己)·寅(戊丙甲)

丑(축)토에 있는 辛(신)금의 씨앗이 寅(인)월에 甲(갑)목의 뿌리로 나온다는 것은, 전생의 영혼이 현생으로 넘어오는 것과 같습니다. 이렇게 되면 예지능력이 발달해서 무속이나 역학에 관심이 많아집니다.

寅(인)목

寅巳의 만남 - 寅(戊丙甲)·巳(戊庚丙)

寅(인)목과 巳(사)화가 만나면 두 글자의 속성에 변형이 생깁니다. 천간의 壬(임)수나 지지의 亥(해)수를 필요로 하는 寅(인)목이 엉뚱하게도 巳(사)화와 조합이 되면, 시들시들 마르면서 성장하는 과정에 문제가 발생하는데, 내과 수술이나 외과 수술을 받아야 하는 경우가 생길 수 있습니다.

寅未의 만남 - 寅(戊丙甲)·未(丁乙己)

이 만남은 寅(인)목이 未(미)토의 땅에 들어가지 않으려고 나름 꾀를 쓰기 때문에 기본적으로 총명합니다. 사주 원국에 寅(인)목만 있는 상태에서 未(미)토 운이 오면 생명체가 말라서 몸이 상할 수 있으므로 물이 충분히 있는지 살펴야 합니다.

寅酉의 만남 - 寅(戊丙甲)·酉(庚辛)

호랑이와 닭이 만나 치열하게 싸우는 조합으로, 寅(인)목의 생명체를 날카로운 酉(유)금이 통제하거나 방해하면 피의 흐름이 막히듯 생각이나 행동이 이상해집니다. 경찰이나 몸을 보호하는 의료 행위를 사용할 경우는 寅酉 조합의 문제를 줄일 수 있습니다.

卯(묘)목

卯丑의 만남 - 卯(甲乙)·丑(癸辛己)

卯(묘)목과 丑(축)토가 만나면 대부분 좋지 않습니다. 卯(묘)목은 인체에서 피를 공급하는 역할을 하는데, 丑(축)토를 만나면 卯(묘)목의 움직임이 답답해지고 심하면 마비됩니다. 이런 卯丑 조합은 전생의 업보가 이어졌기 때문에 일이 꼬여서 풀리지 않는 경우가 많습니다. 역학을 공부하는 것은 업보를 해결하는 한 가지 방법에 속합니다.

卯丑戌의 만남 - 卯(甲乙) · 丑(癸辛己) · 戌(辛丁戊)

卯(묘)목이 戌(술)토로 들어가는 길에 丑(축)토를 만났습니다. 戌(술)토는 망자가 잠들어 있는 무덤과 같은 곳인데, 이를테면 생기발랄한 卯(묘)목 토끼가 뛰어놀다가 戌(술)토의 무덤을 지키는 개를 만나서 당황합니다. 설상가상으로 丑(축)토의 땅을 지키는 덩치 큰 황소까지 만나서 도망갈 수도 없는 상황입니다. 개와 황소 싸움에 누가 승리하든지 토끼의 운명은 잡아먹히게 되어 있으므로, 이 세글자의 조합은 육체가 상하거나 정신이 혼미해지는 구조입니다. 이렇게 卯丑戌로 조합이 되면 다양한 사건 사고를 겪게 됩니다.

卯巳 또는 辰巳의 만남 - 卯(甲乙) · 巳(戊庚丙) · 辰(乙癸戊)

卯(묘)목에 있는 乙(을)목과 巳(사)화에 있는 庚(경)금이 힘을 합하면 새싹이 꽃으로 바뀝니다. 辰巳 조합도 마찬가지로 辰(진)토에 있는 乙(을)목과 巳(사)화에 있는 庚(경)금이 만나서 꽃으로 바뀌고, 화려하게 장식하는 형태로도 사용할 수 있습니다.

卯巳申의 만남 - 卯(甲乙) · 巳(戊庚丙) · 申(戊壬庚)

卯(묘)목이 巳(사)화와 申(신)금을 만나면 좋습니다. 천간의 乙丙庚 조합처럼 열매를 확장해서 재물을 만들어가는 과정과 같기에 사업 등으로 부자가 되는 조합입니다.

卯巳戌의 만남 - 卯(甲乙) · 巳(戊庚丙) · 戌(辛丁戊)

이 조합은 卯(묘)목의 새싹이 巳(사)화에서 꽃이 활짝 피지만, 가을에 이르면 戌(술)토의 땅속에 들어가서 발랄함이 사라지므로 卯(묘)목 입장에서는 결코 좋아할 수 없습니다. 卯(묘)목이 화로와 같은 戌(술)토를 만나면 파릇한 잎이 마른 낙엽이 되어 화로의 온기가 유지되도록 돕는 역할을 합니다.

卯未의 만남 - 卯(甲乙) · 未(丁乙己)

未(미)토의 마른 땅에 卯(묘)목의 새싹이 좌우로 움직이면서 계속 형태를 바꾸어 가지만 크게 성장하기가 어렵습니다. 未(미)토 속의 丁(정)화가 乙(을)목의 움직임을 붙잡아서 통제하기 때문에 벗어나려고 해도 실패합니다.

卯酉의 만남 - 卯(甲乙) · 酉(庚辛)

卯酉 조합은 천간의 乙辛 조합과 유사한데 따뜻한 봄이 되면 어린 새싹이 땅 위로 올라옵니다. 가을이 되어 열매가 무거워지면 땅에 떨어지고 낙엽이 덮이면서 씨앗 상태로 지내는 만남입니다. 卯(묘)목과 酉(유)금은 정반대의 시공간에서 씨앗에서 새싹으로, 새싹에서 씨앗으로 순환하기에 함께 할 수가 없습니다. 卯(묘)목은 살아있는 생명체이고, 酉(유)금은 죽은 것처럼 움직임이 없는 존재입니다. 이렇게 생과 사, 삶과 죽음의 관계로 만나면 생명체인 卯(묘)목이 상합니다.

卯酉戌의 만남 - 卯(甲乙)·酉(庚辛)·戌(辛丁戊)

卯(묘)목이 戌(술)토에 들어가기도 전에 날카로운 酉(유)금에 상합니다. 즉 토끼가 개가 지키는 무덤으로 불려 들어가는 길에 뾰족한 닭 부리에 쪼여 몸이 상합니다. 이는 생사를 넘나드는 과정 같아서 성정이 거칠어지고 몸이나 마음에 상처를 입는 문제가 발생할 수 있습니다.

卯戌의 만남 - 卯(甲乙)·戌(辛丁戊)

봄에 卯(묘)목이 자라고 가을에 낙엽이 땅을 덮어 버립니다. 그리고 오랜 세월이 흐르면 땅이 돌처럼 딱딱하게 굳습니다. 卯(묘)목 입장에서는 자기를 희생해서 아픔을 겪는 공간이지만, 戌(술)토는 오히려 卯(묘)목을 반깁니다.

辰(진)토
辰巳의 만남 - 辰(乙癸戊)·巳(戊庚丙)

辰(진)토의 번데기 속에 乙(을)목의 애벌레가 들어 있는 모양과 유사합니다. 애벌레가 성장을 끝내면 巳(사)화에서 나비로 변합니다. 나비가 화려한 날개를 갖기 위해서는 답답한 辰(진)토 속에 갇히는 아픔을 견뎌내야 합니다. 辰(진)토에서 고통을 견뎌내지 못하면 밝은 미래를 보기 힘듭니다. 그래서 辰巳 조합은 생사의 갈림길에 있는 것같이 답답하고 힘든 일을 겪게 되지만, 인내하고 견디면 보상받을 기회가 주어집니다.

辰戌의 만남 - 辰(乙癸戊)·戌(辛丁戊)

둘이 만나면 땅과 땅이 충돌합니다. 辰(진)토는 봄, 戌(술)토는 가을의 땅이니 서로 정반대 공간에 있습니다. 辰(진)토와 戌(술)토에 있는 각각의 戊(무)토는 자신의 영역을 지키기 위해서 다투기도 하지만, 辰(진)토에 갇힌 乙(을)목이 戌(술)토에 있는 辛(신)금과 충돌하면 몸이 상할 수 있습니다.

巳(사)화

巳申의 만남 - 巳(戊庚丙)·申(戊壬庚)

巳(사)화에 있는 丙(병)화가 申(신)금에 있는 庚(경)금 열매를 크게 부풀립니다. 즉 申(신)금은 巳(사)화의 도움으로 맛있는 열매로 완성되어서 가치가 높아집니다.

巳戌의 만남 - 巳(戊庚丙)·戌(辛丁戊)

이 조합은 巳(사)화 빛이 戌(술)토의 땅에 들어가는 과정입니다. 공간을 넓게 사용하던 巳(사)화가 좁은 戌(술)토로 들어가서 집중력을 발휘하지만, 사고가 편협해지면 편집증 증세로 나타납니다. 즉 巳(사)화를 활용할 때는 세상을 넓게 보지만, 戌(술)토로 들어가는 순간 갑자기 좁게 보입니다. 마치 빛을 뇌로 전달하는 시신경에 결손이 생겨서 발생하는 녹내장 증상과 유사합니다.

午(오)화

午丑의 만남 - 午(丙己丁) · 丑(癸辛己)

이 조합은 별로 좋지 않습니다. 뜨거운 午(오)화가 차가운 丑(축)토와 부딪히면 마치 내부에서 가스가 폭발하듯이, 예상하지 못한 사건 사고가 발생할 수 있습니다.

午未의 만남 - 午(丙己丁) · 未(丁乙己)

午(오)화와 未(미)토에 있는 丁(정)화의 엄청난 중력 때문에 자석처럼 끌어당기는 힘이 강렬합니다. 또한 午(오)화와 未(미)토에 있는 己(기)토는 내 것을 지키려는 속성이 강합니다. 午未에 있는 각각의 丁(정)화와 己(기)토 때문에 집중력이 뛰어나고 재물에 대한 집착도 많습니다. 물론 그런 집념으로 부자가 될 수도 있습니다.

午亥의 만남 - 午(丙己丁) · 亥(戊甲壬)

午(오)화가 亥(해)수에게 열을 빼앗겨서 희생당합니다. 丁(정)화는 열을 계속 유지하고자 애쓰지만 결국은 壬(임)수에게 빼앗기고 맙니다. 좋은 점은 강한 집중력으로 전문가적 기질을 발휘합니다.

未(미)토

未辰의 만남 - 未(丁乙己) · 辰(乙癸戊)

시간은 辰(진)토에서 未(미)토를 향해갑니다. 辰(진)토에 있는 乙(을)목이 성장하려면 壬(임)수나 亥(해)수의 도움을 받아야 합니다. 그런데 메말라 있는 未(미)토를 만나면 乙(을)목은 활력을 상실할 수밖에 없습니다. 未辰 조합이 만나서 발생하는 문제는 따로 있습니다. 辰(진)토에 있는 乙(을)목이 癸(계)수만 믿고 일을 확장했다가, 未(미)토에 있는 丁(정)화 때문에 자금 회전이 어려워집니다. 辰(진)토에서 겁없이 능력의 한계를 뛰어넘는 일을 벌였다가, 未(미)토에 가서는 부도의 위기에 처하게 되고, 자금 확보에 나서거나 빚더미로 도망 다니는 상황을 겪게 됩니다.

申(신)금

申丑의 만남 - 申(戊壬庚) · 丑(癸辛己)

申(신)금에 있는 庚(경)금은 설익은 열매입니다. 이 상태에서 丑(축)토를 만나면 丑(축)토에 있는 癸(계)수 때문에 열매의 형태가 바뀝니다. 즉 장맛비를 계속 맞은 열매가 흐물흐물해진다는 것은, 몸이 상하거나 스트레스에 노출된다는 것입니다.

申丑子의 만남 - 申(戊壬庚) · 丑(癸辛己) · 子(壬癸)

申(신)금에 있는 庚(경)금 열매가 커가는 과정에 丑(축)토에 있는 癸(계)수를 만나서 흐물거리는 상황인데, 여기에 子(자)수까지 만나면 변형이 더욱 심해집니다. 다 익지 않은 과일을 물속에 담가 두면 썩는 것처럼 몸과 마음에 상처를 입습니다.

申丑辰의 만남 - 申(戊壬庚) · 丑(癸辛己) · 辰(乙癸戊)

申(신)금에 있는 庚(경)금 열매가 丑(축)토와 辰(진)토에 있는 癸(계)수를 만나서 상합니다. 아직 익지 않은 과일을 급하게 먹다가 배탈이 나는 상황과 유사합니다.

酉(유)금

酉子의 만남 - 酉(庚辛) · 子(壬癸)

酉亥 조합의 경우는 酉(유)금에 있는 辛(신)금의 정보를 亥(해)수에 넣고 풀어냅니다. 하지만 酉子 조합은 다릅니다. 酉(유)금에 있는 辛(신)금이 子(자)수에 있는 癸(계)수에 의해 폭발해 버립니다. 구조가 나쁘면, 酉(유)금의 전생과 子(자)수의 새로운 영혼이 이어지는 과정에 비틀리고 혼선이 생깁니다.

酉子丑의 만남 - 酉(庚辛) · 子(壬癸) · 丑(癸辛己)

丑(축)토는 빛이 없는 곳입니다. 酉(유)금 속에 있는

辛(신)금이 子(자)수에 있는 癸(계)수와 丑(축)토에 있는 癸(계)수를 이중으로 만나면 씨앗의 형태가 많이 어그러집니다. 즉 丑(축)토 속으로 가는 도중에 이유 없이 상해를 입는 경우나 배신당하는 일로 나타납니다.

酉丑 또는 酉丑辰의 만남 - 酉(庚辛) · 丑(癸辛己) · 辰(乙癸戊)

酉丑 조합은 재물이 순간적으로 부풀려져서 부자가 될 수 있습니다. 여기에 辰(진)토까지 더해지면 가능성이 더욱 커집니다. 하지만 반대로 철저히 망가질 수도 있습니다. 단단한 酉(유)금이 丑(축)토에 들어가서 형태가 변해도 어느 정도는 유지되지만, 辰(진)토에 있는 癸(계)수까지 만나면 형태가 심하게 변합니다. 투자금보다 훨씬 큰 재물을 노리고 주식이나 코인 등의 방법으로 부를 꿈꾸는 경우, 성공하면 좋지만 잘못되면 모두 잃을 수 있습니다.

酉辰의 만남 - 酉(庚辛) · 辰(乙癸戊)

酉辰 조합도 酉丑처럼 酉(유)금이 辰(진)토에 있는 癸(계)수로 인해서 한순간 부를 축적할 수도 있습니다. 나도 모르게 작고 딱딱한 콩을 크게 부풀리고 싶은 충동이 일어납니다.

酉亥辰의 만남 - 酉(庚辛) · 亥(戊甲壬) · 辰(乙癸戊)

酉亥辰 조합도 酉丑辰과 같은 의미입니다. 단지 酉

(유)금이 丑토에 있는 癸(계)수를 만나는 것과 亥(해)수에 있는 壬(임)수를 만나는 차이만 있습니다. 酉(유)금에 있는 辛(신)금이라는 씨앗을 물에 풀어서 창조하는 것까지는 좋지만, 초벌구이조차 하지 않은 토분에 따뜻한 물을 담아두면 금세 탁해집니다. 게다가 辰(진)토에 있는 乙(을)목 또한 활동하는데 문제가 발생합니다.

戌(술)토

戌丑의 만남 - 戌(辛丁戊) · 丑(癸辛己)

戌(술)토는 씨앗을 보관한 재물창고이기도 하지만, 亥(해)월부터 시작되는 윤회의 출입구이기도 해서 戌(술)토를 개에 비유합니다. 丑(축)토는 다릅니다. 丑(축)토에는 辛(신)금과 癸(계)수가 함께 있습니다. 辛(신)금이 癸(계)수에 의해 전생의 업보를 벗어던지고 寅(인)월에 새로운 육체를 얻습니다. 丑(축)토라는 곳은 어두운 동굴과 같아서 진귀한 금은보화를 숨겨놓았지만, 빛으로 밝히기 전까지는 그 누구도 찾을 수 없는 도둑의 속성이 있습니다. 사주 구조가 좋으면 도둑을 잡는 경찰이나 검사가 되고, 구조가 나쁘면 불법적인 행동을 보입니다.

戌亥 또는 辰巳의 만남 -
戌(辛丁戊) · 亥(戊甲壬) · 辰(乙癸戊) · 巳(戊庚丙)

戌亥를 천문, 辰巳를 지망이라고 부릅니다. 戌亥 조합의 의미는 인간이 물질의 세계에서 누렸던 것을 내려놓고 육신이 없는 영혼의 세계로 들어가는 과정입니다. 辰巳 조합은 반대로 새로운 육신을 얻고 물질세계로 나가는 관문입니다. 따라서 戌亥와 辰巳 조합은 기본적으로 살기(殺氣)가 강하기에 신체 손상이나 인간관계가 단절되는 문제로 나타납니다. 우리는 이런 것들을 해결하기 위해서 종교를 갖거나 교육에 종사하고, 법조인, 경찰, 의사, 간호사, 헬스 트레이너와 같은 직업을 택하기도 합니다. 현재의 땅에 계속 머문다면 반드시 문제가 생기고 후회하면서 떠나는 상황이 옵니다. 해일이 발생한다는 소식을 들었는데도 배를 안전한 곳으로 정박하지 않으면 재난을 피할 수 없게 되는 것입니다.

亥(해)수

亥辰의 만남 - 亥(戊甲壬)·辰(乙癸戊)

물이 필요한 辰(진)토가 亥(해)수에 있는 甲(갑)목의 재물을 담는 것과 같습니다. 일지가 辰(진)토라면 배우자로 인해 큰 재물이 생기거나 국가나 조상의 재물이 내 주머니로 들어오는 흐름입니다.

亥巳戌의 만남 - 亥(戊甲壬)·巳(戊庚丙)·戌(辛丁戊)

亥巳戌 조합이 잘못 발현되면 사고로 이어집니다.

亥(해)수에 있는 甲(갑)목은 생명체, 巳(사)화에 있는 庚(경)금은 자동차, 丙(병)화의 빛은 충돌할 때 순간적으로 반사되는 섬광, 戌(술)토는 정비공장에 비유할 수 있습니다. 즉 사람이 자동차를 타고 가다가 충돌해서 정비공장에 수리를 맡기는 상황과 같습니다.

  이렇듯 글자와 글자가 만나서 다양한 사건을 만들어 냅니다. 이때 발전하는 흐름으로 나타나기도 하지만 몸이 상하거나 관계가 단절되는 등의 부정적인 사건을 만들기도 합니다. 무엇이 좋고 무엇이 나쁜가에 대해서 평가한다는 것은 좋지 않습니다. 지금 당장은 컨디션이 좋아서 기분이 상쾌하지만, 내일은 전혀 다른 일상으로 흘러갈 수 있습니다. 사주를 보고 달갑지 않은 일이 예상될 때는 피해 갈 수 있는 방법을 찾아야 하고, 좋은 일이 기대될 때는 동기부여가 되었다고 생각하고서 기대치만큼의 목표를 정할 수 있습니다. 소수의 사람은 기분 나쁜 말을 들을 것 같아서 사주보는 것이 두렵다고 말하지만, 잘 생각해 보면 어차피 일어날 일은 일어나게 되어 있습니다. 다만, 속수무책으로 당하고만 있을 것인가, 위험을 비켜 갈 수 있는 우회로를 찾을 것인가에 대한 결정은 각자의 선택에 달렸습니다.

  점성가께서 저희 수업 중에 잠시 언급했던 일화입니다. "공부 초창기에 나의 일진을 보았다. 하필 그날은 사고

수가 있어서 밖을 나서지 않았다. 저녁이 되어도 아무 일이 없기에 무사히 넘어가나 싶었다. 저녁 식사를 위해 전자레인지를 사용하던 중 갑자기 내열 용기가 터졌고, 파편으로 발등에 부상을 입었다." 결국 일어날 일은 일어나게 되어 있습니다. 그날 하루는 외출을 삼갔고, 조심스러운 마음으로 안전에 대비했기에 큰 사고를 막았다고 생각합니다. 상담을 요청해 온 내담자에게 '00님은 올해 감옥에 갈 수 있으니 조심하세요'라고 말해준다면 인상을 찌푸릴 것입니다. 어떤 사람은 사주 괜히 봤다, 기분 나쁘다, 심지어 뒤돌아서서 침 뱉는 경우도 생길 것입니다. 하루 종일 찜찜하고 며칠 내내 우울합니다. 친구나 동료와의 술자리에서 역술인에 대해 뒷담화할 것입니다.

달리 생각하면, 역술인에게 오히려 고마워해야 합니다. 이유는 이러합니다. 한 날은 친구가 투자 제안을 해옵니다. 귀가 솔깃해지고 며칠을 고민하다가 융자를 받고 투자합니다. 인터넷 정보도 성공을 예측합니다. 온 가족과 동료, 친구까지 끌어들입니다. 두어 달이 지나자, 금융사기로 밝혀집니다. 융자는 빚이 되고, 급여까지 압류당합니다. 가족과 친구들의 원망과 비난의 소리가 들려옵니다. 결국 상황을 견디지 못해 퇴사하고는 자취를 감춥니다.

'감옥 간다면서요?' 교도소에 수감 되는 것만 감옥이 아닙니다. 빚 진 채무자는 자유를 박탈당하고, 주변 사람들의 관계가 단절되어서 외톨이로 사는 것 또한 감옥생활과 다를 바 없습니다. 역술인의 말을 진지하게 받아들였다면 어땠을까요? 소수이겠지만 실제로 감옥 가는 일이 발생하지 않도록 유혹의 손길을 뿌리칠 수 있는 선택의 여지는 충분히 있습니다. 내년이 되면 에잇! 사주 못 보네. 감옥은 무슨…. 하며 투덜댈 수 있습니다. 사기를 당하는 일은 발생하지 않았다고 해도 가벼운 교통사고로 치료를 받았거나, 차가 망가져서 돈을 낭비했다든가, 주식이 저점을 찍어서 손해를 봤다는 등의 피해가 있었을 것입니다. 이것은 일종의 액땜 작용력입니다.

'돈은 벌까요?', '사업이 잘될까요?', '결혼은 할 수 있나요?', '이혼할 수가 있나요?', '건강은 어떤가요?', '취직이나 승진이 될까요?', '우리 아이 대학에 합격할까요?' 사주를 볼 때 저를 포함한 대부분이 궁금해하는 질문은, 언제 운이 풀리고 많은 돈을 벌 수 있겠느냐입니다. 사람들에게 세상살이가 어떤지 물었을 때 90%의 반응은 힘들다고 하는데, 맞는 말이긴 합니다. 현재 겪는 상황이 가장 힘들게 느껴지기 때문입니다. 그리고 시간이 지나면서 그 힘든 감정은 조금씩 무뎌져 갑니다. 다행히도 우리는 망각의 동물이기 때문에, 시간이 지나면 고통과 슬픔이 어느 정도는 자연적으로 치유됩니다. 현재 겪고 있는 고민을 빨리 해결하고자 애쓰는 것은 당연합니다. 하지만 해결된다고 모든 고민이 영원히 사라지는 것은 아닙니다. 유사하거나 다른 고민이 눈치도 없이 문을 열고 들어옵니다. 분명 우리의 숨이 붙어있는 한은 끊임없는 걱정과 고민 속에서 살 수밖에 없습니다. 고민은 삶의 일부이기 때문에, 이왕이면 사는 동안에 숨 고르기를 잘해야 합니다. 받아들일 것은 받아들이고, 받아들이기 어렵다면 해결할 수 있는 현명한 방안을 찾는 것이 중요합니다.

이번에는 삼합(三合)과 신살(神殺)에 관한 이야기입니다. 네 가지의 삼합 작용과 12신살로, 매년 다가오는 운의 흐름을 읽을 수 있습니다. 사업, 이사, 투자, 수면과 공부 방향 외에도 일상에 바로 적용할 수 있는 간단한 풍수까지 살필 수 있으니 유용하게 활용하시길 바랍니다.

Chapter

07

삼합운동과 수에 대하여

삼합운동과 12신살

생명의 나무

탄생 수

삼합운동과 12신살

천간과 달리 12개의 지지는 동물에 비유됩니다. 子(자)수는 쥐, 丑(축)토는 소, 寅(인)목은 호랑이, 卯(묘)목은 토끼, 辰(진)토는 용, 巳(사)화는 뱀, 午(오)화는 말, 未(미)토는 양, 申(신)금은 원숭이, 酉(유)금은 닭, 戌(술)토는 개, 亥(해)수는 돼지입니다. 삼합(三合)은 글자 그대로 세 개의 글자를 하나로 묶은 것을 말하며, 지지 12개를 세 개씩 묶으면 총 네 개의 삼합이 만들어집니다.

三災(삼재)는 흔히들 이야기하는 용어라서 낯설어하지 않는 것 같습니다. 이에 비해 三合(삼합)이라는 용어는 명리 공부를 하지 않는 한 생소한 단어일 수 있습니다. 먼저 위키 실록 사전에 삼재라는 키워드를 입력하면 태어난 해의 간지를 기준으로 삼 년간 머무르는 재앙이라고 설명되어 있습니다. 크게는 수재(水災)·화재(火災)·풍재(風災)를, 작게는 전쟁(刀兵)·굶주림(飢饉)·전염병에 걸리는 재해를 의미합니다. 삼재에 든 시기에는 질병에 노출되거나 건강을 잃지 않도록 몸과 마음을 청결히 하라는 경고의 메시지이기 때문에 조심해서 나쁠 건 없다고 봅니다.

삼재는 3년의 기간입니다. 삼재의 첫해는 들어오는 삼재라서 조심, 둘째 해는 누워있는 삼재라서 조심, 마지막 셋째 해는 나가는 삼재라서 조심하라며 무려 3년을 경고합니다.

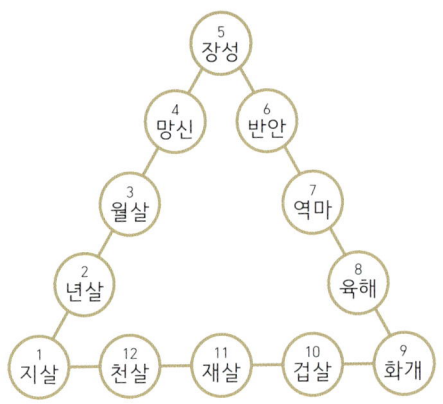

봄, 여름, 가을, 겨울 다시 봄으로 계절이 변화하는 원리를 명리 용어로 삼합운동이라고 하는데, 1년을 기준으로 하면 딱 9개월입니다. 삼각형 모양의 그림을 보면서 설명하겠습니다. 1번에서 출발하여 5번 꼭짓점까지 올라갔다가 9번을 향해 내려옵니다. 1번부터 9번까지가 지구에서 발생하는 여러 가지 현상들이고, 나머지 바닥 부분은 보이지 않는 영혼의 세상입니다. 쉽게 말해 우뚝 솟은 삼각형은 인간이 태어나서 살다가 죽는 날까지 육신을 갖고 사는 곳이며, 바닥 부분은 죽고 나서 육신 없이 저승에서 윤회하는 곳입니다. 출발점부터 쉬지 않고 계속 위로만 치솟는 현상은 발생하지 않습니다. 나무가 어느 정도 자라면 성장을 멈추는 것이 자연의 이치이듯이, 인간도 성장하다가 청장년기쯤에 육체 성장을 멈추고 나면 이후 자연스럽게 노화되어 갑니다.

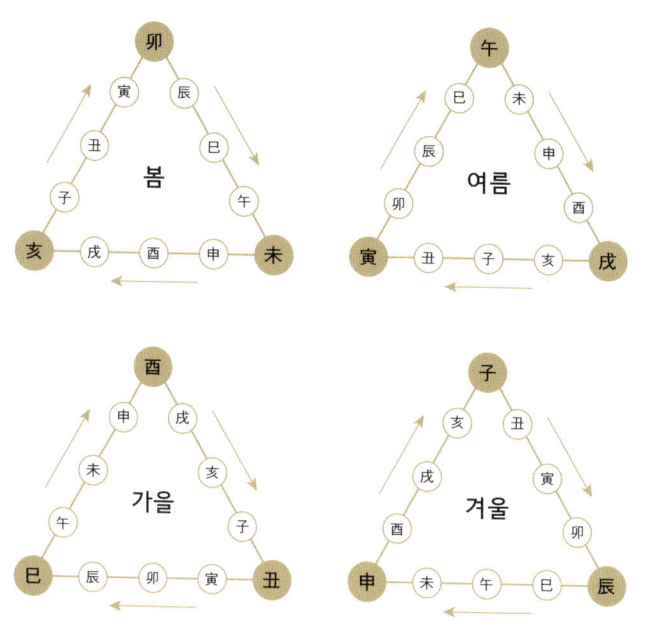

삼합운동은 모두 합해서 4개입니다. 굳이 사계절로 분류하자면 봄은 亥卯未(해묘미), 여름은 寅午戌(인오술), 가을은 巳酉丑(사유축), 겨울은 申子辰(신자진)입니다.

첫 번째 亥卯未(해묘미) 삼합운동은 亥(해)수에서 출발하여 卯(묘)목 꼭짓점을 찍고 未(미)토 바닥까지 내려와서 성장을 끝냅니다.

두 번째 寅午戌(인오술) 삼합운동은 寅(인)목에서 출발하여 午(오)화 꼭짓점을 찍고 戌(술)토 바닥까지 내려와서 확장을 끝냅니다.

세 번째 巳酉丑(사유축) 삼합운동은 巳(사)화에서 출발하여 酉(유)금 꼭짓점을 찍고 丑(축)토 바닥까지 내려와서 결실을 끝냅니다.

네 번째 申子辰(신자진) 삼합운동은 申(신)금에서 출발하여 子(자)수 꼭짓점을 찍고 辰(진)토 바닥까지 내려와서 응축을 끝냅니다.

봄은 새싹이 자라는 목의 기운이 강하고, 여름은 열매가 커가는 동시에 익어가는 화의 기운이 강합니다. 가을은 열매를 수확하는 금의 기운이 강하고, 겨울은 만물이 극도로 응축되는 수의 기운이 강합니다. 이처럼 사계절은 목에서 화를 향해, 화에서 금을 향해, 금에서 수를 향해, 수에서 다시 목을 향해 갑니다. 인간도 순차적인 시공간 흐름 속에서 살아가므로, 자연의 순환 원리가 내 사주팔자에 그대로 담겨 있는 것입니다.

탄생한 해(띠)가 寅, 午, 戌 중에 있다면 寅午戌(인오술) 삼합이 되는데 호랑이띠, 말띠, 개띠입니다. 나이로는 4년씩 터울을 이루며, 네 살 차이는 궁합을 보지 않는다고 하는 이유는, 삼합 내에 있는 사람들끼리는 추구하는 목표나 방향이 같기에 구태여 사주팔자로 서로를 맞춰볼 필요가 없기 때문입니다. 네 개의 삼합운동 중에서 寅午戌(인오술) 삼합을 예로 들어보겠습니다.

寅(인)목에서 출발하여 삼각형 꼭짓점 午(오)화에서 정점을 찍고 戌(술)토까지 내려옵니다. 이때 꼭짓점은 왕좌와 같습니다. 우리 인생에서 청장년기는 지능이 최고점에 달하고 육체 활동이 가장 왕성합니다. 대부분은 배우자를 만나서 결혼하고 자녀를 낳아서 기릅니다. 사회에서 열심히 노력하고, 능력을 최대로 발휘해서 인정받는 시기입니다. 청장년기의 시기를 지나면 노화가 옵니다. 이때는 기억력보다 경험에서 녹여낸 삶의 지혜로 어려움을 극복합니다. 사회생활을 그만두고 쉬다가 생을 마감하는 3년이 삼재입니다. 사회활동을 마치고 집으로 돌아가는 申(신)금 역마, 육체적 쇠퇴와 고독의 시간 酉(유)금 육해, 생을 마감하는 戌(술)토 화개입니다. 삼각형 그림의 전체는 12신살에 해당합니다. 12신살을 식물이 싹트고 성장해서 죽는 생장쇠멸(生長衰滅)의 과정에 비유해서 보겠습니다.

지살은 땅속의 씨앗 상태에서 뿌리를 내립니다.
년살은 싹이 틉니다.
월살은 잎과 줄기가 계속 성장해 갑니다.

망신은 줄기에서 꽃이 핍니다.

장성은 꽃잎이 떨어지고 열매를 맺습니다.

반안은 열매가 커갑니다.

역마는 열매가 익어갑니다.

육해는 열매가 완성되고 낙하합니다.

화개는 씨앗이 땅속에 저장됩니다.

겁살은 휴면기를 가집니다.

재살은 씨앗이 영양분을 흡수하며 배아를 준비합니다.

천살은 배아(씨눈)가 발달합니다.

지살은 씨앗의 외피를 뚫고 뿌리를 내려서 흙에 정착합니다.

寅午戌(인오술) 삼합을 예로 들겠습니다.

삼각형 1번 출발점은 寅(인)목인 지살입니다. 아이가 탄생하는 상황과 유사하게 자신의 존재를 처음 드러내면서 새로운 세상을 맞이합니다. 영혼의 세상에서 물질의 세상으로, 저승에서 이승의 다리를 건너오듯이, 과거에 살던 곳을 벗어나 생소한 환경에서 새롭게 출발합니다.

지살에서 어느 정도 적응이 되면 2번 卯(묘)목인 년살을 만나는데, 일생에서 가장 활발하게 성장하는 시기입니다. 지살이 세상 물정을 전혀 모르던 갓난아이라면, 년살은 주위 친구들과 같이 성장하는 과정에 협동하고 경쟁합니다.

3번 辰(진)토의 월살에 이르면 가족의 품을 벗어나

서 사회에 나갈 수 있을 정도로 성장했지만, 아직은 조금 미숙한 단계입니다. 곤충에 비유하자면, 나비가 되기 전에 번데기 속에서 느껴야 하는 답답함을 견뎌내는 시기입니다.

인고의 시기를 지나면 4번 巳(사)화의 망신에 이릅니다. 변태의 과정을 견뎌내고 화려한 나비로 변화되었습니다. 寅卯辰(인묘진)의 지살, 년살, 월살은 육체의 성장에 집중했지만, 망신은 꽃이 아름답게 피어나듯이 화려한 청년기를 보내면서 사회활동에 적극적으로 참여합니다.

5번 午(오)화의 장성에 이르면 왕성한 기운을 가진 권력의 자리에 앉습니다. 지살, 년살, 월살에서 성장한 새싹이 망신에서 꽃 피고 장성에서 열매를 맺기에, 삼합운동의 목적이 명확하게 드러나는 곳입니다. 이곳은 잠을 자기 좋은 방향입니다. 머리를 장성의 방향에 두고 자면 악몽이 호전되거나 수면이 질이 좋아집니다.

6번 未(미)토의 반안에 이르면 권력을 내려놓고 물러나야 합니다. 만물을 다스리는 최고의 자리를 물려주면서 은퇴를 준비하고 고문 정도에 만족해야 합니다. 권력을 내려놓는다고 해도 영향력은 여전히 남아있습니다. 퇴임한 대통령을 예우해 주는 이치와 같습니다.

7번 申(신)금의 역마에 이르면 뒤안길을 찾아 떠납니다. 지살에서 반안까지는 자신을 위한 인생이었다면, 역마에서는 자신이 경험한 것들을 다양하게 활용합니다. 역마에서 삼재가 시작됩니다. 장성과 반안에서 누렸던 물질과 권력을 내려놓으려니 매우 아쉽기도 하고, 어디로 떠나야 할지 고민되는 곳이기에 현실 적응이 어렵게 느껴집니다.

8번 酉(유)금의 육해에 이르면 살면서 누렸던 것들을 정리하고 죽음을 준비합니다. 질병이나 노화로 인해 배우자를 잃고 주위 사람들과의 관계도 자연스럽게 정리가 되는 두 번째의 삼재가 진행되는 곳입니다.

9번 戌(술)토의 화개에 이르면 삼합운동을 끝냅니다. 육신과 재물을 모두 버리고 영혼의 세계로 가는 입구에 이릅니다. 삼각형의 바닥이자 마지막 삼재에 이르면 고향인 흙으로 돌아간다고 하여 육체적 질병이나 재물을 모두 버리는 곳입니다.

모든 삼재가 끝나고 10번 亥(해)수의 겁살이라는 영혼의 세계에 들어섭니다. 이곳에서는 酉(유)금에 담아 온 업보에 대해 심판받습니다. 업보는 우리가 과거에 저지른 행동의 결과로, 현재 또는 미래에 받게 되는 결과를 말합니다. 좋은 업보는 좋은 결과를, 나쁜 업보는 나쁜 결과를 가져옵니다. 심판은 우리의 행동이 옳았는지 그릇되었는지 판단하는 것을 의미합니다.

11번 子(자)수의 재살에 이르면 겁살에서의 심판 결과에 따라 새 영혼을 얻게 됩니다. 장성에서 누렸던 상황과는 달리 재살은 물질이나 육신이 없기에 탐욕을 통제하지 못하면 여러 가지 문제가 발생합니다.

12번 丑(축)토의 천살에 이르면 12신살의 마지막 단계로, 영혼의 세계를 벗어나기 직전 상태입니다. 지살의 땅으로 무사히 가려고 한다면 지루하고 답답하더라도 이곳 천살을 견뎌낼 수 있어야 합니다. 특히 입시생들이 공부하기 좋은 방향입니다.

사주에서 12신살 운을 활용하는 방법은 먼저 자신이 태어난 해(띠)를 찾습니다. 申(신)금 원숭이띠라면 申子辰 삼합운동을 합니다. 2024년 甲辰년의 辰(진)토는 申子辰 삼합운동의 화개에 해당합니다. 순서대로 나열하면 申(신)금이 지살, 酉(유)금은 년살, 戌(술)토가 월살, 亥(해)수가 망신, 子(자)수가 장성, 丑(축)토가 반안, 寅(인)목이 역마, 卯(묘)목이 육해, 辰(진)토가 화개, 巳(사)화가 겁살, 午(오)화가 재살, 未(미)토가 천살 운이 됩니다. 띠를 기준으로 12신살을 찾는 법은 아래와 같습니다.

지살 운입니다.
寅·午·戌(인오술) 띠는 2010년과 2022년, 2034년입니다.
巳·酉·丑(사유축) 띠는 2013년과 2025년, 2037년입니다.
申·子·辰(신자진) 띠는 2016년과 2028년, 2040년입니다.
亥·卯·未(해묘미) 띠는 2019년과 2031년, 2043년입니다.

지살은 새로 출발하는 시기로 장기전을 준비하되

서두를 필요가 없습니다. 지살 직전인 겁살, 재살, 천살의 3년 동안 차근차근 준비했다면 여기서부터 자신 있게 진행하면 됩니다. 실패에 대한 두려움과 걱정이 앞서더라도 선택한 것에 대해 불안에 떨기보다는, 현재에 충실히 사는 것이 낫습니다. 돌다리도 너무 오래 두드리면 더는 앞을 향해 나가지 못하게 됩니다.

년살 운입니다.
寅·午·戌(인오술) 띠는 2011년과 2023년, 2035년입니다.
巳·酉·丑(사유축) 띠는 2014년과 2026년입니다.
申·子·辰(신자진) 띠는 2017년과 2029년입니다.
亥·卯·未(해묘미) 띠는 2020년과 2032년입니다.

좌충우돌하는 시기라서 많은 일을 동시에 벌이거나, 정신이 분산되고 산만해서 집중이 어려울 수 있습니다. 이런 때일수록 마음을 가다듬고 계획에 맞춰 해나가다 보면 어느새 성장해 있을 것입니다.

월살 운입니다.
寅·午·戌(인오술) 띠는 2012년과 2024년입니다.
巳·酉·丑(사유축) 띠는 2015년과 2027년입니다.
申·子·辰(신자진) 띠는 2018년과 2030년입니다.
亥·卯·未(해묘미) 띠는 2021년과 2033년입니다.

예상보다 진전이 없고 속도가 더뎌서 답답하게 느껴지는 시간입니다. 망신으로 가기 전까지는 행동에 제약이 따르고 복잡한 상황 때문에 스트레스를 많이 받지만, 꼭 거쳐야 하는 과정이니 참고 견뎌야 합니다. 운이 좋으면 주변의 작은 도움이나 국가의 혜택을 받을 수 있습니다.

망신 운입니다.
寅·午·戌(인오술) 띠는 2013년과 2025년입니다.
巳·酉·丑(사유축) 띠는 2016년과 2028년입니다.
申·子·辰(신자진) 띠는 2019년과 2031년입니다.
亥·卯·未(해묘미) 띠는 2022년과 2034년입니다.

지살에서 시작한 일의 결과가 나타나기 시작하고, 가려졌던 존재감이 드러나면서 주위의 관심을 받게 됩니다. 다만, 불빛에 가려진 그림자를 보지 못하고 타인을 비난하거나 무시하면 구설 시비가 발생할 수 있으니, 작은 일에도 감사하는 마음을 가져야 합니다.

장성 운입니다.
寅·午·戌(인오술) 띠는 2014년과 2026년입니다.
巳·酉·丑(사유축) 띠는 2017년과 2029년입니다.
申·子·辰(신자진) 띠는 2020년과 2032년입니다.
亥·卯·未(해묘미) 띠는 2023년과 2035년입니다.

직위가 가장 높은 그룹의 총수가 되었습니다. 힘들게 오른 산 정상에서 아래를 내려다보니 인고의 끝에 성장해 있는 자신이 대견하게 느껴집니다. 권력을 가질수록 겸손한 마음을 가지고 베풀어야 합니다. 손에 쥔 장대 무기는 잠시 내려놓고, 사랑의 무기로 바꾸는 시기입니다.

반안 운입니다.
寅·午·戌(인오술) 띠는 2015년과 2027년입니다.
巳·酉·丑(사유축) 띠는 2018년과 2030년입니다.
申·子·辰(신자진) 띠는 2021년과 2033년입니다.
亥·卯·未(해묘미) 띠는 2024년과 2036년입니다.

경영 일선에서 내려올 때입니다. 가장 높은 자리에서 물러난다고 해도 물질 부분에서는 좋습니다. 후원이나 사회봉사 활동을 통해 관계를 유지하는 것이 정신적 육체적 건강에 도움이 됩니다.

역마 운입니다.
寅·午·戌(인오술) 띠는 2016년과 2028년입니다.
巳·酉·丑(사유축) 띠는 2019년과 2031년입니다.
申·子·辰(신자진) 띠는 2022년과 2034년입니다.
亥·卯·未(해묘미) 띠는 2025년과 2037년입니다.

지금까지 노력하고 투자했던 사회활동에서 완전히

물러나고 전혀 새로운 곳으로 가서 정착합니다. 새로운 투자를 제안해 오면 유혹을 뿌리치기 어렵습니다. 육해 운에서 망하게 하려는 신의 속임수이기에 넘어가면 후회할 일이 생깁니다. 이 시기는 첫 삼재 운에 해당하며 혹여나 겪을 수 있는 사고에 대비해야 합니다.

　　　육해 운입니다.
寅·午·戌(인오술) 띠는 2017년과 2029년입니다.
巳·酉·丑(사유축) 띠는 2020년과 2032년입니다.
申·子·辰(신자진) 띠는 2023년과 2035년입니다.
亥·卯·未(해묘미) 띠는 2026년과 2038년입니다.
　　　역마 운에서 투자했다면 육해 운에서 부도나거나 잘못될 수 있습니다. 두 번째 삼재에 해당하는 이 육해 운은 재물이 증가하는 곳이 아니어서 판단이 어렵고 불안이 높아집니다. 되도록 정신에 집중해서 안정을 찾아야 합니다.

　　　화개 운입니다.
寅·午·戌(인오술) 띠는 2018년과 2030년입니다.
巳·酉·丑(사유축) 띠는 2021년과 2033년입니다.
申·子·辰(신자진) 띠는 2024년과 2036년입니다.
亥·卯·未(해묘미) 띠는 2027년과 2039년입니다.
　　　현생에서 사용할 수 있는 시간은 다 써버렸고 이제

영혼의 세계로 들어가는 시간입니다. 미처 끝내지 못한 것이 있다면 지금 마무리 지어야 합니다. 그렇지 않으면 다가오는 지살 운부터 미완성되었던 일에 매달리게 됩니다. 마지막 삼재 운까지 투자를 조심하고 육체를 보호해야 합니다.

겁살 운입니다.
寅·午·戌(인오술) 띠는 2019년과 2031년입니다.
巳·酉·丑(사유축) 띠는 2022년과 2034년입니다.
申·子·辰(신자진) 띠는 2025년과 2037년입니다.
亥·卯·未(해묘미) 띠는 2028년과 2040년입니다.

삼합을 벗어나서 저승의 심판대 앞에 섰습니다. 수많은 영혼이 아우성치는 곳이지만 되돌아갈 방법은 없습니다. 지금부터 3년간은 새로운 미래를 준비하는 운을 맞이합니다. 이때의 계획과 노력에 따라 다음 9년의 삶이 정해지는데, 순탄하게 흐르거나 아니면 업보를 다시 풀어야 하는 상황으로 갈립니다.

재살 운입니다.
寅·午·戌(인오술) 띠는 2020년과 2032년입니다.
巳·酉·丑(사유축) 띠는 2023년과 2035년입니다.
申·子·辰(신자진) 띠는 2026년과 2038년입니다.
亥·卯·未(해묘미) 띠는 2029년과 2041년입니다.

재살 운은 물질과 정신세계를 두고 갈등하는 두 갈래의 길에 있습니다. 정신을 추구하면 좋은 기회를 잡게 되지만, 재물에 대한 욕망을 버리지 않으면 새롭게 변신할 기회를 놓칩니다. 이 재살 운에서 잘못된 선택을 하면 법적 문제나 다툼이 일어날 수 있습니다.

마지막 천살 운입니다.

寅·午·戌(인오술) 띠는 2021년과 2033년입니다.
巳·酉·丑(사유축) 띠는 2024년과 2036년입니다.
申·子·辰(신자진) 띠는 2027년과 2039년입니다.
亥·卯·未(해묘미) 띠는 2030년과 2042년입니다.

재살 운에서 어떤 선택을 했느냐에 따라 천살 운에서 결정이 납니다. 이 시기는 몸과 마음을 정결하게 하고 다시 삼합을 시작하는 지살로 나갈 준비를 해야 합니다. 절대로 경거망동하거나 윗사람을 무시하는 행동을 해서는 안 됩니다.

戌(술)년에 태어난 저의 경우는 역마 운부터 시작된 3년의 세월이 정신적으로나 물질적으로나 고통의 시간이었습니다. 역마 운에서 무리하게 투자했고, 육해와 화개 운에서 수습에 나섰지만 역부족이었습니다. 겁살, 재살, 천살 운 3년은 역마 운의 여파로 지하 세계에서 힘든 시간을 보내다가 지살 운에 땅 밖으로 나왔습니다. 나비는 알에서 바로 변태가 되지 않습니다. 나비알 상태에서 일주일 정도 지나면 유충인 애벌레가 껍질을 뚫고 나옵니다. 이후 여러 차례의 허물 벗는 단계를 거쳐서 번데기가 되지만, 여기서 끝이 아닙니다. 아무것도 먹지 않고 겨울을 버팁니다. 겉에서 보기엔 움직임이 없어서 죽은 상태 같아도, 내부에서는 애벌레의 형체가 녹으면서 액체로 변하는 중입니다. 따뜻한 봄이 오면 완전변태를 마치고 화려한 날개를 가진 나비로 탄생합니다.

2024 甲辰년이 제게는 월살 운입니다. 내년 2025년 乙巳년에 나비로 날아오르기 전 변태를 거치는 상태입니다. 액체 단백질이 세포 분열하는 복잡한 과정을 거쳐야 성충으로 나올 수 있듯이, 망신 운을 기다리며 현실에 적응하고 극복해 나가는 중입니다.

생명의 나무

 '**모**든 것의 최초에 상상할 수 없을 만큼 아름다운 불꽃놀이가 있었습니다. 그 후에 폭발이 있었고 하늘이 연기로 가득 찼습니다.' -조르주 르메트르(Georges Lemaître), 윌슨산 천문대 세미나(1933년) 발표 자료 인용

 138억 년 전에 일어난 우주 대폭발 사건인 빅뱅(Big Bang). 우주가 어떤 한 점에서부터 탄생한 후 지금까지 팽창하여서 오늘의 우주에 이르렀다고 설명하는 물리 이론입니다. 빅뱅 이전에는 시간과 공간이 존재하지 않았고, 폭발 후에 우주는 상상할 수 없을 정도의 뜨거운 불덩이에서부터 시간과 공간이 생겨났다고 합니다. 어린 시절 공상 과학 포스터에서 상상했던 많은 것들이 이제 현실이 되어가고 있습니다. 캡슐 트레인으로 불리는 고속철도 하이퍼루프(Hyperloop)나, 화성 돔형 우주기지 등 믿기 어려울 정도로 야심 찬 계획들이 실제로 진행되고 있다는 사실이 놀랍습니다.
 자연계를 관찰하고 분석하여 법칙을 밝히는 과학자나 물리학자들조차 신(神)의 존재에 대해 각자 다른 관점을 가지고 있습니다. 과학은 증거와 논리를, 종교는 신앙과 경전

을 기반으로 하므로, 서로의 입장을 완전히 이해하고 합의하기가 어려울 수 있습니다. 스티븐 윌리엄 호킹(Stephen William Hawking)은 자연의 질서와 법칙을 연구한 위대한 물리학자였지만, 우주 만물의 창조자인 신의 존재는 부정했습니다. 이와 다르게 아인슈타인(Albert Einstein)은 바닷물을 가르고 기적을 보이는 신은 믿지 않지만, 스피노자가 말한 절대적으로 무한한 존재를 드러내는 신이라면 믿는다고 했습니다. 이 말은 인격적인 신이나 종교적 교리에 기반한 신의 개념을 떠나서, 자연의 질서와 법칙 뒤에는 분명 절대적인 존재가 있다는 의미입니다. 저 역시도 신앙을 떠나서 신은 우주가 탄생하기 이전부터 이미 존재했을 것이고, 지금도 현현한다고 생각합니다. 어쩌면 명리의 기본 체계를 이루는 10개의 천간 에너지에서, 대자연의 질서를 통제하는 신의 다양한 모습을 찾아보는 것도 의미가 있을 수 있습니다. 물론 신비주의와 과학과 명리는 서로 다른 분야입니다. 하지만 모두 우주와 자연과 인간의 관계, 삶의 의미에 대한 근본적인 물음에 답을 찾는 과정은 다르지 않다고 보기 때문에, 신비주의와 명리를 연결 짓는 새로운 시각에서 접근해 보겠습니다.

「생명의 나무」에 대해 들어본 적이 있을 것입니다. 교회나 사찰에 벽화로 많이 표현되어 있습니다. 불교 전통에서는 붓다가 보리수나무 아래에서 깨달음을 얻었다고 하여 보리수를 성스러운 생명나무로 여겼습니다. 붓다가 깨달음을 얻은 이후 열반에 들기 전에 사촌 동생에게 유언을 남겼습니다.

「"아난다여, 나는 긴 세월을 보내 노쇠하여 나이 여든이 되었다. 마치 낡은 수레가 가죽끈에 묶여서 겨우 움직이는 것처럼 나의 몸도 가죽끈에 묶여서 겨우 살아간다고 여겨진다. 아난다여, 그대는 한 쌍의 살라 나무 사이에 북쪽으로 머리를 둔 침상을 만들어라. 피곤하구나, 누워야겠다." 그러자 아난다는 방으로 들어가 문틀에 기대어 울며 말했습니다.

"나는 아직 배울 것이 많은데 나를 그토록 연민해 주시는 스승께서는 이제 돌아가시겠구나." 이 말을 들은 붓다는 "그만하여라 아난다여 슬퍼하지 말라. 탄식하지 말라. 사랑스럽고 마음에 드는 모든 것과는 헤어지기 마련이고 없어지기 마련이고 달라지기 마련이라고 그처럼 말하지 않았던가? 아난다여, 태어났고 존재했고 형성된 것은 모두 부서지기 마련인 법이거늘 사라지지 않는다는 것은 있을 수 없는 일이다. 그런 것을 두고 '절대로 부서지지 마라'고 한다면 그것은 있을 수 없는 일이다. 그런데 아마 그대들은 이렇게 생각할지도 모른다."

아난다가 속삭였습니다. "스승의 가르침은 이제 끝나버렸다. 이제 스승은 계시지 않는다." 다시 붓다는 "아난다여, 그러나 그렇게 봐서는 안 된다. 내가 가고 난 후에는 내가 그대들에게 가르치고 설명한 진리와 계율이 그대들의 스승이 될 것이다. 내가 설명한 것은 무엇인가? 이것은 괴로움이다.

이것은 괴로움의 원인이다. 이것은 괴로움의 소멸이다. 이것은 괴로움의 소멸에 이르는 방법이다. 참으로 이제 그대들에게 당부하노니 형성된 것들은 소멸하기 마련인 법이다. 게으르지 말고 해야 할 바를 모두 성취하라. 이것이 여래의 마지막 유훈이다."」

이 유훈은 석가모니의 열반을 종교와 철학적 의미로 편찬한 불교 경전 대반열반경((大般涅槃經)의 일부이며 의역이 된 내용입니다. 불교의 가르침은 결국 어느 하나 그대로 머무는 것이 없으므로, 생명을 가진 존재는 변하고 늙을 때가 되면 존재가 사라지는 것을 당연하게 받아들이라는 것입니다. 영원한 삶은 없습니다. 생명나무는 불로장생처럼 죽지 않는 육신의 영원한 삶을 염원하는 것이 아니라, 깨달음을 통한 지식과 지혜를 상징합니다.

성경에도 생명나무가 등장하는데 창세기에 이런 내용이 나옵니다.

「여호와 하나님이 그 사람에게 명하여 가라사대 "네가 동산에 있는 과일을 마음대로 먹을 수 있으나 선악을 알게 하는 나무의 실과는 먹지 말라. 네가 먹는 날에는 정녕 죽으리라" 하시니라」 그런데도 아담과 하와는 뱀의 유혹에 넘어가서 선악과를 먹게 되었고 에덴동산에서 쫓겨났습니다. 선악과를 먹어서 악함이 생긴 것이 아니라, 먹지 말라는 하나님의 말에 순종하지 않고 먹은 행위 자체가 선악과입니다. 결국 선악과는 생명나무에 달린 영원한 삶을 사는 영생이었던 것입니다.

세피로트 생명나무(The Tree of Life) 그림은 유대교의 카발라에서 사용한 문양으로, 다양한 곳에서 흔하게 볼 수 있습니다. 카발라(Kabalah)는 토라(Torah, 구약의 모세오경)와 탈무드(Talmud, 토라에 대한 주석)와 함께 고대 히브리의 3대 문학에 속합니다. 명상에 많이 사용되는 이 히브리어 카발라는 '받다'의 뜻으로, 구전으로 전해 내려오는 신의 가르침과 지혜를 의미합니다. 창세기에 나오는 에덴동산에서 아담과 하와의 실락(失樂) 이후에 신은 아담에게 순수성을 되찾도록 지혜를 가르쳤습니다. 아담은 아브라함에게, 아브라함은 다시 아들 이삭에게, 이삭은 아들 야곱에게 계속 전수해 나갔으며, 이집트 노예 생활 중에 잃어버렸지만, 다행히 모세가 십계명으로 되찾긴 했습니다.

카발라는 인간과 우주의 본질을 탐구하는 영적 과학입니다. 피타고라스 정리로 유명한 그리스 철학자 피타고라스는 신비주의에 관심이 많았으며, 이집트 신비 학교에서 비전을 받고 나서 수학과 신비주의를 연결했습니다. 즉 수를 우주의 근본적인 원리로 보았고, 수학적 조화를 우주 질서의 증거로 여겼기 때문입니다. 카발라는 유대교, 기독교, 일부 이슬람교를 위한 신비 사상의 기초로 볼 수 있습니다.

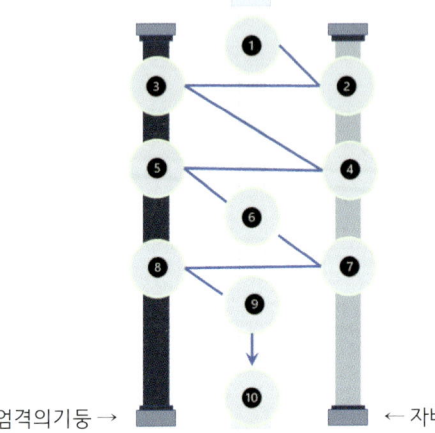

생명의 나무 세피로트(Sefirot)는 10개의 원으로 된 세피라(Sephira), 세피라와 세피라를 이은 22개의 경로(Path)로 구성되어 있습니다. 세피라는 세피로트의 단수형이며 히브리어로 '수'라는 뜻이 있습니다. 세피로트는 가장 낮은 단계인 말쿠트에서 가장 상위 케테르를 향한 수련의 과정을 거칩니다. 각 세피라마다 고유의 숫자를 부여합니다. 이 숫자로부터 세피로트를 완성하면 신의 지혜를 얻게 되는데, 바로 아담과 하와가 먹은 선악과에 해당합니다.

세피로트 나무는 세 개의 기둥으로 나누어져 있습니다. 오른쪽 기둥은 자비의 기둥으로 창조적이고 남성적이며 긍정적인 측면을 나타냅니다. 왼쪽 기둥은 공의의 기둥으로 파괴적이고 여성적이며 부정적인 측면을 나타냅니다. 중간에 있는 의식의 기둥이 양쪽으로 대립하는 것을 조화와 균형으로 맞춰줍니다. 우리 인간도 긍정적인 면과 부정적인 면을 동시에 가지고 있는데, 한쪽으로 치우쳐진 불균형이 다양한 사건 사고를 만들어 냅니다.

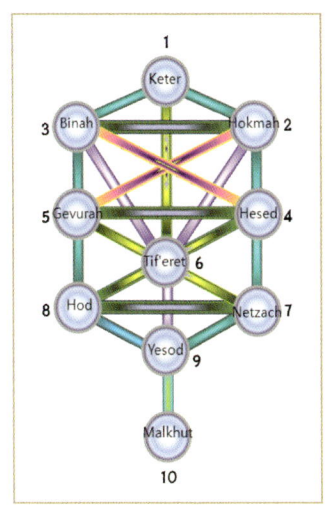 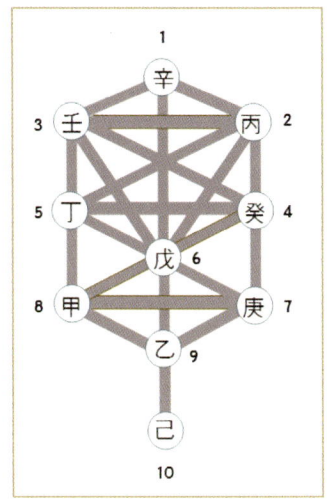

각 세피라는 신(神)들의 10가지 다양한 모습입니다.

첫 번째 세피라(케테르, Kether)는 가장 순수하고 고차원적인 영(靈)의 상태입니다. 존재하면서도 존재하지 않는 빅뱅 이전의 무한한 가능성을 가진 신의 의지에 해당합니다. 케테르는 자연과 인간이 사는 세상이라기보다는 보이지 않는 정신세계에 존재하는 신(神)이며 명리로는 천간 에너지 辛(신)금과 유사합니다. 辛(신)금은 완벽하고 신성한 신을 상징합니다. 자연과 인간에게 DNA를 전달해 준 깊은 땅속의 씨앗, 전생과 영혼의 세계에 존재하는 신입니다.

두 번째 세피라(호크마, Hochmah)는 태초의 양의 에너지를 지니고 있고, 무한한 빛을 상징합니다. 호크마는 태초 우주에 빛을 창조했듯이 무(無)로부터 창조된 신의 지혜입니다. 능동적으로 세상을 지배하고 다스립니다. 명리로는 천간 에너지 丙(병)화와 유사합니다. 丙(병)화는 만물이 성장하고 확장되도록 돕는 역할을 하며, 밝고 따뜻한 에너지를 지니고 있습니다. 또한 성인(聖人)의 머리 주위에 나타나는 차크라의 오라(aura)같은 빛의 신입니다.

세 번째 세피라(비나, Binah)는 어둠의 신이며 호크마의 창조성처럼 감정적인 에너지가 아니라 차분하고 논리적인 여성적 에너지이며, 창조 이후 모든 것을 파괴하고 죽이는 힘을 가지고 있습니다. 움직임이 적은 고요한 쉼과 같은 비나는, 명리로는 천간 에너지 壬(임)수와 유사합니다. 壬(임)수는 비나처럼 빛이 없는 어둠이며 만물을 삼켜버리는 두려운 존재지만, 동시에 만물의 성장을 돕는 생명수 역할을 합니다. 壬(임)수는 강한 의지와 끈기를 상징하며, 사사로운 유혹에 동요되지 않는 분별심과 인내력이 강한 신입니다.

우주가 팽창하듯이 무한대로 뻗어 나가는 호크마와 같은 丙(병)화와 에너지를 내부에 가둬서 욕망을 제거하는 비나와 같은 壬(임)수는 대자연을 창조와 파괴로 지배합니다. 양과 음, 낮과 밤, 밝음과 어둠, 선과 악, 능동과 수동, 도전 대 신중, 상반되는 갈등과 대립을 조정해서 균형을 유지해 갑니다.

네 번째 세피라(케세드, Chesed)는 신의 사랑과 자비입니다. 인심이 후하고 넓은 마음으로 이 땅에 풍요를 가져오는 존재로서 명리로는 천간 에너지 癸(계)수와 유사합니다. 癸(계)수는 자신을 희생해서 만물을 성장시키고, 자비와 사랑으로 돌보는 엄마의 젖줄에 해당하며, 기꺼이 어려운 이를 도와서 양육하고 용서하고 이해하는 신입니다.

다섯 번째 세피라(게부라, Geburah)는 중력의 힘을 사용해서 만물을 통제하는 신입니다. 케세드의 무조건적인 사랑을 냉정하고 엄격하게 절제하고 관리하는 특성을 가지고 있습니다. 이는 질서, 규율, 제약을 의미합니다. 명리로는 천간 에너지 丁(정)화와 유사합니다. 丁(정)화는 밖으로 퍼져나가는 움직임을 안으로 끌어모아 필요한 부분만 찾아서 모양 좋은 피조물을 정교하게 다듬는 절제된 신입니다.

케세드와 같은 癸(계)수와 게부라와 같은 丁(정)화도 대립하는 존재이지만, 발산의 에너지와 수렴의 에너지가 충돌하는 과정을 통해서 조정하고 균형을 맞춰나갑니다.

여섯 번째 세피라(티페레트, Tiphareth)는 사랑과 파괴력을 중화하는 아름다움의 신입니다. 자신을 위한 이기심이 아닌 모두가 번영하고 번성하는 길로 이끌면서 헌신하는 마음입니다. 케세드의 사랑과 게부라의 엄격함을 중화하는 특징이 명리로는 천간 에너지 戊(무)토와 유사합니다. 戊(무)토는 만물이 성장하고 살아갈 수 있는 터전을 제공하기 위해 기꺼이 헌신하는 신입니다.

일곱 번째 세피라(네짜크, Netzach)는 악을 처벌하는 신의 천벌입니다. 의무와 사명으로 당당하게 용기를 내어서 어려움을 극복합니다. 네짜크는 인내와 용기로 승리를 이끄는 군사와 같아서 명리로는 천간 에너지 庚(경)금과 유사합니다. 庚(경)금은 자신감을 가지고 조직의 이익을 위해서 항상 전진합니다. 설령 실패하더라도 다시 도전하는 투쟁과 용기, 지배, 승리의 힘을 가진 신입니다.

여덟 번째 세피라(호드, Hod)는 본성을 믿고 목표를 향해 돌진하지만, 그 과정에 방향이 틀렸다고 생각되면 시행착오를 거치고 결국은 순종하므로 명리로는 천간 에너지 甲(갑)목과 유사합니다. 甲(갑)목은 기본적으로 자존심이 강해서 자기 파괴적인 힘을 가지고 있지만, 성장과 발전에는 뼈 아픈 과정이 따릅니다. 더 성숙한 발전을 위해 기꺼이 받아들이는 선한 신입니다.

네짜크와 같은 庚(경)금과 호드와 같은 甲(갑)목도 대립의 관계지만 투쟁과 순종의 융합을 통해 힘의 균형을 맞춰나갑니다.

아홉 번째 세피라(예소드, Yesod)는 기본적인 무의식에 이끌리는 신의 본능입니다. 예소드는 모든 행동의 토대가 되기에 명리로는 천간 에너지 乙(을)목과 유사합니다. 乙(을)목은 끊임없이 움직이며 창조적인 행위를 통해 종족 번식을 합니다. 이러한 무의식이 감정을 만들고 감정이 행동으로 나타나서 본능에 따라 움직이는 생명력의 신입니다.

열 번째 세피라(말쿠트, Malchut)는 우리의 현실입니다. 인간이 살아가는 물질의 세상이며 분별력을 잃으면 탐욕만 남게 됩니다. 말쿠트는 인간이 살아가는 데 꼭 필요한 삶의 터전이자 물질로, 명리로는 천간 己(기)토와 유사합니다. 己(기)토는 만물의 근본 터전이 되어서 생명을 품고 다시 내놓은 삶의 기반이 되는 신입니다.

辛(신)금을 최상위에 두고, 좌우로 壬(임)수와 丙(병)화, 丁(정)화와 癸(계)수, 甲(갑)목과 庚(경)금은 서로 싸우고 시기하며 충돌하지만, 다시 힘을 모으고 조화를 이루면서 사는 부부와 같습니다. 선과 악은 함께 존재합니다. 선이 만들어지는 순간 악이 만들어집니다. 살면서 선만 행할 수 없고 악만 행할 수도 없습니다. 육식과 채식은 함께 병행되어야 체력을 건강하게 유지할 수 있듯이, 남성과 여성의 생물학적인 차이를 이해해야 삶의 균형이 유지됩니다.

참고 작품은 오스트리아 작가 구스타프 클림트(Gustav Klimt)의 대작인 『생명의 나무』입니다. 스토클레 저택 내 식당에 걸려있는 모자이크 장식화인데, 일곱 개의 분리된 패널(panel)로 구성되어 있습니다. 이 장식화 외에도 클림트가 생명의 나무를 소재로 한 작품은 여러 점입니다. 그림의 세부를 살펴보면 중앙에 있는 나무 기둥에서 나선 모양의 가지들이 뻗어 나갑니다. 좌측에 서 있는 여성은 '기다림', 우측의 포옹하는 연인은 '충만'을 상징합니다. 작품의 소재로 사용된 나무와 나뭇잎, 꽃, 소용돌이 모양의 가지들, 다양한 기하학적 도형, 여성과 연인 등은 지구에 만물이 탄생하고 유지되다가 사라지는 생명의 순환성을 나타냅니다.

지금까지 살폈던 세피로트와 천간 에너지의 공통점은 10이라는 수입니다. 각각의 시대적 배경과 문화적 맥락은 다르지만, 이론의 틀을 규명하는 패러다임은 놀랍도록 유사합니다. 기하학이 바탕이 되는 기본 수는 10을 넘어가지 않습니다. 1부터 9까지의 숫자는 하나의 순환을 이루며, 10으로 돌아오면 다시 1부터 시작됩니다. 이는 자연의 순환과도 유사합니다. 봄, 여름, 가을, 겨울을 거쳐 다시 봄으로 돌아오는 자연의 이치는 10이라는 숫자의 순환성을 잘 보여줍니다.

탄생 수

각각의 나라에서 사용하는 고유언어는 제각각이지만 수(數)는 세계적인 공통의 언어입니다. 수를 읽는 방법이 나라마다 다르더라도 수를 사용하는 것은 모든 나라가 같습니다. 수비학은 영어로 Numerology, 수를 의미하는 라틴어 누메루스(numerus)와 언어나 사고를 의미하는 희랍어 로고스(logos)에서 나왔습니다. 고대인들은 수비학을 인간의 본성이나 운명과 미래를 예측하는 데 사용했습니다. 가장 널리 알려진 수비학에는 피타고라스(Pythagoras)의 수비학, 칼데아(Chaldean)의 수비학, 게마트리아(Gematria)의 수비학이 있습니다. 요즘 많이들 활용하는 탄생 수(운명 수: Destiny number)는 피타고라스의 수비학에 근거해서 만들어졌습니다. 점성가 종준 선생님의 설명을 바탕으로해서 각수의 특징을 정리해 보겠습니다.

수비학에서 사용하는 수는 고유의 성격을 잘 드러냅니다. 탄생 수가 1인 사람은 어떤 성격적 특성을 가졌을까요? 1의 수는 하나의 점을 찍은 것과 같습니다. 태초에 아무것도 없는 멈춤의 상태에서 빅뱅을 통해 시간과 공간이 만들어지면서 첫 움직임이 나타났습니다. 이 움직임은 1, 홀수, 양(陽), 남성, 운동성, 완성, 통합과 합일을 나타냅니다. 탄생 수를 만드는 방법은 아주 간단합니다. 탄생 수는 사람의 생년월일을 이용하여 계산하는 숫자입니다. 탄생 수를 계산하는 방법은 다양하지만, 대표적인 방법은 다음과 같습니다.

생년월일을 모두 더한 후, 그 합을 10으로 나눈 나머지가 탄생 수입니다. 예를 들어, 1961년 11월 18생인 경우, 1961+11+18=1990을 10으로 나눈 나머지를 구하거나, 각 수를 모두 더해서 (1+9+6+1+1+1+1+8)=28이 한 자릿수가 나올 때까지 계속 더합니다. 28은 2+8=10, 1+0=1이라는 탄생 수가 나옵니다.

탄생 수가 1인 사람은 능동적이고 남성성의 기질을 갖고 있으며 거의 독립적입니다. 매사에 자신감이 넘치고 창조성이 강한 사람에 속합니다. 주체적이고 창조적이며 운동성도 많습니다. 끊임없이 도전하며 새로운 시작을 두려워하지 않고 목표를 향해 달려갑니다. 하지만 단일성은 고독하게 만듭니다. 타인에게 의지하지 않고 홀로 이끌어가면서 외로움의 무게를 감당해야 하기 때문입니다.

탄생 수 2는 1+1 짝수이면서 음(陰), 최초의 여성 수로 수동적입니다. 1이 하나의 점이면 2는 두 점이 이어진 선입니다. 태초에 빛이 생기게 되자 상대적인 어둠이 생겼습니다. 하나는 플러스가 되고 하나는 마이너스가 되는데 빛과 어둠, 낮과 밤, 여성과 남성, 양과 음, 선과 악, 창조와 죽음과 같은 이원성 혹은 양극성으로 표현됩니다.

탄생 수 2의 사람은 자신보다 타인을 배려하는 마음이 큽니다. 주장이나 고집보다 분쟁과 충돌을 피해 화합하게 되며, 가정의 평화를 위해 양보하고 순종합니다. 1이 창조성을 강하게 발휘하면 2는 신중하게 생각하고 관계성을 통해 균형을 맞춥니다. 하지만 양보와 우유부단함, 자기희생으로 인한 내적 갈등 때문에 상처받을 수 있습니다. 2는 이별 또는 결핍에 대한 경험을 체득했기에 타인을 보살피는 직업군에서 성공할 수 있습니다.

수 2가 두 점을 이은 선이라면 수 3은 세 점을 이어서 면을 만들어 냅니다. 점을 찍는 위치에 따라 정삼각형, 직각삼각형, 이등변삼각형, 예각삼각형, 둔각삼각형의 다양한 형태를 만들어 냅니다. 남자 1과 여자 2가 결합해서 생명의 탄생을 뜻하는 완전 수이기도 합니다. 전통 신앙에서 3월 3일이 되면 임신을 간절히 바라는 기도 의식을 치릅니다. 이 외에도 3이라는 수는 다양하게 사용되는데, 아침 점심 저녁, 과거 현재 미래, 가위바위보, 그리고 누구에게나 일생에 세 번의 기회가 주어진다고도 합니다.

탄생 수 3은 어떤 수로도 나누어질 수 없는 절대 수입니다. 부모와 자녀는 분리될 수 없으며 협력하고 조화를 이루는 삼위일체의 수입니다. 새로운 생명의 탄생처럼 창조성을 나타내는데, 1처럼 태초에 아무것도 없던 상태의 창조성이 아닙니다. 이미 존재하는 시공간에서 제약받는 창조성이기에 융화를 깨트리거나 지나친 질서와 완벽성에 치우치지 않도록 해야 합니다.

　　　　4도 안정적인 수이지만 3보다는 덜합니다. 건축물의 구조를 살펴보면, 사각형 건물은 위와 아래의 면적이 같아서 무게 중심이 분산됩니다. 반면 피라미드형은 위 꼭짓점에서 아래로 내려올수록 면적이 넓어지기 때문에 더 안정적입니다. 대신 사각형은 많은 공간을 확보할 수 있다는 장점을 갖고 있습니다. 4는 네 점이 모여서 면을 이루는 여성 수이자 짝수로, 2를 곱하거나 더해서 만들어지는 수입니다. 1이나 3처럼 홀로 존재하지 않습니다. 대부분은 다른 수와 조합해서 구성되며 동서남북, 봄·여름·가을·겨울 대자연의 질서와 조화를 상징합니다. 사각형에서 어느 한점이라도 기울게 되면 균형이 깨지기 때문에 서로 경쟁하는 동시에 균형을 맞춰가기도 합니다.

　　　　탄생 수 4의 사람은 1처럼 충동적이지 않고 안정적으로 계획을 세웁니다. 2처럼 무조건 양보하거나 희생하는 것이 아니라, 조직 내에서 책임감으로 균형과 조화를 맞추기 위해 어떤 노력도 아끼지 않습니다. 다만, 완고함이 강하고 변화가 두려워서 안주하려다 보니, 세상을 넓게 보지 못하고 우물 안 개구리처럼 틀에 갇힌 삶을 살 수 있습니다.

　　　　고생과 인내를 통해서 성실히 살다 보면 5라는 수를 만나게 됩니다. 5는 2+3 또는 1+4로 만들어집니다. 5도 소수로서 유일 수이자 남성의 수입니다. 4가 가진 봄·여름·가을·겨울에 1이라는 움직임, 창조성, 활동성이 더해져야 사계절이 순환합니다. 멈춰진 4의 수에 동력을 가해서 조절해 주므로 5는 가장 이상적인 수가 됩니다.

      탄생 수 5에는 4와 같은 보수적이고 안정적인 모습이 있지만, 1과 3의 홀수가 갖는 독립적이고 창조적인 에너지와 개혁을 통해 시대에 필요한 혁신적인 것을 만들어 냅니다. 탄생 수 3의 사람은 어떻게 하면 조화를 맞출지 고민하지만, 탄생 수 5의 사람은 어떻게 하면 더 발전적인 것을 만들어 낼지 고민합니다. 그래서 수 5는 휴머니즘의 수이자 영웅의 수이기도 합니다. 다만, 이러한 천재성을 이해받지 못하면 사회에서 소외당할 수 있습니다.

      탄생 수 6은 짝수이자 여성 수로서 3을 두 번 더하거나 2를 세 번 더해서 나오는 갈등과 조화의 수입니다. 6의 대표적인 형태는 다윗의 별로 토성, 목성, 화성, 태양, 금성, 수성, 달 7행성에 지배받는 우주를 말합니다. 헤르메스교의 경전인 『녹옥판』에 유명한 구절이 있습니다. '위에서와 같이 아래에서도 그러하다(As above, so below).' 즉 우리의 생각이나 감정은 하늘의 영적인 세계에서 이미 존재하는 것들의 반영이며, 저 하늘의 섭리가 우리가 사는 이 땅에서도 똑같이 일어난다는 의미입니다.

      하늘과 땅, 우주 대자연의 삼라만상이 질서를 벗어

나지 않도록 법을 세우고 속박하는 운명의 수가 바로 6입니다. 그래서 탄생 수 6의 사람은 법과 규율을 벗어나거나 질서가 무너지는 것을 싫어합니다. 6이 여성적인 수에 해당하다 보니 균형과 조화를 맞추면서 사람들과 어울립니다. 하지만 갈등을 피하고자 질서에 집착하게 되면 억압과 속박에서 벗어나지 못하고 자기 덫에 빠질 수 있습니다.

　　　　수 7은 홀수, 남성, 인수분해가 불가능한 절대적인 고유의 수입니다. 7은 우주의 7행성, 빨주노초파남보 일곱 색깔 무지개, 월화수목금토일 일주일이며 행운의 숫자로 불립니다. 절대적인 힘과 권능을 가지고 지배하는 영적인 수로서, 하늘의 별이 지배하는 것처럼 특별한 능력을 발휘하기에 좋은 수로 받아들입니다. 탄생 수 7의 사람은 어릴 때부터 한 가지 분야에서 두각을 나타냅니다. 다만, 물질보다 영적인 세계에 대한 통찰력이 뛰어나서 사람들과의 관계가 멀어지고 사회성이 떨어질 수 있습니다.

　　　　탄생 수 8은 사각형 두 개를 교차한 형태입니다. 짝수이며 여성 수로서 2를 네 번 더하거나 4를 두 번 더해서 나오는 수입니다. 8은 동서남북 네 방위에서 다시 동서, 서남, 남동, 동북으로 세분화할 수 있기에 더 섬세하고 꼼꼼합니다. 8은 4의 배가 되는데 4의 물질적이고 현실적인 특성이 배가 되는 것과 같습니다. 4보다 더 현실적이고 구체적이며 소심하고 걱정이 많은 수입니다. 탄생 수 8의 사람은 성공이나 야망보다 공직자처럼 안정적인 것을 강하게 추구합니다. 이러한 꼼꼼함과 성실함이 장점과 동시에 단점이 될 수 있습니다.

    탄생 수 9는 3을 세 번 곱한 수로서 3의 자승입니다. 9는 가장 완벽한 수이며 1부터 9까지의 십진법을 끝내고 0으로 돌아갈 준비를 합니다. 수 3에서 시간이 생기고 3의 자승에서는 시간이 계속 순환합니다. 3은 조화로 끝나지만 9는 더 발전해서 사회적으로 확대됩니다. 3이 나의 가족이나 직장에 종속된다면 9는 내 것이 아니라 인류 발전에 이바지하는 수입니다. 탄생 수 9의 사람은 따뜻하고 타인을 배려하는 마음이 넓어서 예수나 붓다처럼 지나친 자기희생을 하게 됩니다.

    0은 수가 아닌가요? 0은 더하거나 뺄 수도, 곱하거나 나눌 수도 없으니 수라고 할 수 없는 비존재입니다. 모든 수에 0을 더하거나 빼더라도 본질에는 변화가 없습니다. 어떤 수에 0을 곱하면 다시 0으로 환원됩니다. 0은 빅뱅이 일어나기 전 카오스 상태 즉 모든 것에 존재하면서도 존재하지 않은 신과 같은 영적인 힘입니다. 빅뱅 이전의 상태에서 대폭발이 일어나려는 움직임, 시발점과 가능성을 말합니다. 뭔가를 시작하려고 생각하는 단계에 움직임이 더해져서 시간과 공간이 생겨나고 무존재로부터 존재를 인식하게 되는 1이라는 수가 다시 시작됩니다.

Chapter

08

사주읽기에 대하여

사계도를 통해 내 가족 관계를 이해합니다
천간과 지지를 사주에 적용한 사례 읽기
사례 #1 통제하기 어려운 내 안의 화 : 분노
사례 #2 죽을 것 같은 숨 막힘 : 공황
사례 #3 어떤 것도 받아들이기 힘든 마음의 문 : 우울
사례 #4 오늘은 맑음, 예고 없이 찾아온 소낙비 : 양극성

사계도를 통해 내 가족 관계를 이해합니다

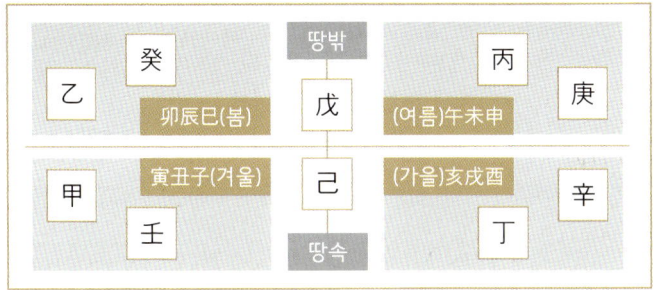

사계도를 제대로 활용하면, 사주팔자 8개의 글자만으로도 자신은 물론 부모, 배우자, 자녀와의 정신적이고 물리적인 환경이나 상호관계를 추측할 수 있습니다. 몇 가지 예를 들겠습니다.

癸	壬	癸	丁	자녀	나	부친	조부
卯	申	卯	巳	자녀·배우자	배우자	모친	조모

丁巳년 癸卯월 壬申일 癸卯시 여성의 사주입니다. 가족을 계절의 속성으로 살피면 일간(壬)은 겨울, 조부(丁)는 가을이지만 조모(巳), 부친(癸), 모친과 형제(卯), 자녀와 자녀의 배우자(癸卯) 모두 봄이며, 배우자(申)는 여름입니다. 일간에 근접해 있는 가족은 조부가 유일합니다. 나머지 가족은 따

뜻한 봄과 여름의 공간에서 어울려 지냅니다. 일간 여성의 개인적 성향이나 가치관이 다른 가족과 다르다 보니 대화를 나누어도 겉돌면서 소외감을 느낄 수 있습니다.

癸	辛	丁	庚	자녀	나	부친	조부
巳	亥	亥	戌	자녀·배우자	배우자	모친	조모

庚戌년 丁亥월 辛亥일 癸巳시 여성의 사주입니다. 조부(庚)는 여름이고 조모(戌), 부친(丁), 모친(亥), 일간과 배우자(辛亥) 모두 가을이며 자녀(癸巳)만 봄입니다. 조부와 일간의 자녀를 제외한 나머지 가족은 뭉치고 의기투합합니다. 즉 부모, 형제, 부부는 취향이나 성격이 비슷해서 정보를 공유하며 지내고 의사소통에도 별 어려움이 없을 것입니다. 반면 자녀만 정 반대편에 있습니다. 이런 경우는 대부분 두 가지 형태로 살아갑니다. 먼저, 부부와 자녀는 물리적으로 떨어져 살거나, 자녀 궁 시기 46세 이후에 부모 형제에게서 벗어나 다른 공간으로 떠날 가능성이 있습니다. 이때 물리적 거리가 아니더라도 의견 충돌이나 여러 상황 때문에 심리적인 거리가 발생합니다. 물론 사주 구조와 천간 지지의 합과 충, 각 간지의 특성, 글자의 쓰임까지 파악하면 더 정확하게 읽을 수 있습니다.

乙	戊	己	辛	자녀	나	부친	조부
卯	寅	亥	卯	자녀·배우자	배우자	모친	조모

辛卯년 己亥월 戊寅일 乙卯시 남성의 사주입니다. 일간(戊)과 조모(卯)와 자녀(乙卯)는 봄과 여름, 배우자(寅)와 부모(己亥)는 가을과 겨울입니다. 땅속과 땅 밖은 전혀 다른 세상입니다. 봄과 여름이 유사하고 가을과 겨울이 유사합니다. 일간 남성은 자녀에게 든든한 버팀목이 되어서 소통에 어려움이 없지만, 부모와는 떨어져 살 가능성이 큽니다. 즉 결혼 적령기 31세 이후에 부모로부터 완전히 독립해서 사람들의 활동무대가 돼주다 보니, 아들이나 배우자의 역할에 충실하지 못할 수 있습니다.

丁	庚	甲	乙	자녀	나	부친	조부
亥	戌	申	巳	자녀·배우자	배우자	모친	조모

乙巳년 甲申월 庚戌일 丁亥시 여성의 사주입니다. 일간(庚)과 모친 형제(申)는 같은 여름입니다. 조부모(乙巳)는 봄, 부친(甲)은 겨울, 그 외 배우자(戌)와 자녀(丁亥)는 가을입니다. 이 여성은 배우자나 자녀보다 주로 모친과 소통하며 가까이 지낼 것입니다.

여기까지 이해가 잘 되었다면 조금 더 확장해 보겠습니다. 이 여성(庚)이 가진 재물은 조부모(乙巳)의 도움으로 늘어나다가, 일지 궁의 시기 38세부터 확장을 멈추고 사회활동의 폭도 줄어듭니다. 사주가 비슷해도 궁에 따라 다른 삶을 살게 되는 이분의 동생 사주를 보겠습니다.

乙	壬	丁	庚	자녀	나	부친	조부
巳	寅	亥	戌	자녀·배우자	배우자	모친	조모

庚戌년 丁亥월 壬寅일 乙巳시 여성의 사주입니다. 일주의 壬寅 간지만 제외하고 나머지 간지 세 개가 언니 사주와 중복됩니다. 다만, 간지의 궁은 모두 다릅니다. 동생 부부가 활동하는 계절은 겨울입니다. 조부(庚)를 제외한 조모(戌)와 부모(丁亥)는 가을, 자녀(乙巳)는 봄입니다. 언니의 경우는 모친 형제와 같은 여름에 있고, 동생의 경우도 월지가 가을이지만 일간(壬)과 유사한 곳이라 볼 수 있습니다.

천간을 제외하고 지지의 흐름만 보겠습니다. 년에서 월을 지나 일과 시까지의 흐름이 순차적인지, 역행하는지, 뒤죽박죽인지, 정체되어 있는지 확인합니다. 언니의 경우는 봄에서 여름을 지나 가을로 흘러가니 시간이 순차적입니다. 동생의 경우도 가을에서 겨울을 지나 따뜻한 봄으로 흘러가니 역시 순차적입니다. 다만, 봄에서 가을로 가는 것과 가을에서 봄으로 가는 계절만 다릅니다. 동생의 경우 쌀쌀한 가을과 추운 겨울을 지나는 청장년기에는 학문에 전념해야 하고, 혹독한 추위를 견뎌내면 말년에 따뜻한 봄을 맞이할 수 있습니다.

이처럼 비슷한 구조라도 궁과 시간 방향에 따라 다른 삶을 살아갑니다. 각 궁에 있는 가족과 같은 공간에서 소통하며 살아가는지, 정반대의 공간에서 왕래하지 않고 외롭게 살아가는지 점검해 보고, 가족 때문에 상처받고 있다면 근본 원인을 사주에서 충분히 찾을 수 있습니다. 내 탓도 아니고 상대 탓도 아닙니다. 자책하거나 원망하는 마음에 둘러싼 갑옷을 벗고 자유로워져야 합니다.

가족 간의 상호관계를 한 눈에 볼 수 있도록 도식화한 것이 가계도입니다. 가계도를 활용해서 가족체계이론을 정립한 학자는 많습니다. 그중 미국의 가족치료 선구자 보웬(Murray Bowen)은 가족 내 발생하는 정서적 관계 체제에 초점을 맞추었습니다. 가족 간에 정신적 외상으로 문제가 발생할 경우, 한 세대가 아닌 여러 세대에 걸쳐서 장기간 이어진다고 보았는데, 보웬은 막연한 가족 관계를 가계도로 구체화했습니다. 가계도를 볼 때 도형의 속성을 참고하면 누구나 쉽게 알 수 있어서 가족 관계가 한눈에 파악됩니다. 앞서 예를 들었던 두 분의 사주를 사용하겠습니다.

먼저 나이, 성별, 결혼 여부 등이 포함된 가족 구성원의 인구학적 정보가 필요합니다. 가족 구성원은 간단한 도형으로 표시하는데, 남성은 사각형이고 여성은 원형입니다. 도형 아래 나이를 적고, 도형과 도형을 연결합니다. 법적 혼인 관계는 실선, 동거 관계는 점선입니다. 별거 상태라면 연결선 중심에 짧은 사선을 하나 긋고, 이혼은 사선 둘, 이혼 후 재결합은 두 줄의 사선에 반대 방향의 사선 하나를 긋습니다(그림 참조). 쌍둥이일 경우 두 개의 원을 하나로 묶고 임신한 상태라면 네모나 원이 아닌 세모 모양입니다.

가계도에서 중요하게 살필 것이 관계선입니다. 두 사람의 관계가 친밀한 경우는 굵은 실선을 사용하고, 보통 정도의 관계는 중간 정도 굵기의 실선, 적대적인 관계라면 톱니 모양의 지그재그선, 소원한 관계라면 점선, 소통이 거의 없는 상황이면 이어진 다리를 절단하듯 연결선을 끊습니다. 만약 지나치게 간섭하거나 밀착된 경우는 융합을 의미하는 이중선을 만듭니다. 신체 학대가 발생한 경우라면 선을 지그재그로 그리고, 가해자에서 피해자 방향으로 화살표 모양을 표시합니다.

가계도는 가족들의 객관적인 정보를 참조할 수 있지

만, 각각 받아들이는 주관적인 생각과 감정이 더 중요합니다. 예로 어머니에 대한 자녀의 입장과 자녀를 바라보는 어머니의 견해가 다를 수 있습니다. 어머니는 자녀를 아끼고 사랑하기 때문에 잔소리 정도는 당연하다고 생각하지만, 자녀는 어머니의 관심이 부담되거나 집착과 학대 수준으로 생각할 수 있습니다. 그렇기에 가계도를 직접 그리다 보면 가족 구성원의 관계와 역동성을 한눈에 파악할 수 있습니다.

첫 번째 사례는 색을 채운 원형이 사주의 중심인물입니다. 이 여성은 1남 2녀 둘째 딸로, 부모와 형제들로부터 소외되어 있지만, 언니와 남동생은 오히려 어머니와 친밀한 관계를 맺고 있습니다.

[예시1]

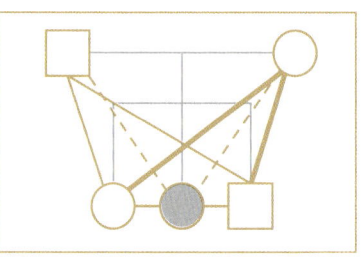

두 번째 사례는 가족이 많은 관계로 아버지를 제외하고 어머니와 자녀들의 관계만 나타냈습니다. 마찬가지로 색을 채운 원형이 사주의 중심인물입니다. 어머니는 막내아들과 친밀한 관계를 이루지만, 4명의 딸과는 보통 수준의 친밀도를 보여줍니다.

[예시2]

癸	辛	丁	庚
巳	亥	亥	戌

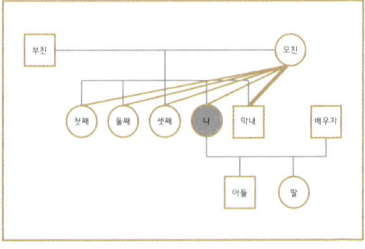

아래에 자신의 사주팔자를 적고 가계도를 그려봅니다.

[연습]

천간과 지지를 사주에 적용한 사례 읽기

"**저**는 사랑받지 못하고 컸습니다. 아버지는 술만 마시면 가족을 구타하는 폭군이었고, 엄마는 생계형 일을 나가셔야 해서 저희 형제자매는 스스로 챙기며 살아야 했습니다."

"남편은 너무 이성적인 사람이라서 재미도 없고 감정을 나눌 줄도 모릅니다. 전 외로움을 너무 느껴요. 혼자가 싫어요. 변명 같지만, 너무 외로워서 다른 남자를 찾을 수밖에 없습니다. 제가 벌레, 아니 쓰레기가 된 것 같지만 그래도 저의 선택은 바뀌지 않아요. 그립습니다. 사랑이 그립습니다. 저를 만져주고 달콤하게 속삭여 주고 구멍 난 심장을 메워줄 수 있는 사랑에 대한 갈증 때문에 힘이 듭니다."

"부모님이 너무 원망스럽습니다. 기억에 남는 말은 '나는 네가 하나도 안 예쁘다. 네가 싫다.'라고 했던 말입니다. 부모님은 언니와 동생만 예뻐했고 세월이 지난 지금도 그들만 걱정합니다. 지금 병들어 있으면서도 말이죠. 더 웃기는 상황은 엄마의 병간호를 언니도 동생도 아닌 바로 제가 하고 있다는 거예요. 일당으로 벌어 먹고사는 비정규직인데도 아침 점심 저녁을 꼬박꼬박 시간 맞춰 챙겨드리고 있습니다. 저의 운명은 왜 이럴까요. 제발 벗어나기를 간절히 기도했음에도 지금까지 벗어나지 못하고 있는 제 삶이 억울하다 못해 너무 고통스럽네요."

내담자들이 털어놓는 이야기는 제각각이지만, 각자가 느끼는 고민이나 고통의 무게는 저울에 측정할 수 있는 차원이 아닙니다. 과거의 경험이 아닌 here and now, 지금 순간에 느끼는 고민이나 고통이 가장 클 뿐입니다. 신은 감당할 수 있는 만큼의 시련을 준다더라는 위로의 말을 들을 때가 있습니다. 저 개인적으로는 크게 도움이 안 된다고 생각합니다. 그 말을 듣는 당사자는 '내가 감당할 수 있을 만큼 강해서 시련을 주는구나'라고 생각할 수도 있습니다. 물론 그만큼 충분히 극복할 힘이 있다는 말도 됩니다.

다른 관점에서 보면 극복하지 못하고 중독에 빠지거나, 자신을 비난하면서 목숨을 끊는 사람도 있을 터인데 이들에겐 역설적으로 들릴 수 있습니다. 많은 사람이 시련을 이겨내는 힘이 부족해서가 아니라, 아무리 애써도 통제할 수 없는 환경적 제약이나 어려움 때문에 무너지기도 합니다. 이때 직접 경험하고 있는 당사자가 아니라면 어떠한 비난이나 평가도 내려서는 안 될 것입니다. 고민이 없는 사람은 거의 없습니다. 부부 관계 고민, 승진에 대한 고민, 퇴사나 취업에 대한 고민, 직장에서의 인간관계 고민, 출산과 육아에 대한 고민, 노후에 대한 고민, 건강에 대한 고민 등 인간은 죽을 때까지 고민을 안고 삽니다.

고민은 고통과 조금 다릅니다. 고통은 슬픔이나 상실과 같은 부정적인 감정에 초점이 맞춰져 있다면, 고민은 생각을 행동에 옮기는 과정에 충돌하는 문제입니다. 고민에는 자신의 선택이 개입되는 반면, 고통은 선택권 없이 자동으로 주어지는 비자발적인 의지에 가깝습니다. 제가 이런 말을 언급하는 이유는 이어서 소개해 드릴 네 분의 사례 때문입니다. 잠시라도 약물에 의존할 수밖에 없었던 이분들의 탄생 바코드를 보고, 천간과 지지를 대입해서 읽어내는 방법을 참고할 수 있습니다. 다만, 개인적인 증상이나 이벤트에 대해서 부정적인 시각으로 바라보거나, 각자의 주관을 개입해서 판단하는 일이 없었으면 합니다.

첫 번째 사례는 분노 증상을 경험한 분입니다. 분노 감정 읽어내기, 공부에 흥미가 생길 수밖에 없는 이유, 월지와 직업과의 관계, 기러기 가족이 되어야 하는 이유를 탄생 바코드에서 읽어낼 수 있습니다. 두 번째 사례는 공황 발작을 동반하는 공황 증상에 관한 내용입니다. 일상생활이 정상인 비임상 대상자들이어서 되도록 장애라는 명칭을 사용하지 않으려고 합니다. 이분의 경우도 공황 발작이 나타난 원인과 가족 관계 등을 읽을 수 있습니다. 세 번째 사례는 우울증과 불면증을 치료하기 위해 수면제를 복용했지만, 호전될 수 있었던 근본적인 원인을 설명해 놓았습니다. 네 번째 사례는 양극성 우울을 경험하고 있는 미혼 남성인데, 현재 주거지를 옮기고 독립해서 살고 있습니다. 즉 증상을 촉발하는 위험 요소가 없는 상황에서 많이 호전되었습니다.

사례 #1 통제하기 어려운 내 안의 화 : 분노

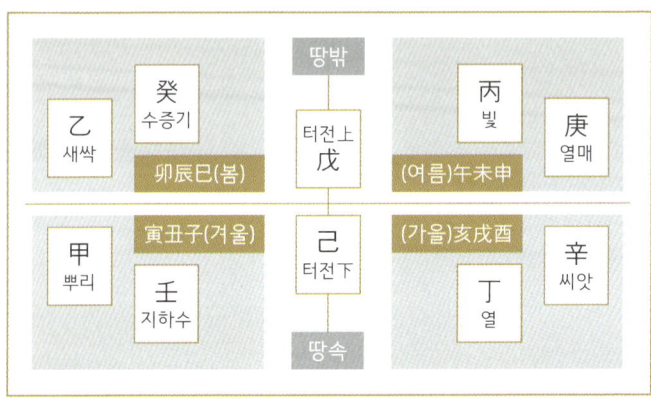

시	일	월	년	시주	일주	월주	년주
乙	壬	辛	乙	자녀	나	부친	조부
巳	申	巳	卯	자녀·배우자	배우자	모친	조모

❶ 각 궁의 가족 특성

각 궁에 해당하는 글자는 가족의 성향을 나타냅니다. 먼저 연주의 조부모(乙, 卯)는 봄에 성장하는 푸른 새싹입니다. 월간 아버지(辛)는 가을에 수확한 열매이자 딱딱한 씨앗입니다. 월지 어머니(巳)는 아름답고 화사한 봄꽃입니다. 일간(壬)은 깊은 내면과 정신적 사상을 담은 겨울 바다입니다. 일지 배우자(申)는 맛있게 익어가는 여름의 열매입니다. 시간 자녀 (乙)도 조부모처럼 봄에 성장하는 푸른 새싹입니다. 시지의 자녀 배우자(巳)도 어머니처럼 아름답고 화사한 봄꽃입니다.

❷ 시공간 흐름

천간은 甲乙丙丁戊己庚辛壬癸, 지지는 子丑寅卯辰巳午未申酉戌亥의 순서대로 흘러가는지 확인합니다. 당연히 사주 구조에 따라서 영향을 받지만, 일단 시간이 순차적이면 삶의 방향이나 사회활동이 대체로 순조롭게 흘러갑니다. 천간은 봄(乙)에서 여름을 건너뛰고 가을(辛)과 겨울(壬)을 지나 봄(乙)으로 흐릅니다. 지지는 봄(卯, 巳)에서 여름(申)으로 흐르다가 봄(巳)으로 역행하기에 조금 아쉽지만, 이 정도면 흐름이 자연스럽다고 볼 수 있습니다.

❸ 월지 시공(부모의 환경)

巳(사)월은 꽃 피는 계절입니다. 癸(계)수의 수분으로 꽃이 활짝 필 수 있도록 도와야 하는데 없으니, 부모의 개인적 또는 사회적 환경이 좋다고 볼 수는 없습니다. 다만, 乙卯년에 태어났으니 언제라도 巳(사)화의 꽃으로 필 여건을 갖추었으므로, 일주나 시주 혹은 운에서 보충해 주면 발전할 수 있습니다.

❹ 일간의 시절

일간이 태어나기 전에 결정된 부모의 환경을 살폈고, 이번에는 일간이 태어난 환경을 보겠습니다. 일간(壬)은 겨울에 배속된 어둠의 에너지라서 어머니의 따뜻한 巳(사)월이 부담스럽습니다. 이때는 일간이 시절을 잃었다고 표현합니다.

❺ 각 궁의 관계

일간과 모친 관계
이번에는 어머니(巳)의 관점에서 일간 자녀(壬)를 보겠습니다. 둘은 겨울과 봄의 에너지를 사용하니 각자 살아가는 환경이 매우 다릅니다. 巳(사)월에 壬(임)수의 응축 에너지를 만나면 꽃의 개화를 오히려 망칠 것 같은 두려움 때문에 어머니는 자녀를 가까이 두고 지내기 어렵습니다.

일간과 부친 관계
일간(壬)과 아버지(辛)는 각각 겨울과 가을에서 활동합니다. 아버지(辛)의 관심이 일간(壬)을 향하고 일간(壬)은 아버지(辛)의 마음을 받아줍니다. 아버지(辛)의 완고하고 철두철미한 성격이

자녀(壬)를 보면 부드럽고 자상하게 변해서 두 사람은 좋은 관계를 유지합니다.

일간과 형제 관계

형제도 어머니 궁에서 읽어내는데, 巳(사)화 속에 있는 戊(무)토, 庚(경)금, 丙(병)화 중 일간인 壬(임)수와 어울릴 만한 亥(해)수나 子(자)수 형제가 없습니다. 즉 형제가 있다고 해도 마음을 나누면서 친하게 지낼 형제가 없다는 것입니다.

부모의 부부 관계

아버지(辛)는 가을의 씨앗으로 다이아몬드와 같은 가치를 지녔습니다. 어머니(巳)는 화사한 봄꽃과 같기에 아버지와 어머니는 살아가는 환경이 어울리지 않습니다. 辛巳 간지는 견우와 직녀의 만남처럼 함께 살아가기 힘들므로 떨어져 살아가는 경우가 많습니다. 함께 있으면 싸울 일이 많고 가치관이나 사고방식이 너무도 달라서 갈등을 초래하기 때문에, 주말부부로 지내거나 다양한 방식으로 별거하다가 가끔 만나는 것으로 문제를 해결하면 좋습니다.

일간의 부부 관계

壬申 간지는 申(신)금의 열매 속에 수분을 채워서 당도를 높여주지만, 수분이 너무 많으면 썩어버립니다. 일간(壬)은 겨울, 배우자(申)는 여름에 활동하는 에너지라서 시공간이 적절하지 않기에 부부가 함께 살기가 어렵습니다. 배우자(申)는 반드시 丙(병)화의 도움을 받아야 열매가 제대로 클 수 있는데, 빛이 없는 상태에서 일간(壬)과 조합하면 열매가 상해서 가치를 인정받지 못할 가능성이 큽니다. 의지처를 잃게 된 배우자는 자신도 모르게 남편을 점점 멀리하게 됩니다.

부부와 자녀 관계

일간(壬)과 자녀(乙)는 겨울과 봄의 만남입니다. 자녀(乙)의 입장에서 아버지(壬)를 만나면, 물이 가득 차 있는 지하수에 갇혀 허우적거리는 것처럼 정신적으로 방황하기 쉽습니다. 방황의 주체는 일간(壬)이 아니라 자녀(乙)이므로 둘은 함께 하기 어렵습니다. 반면 자녀(乙)와 어머니(申)는 봄과 여름의 공간에서 서로 끌어당기며 자녀(乙)의 꿈을 申(신)금에서 이룹니다. 또 자녀(乙)는 월지 巳(사)월을 만났기에 자신의 재능을 적극적으로 발휘할 수 있어서 좋습니다. 결론적으로 배우자(申)는 남편(壬)을 만나면 방황하고, 자녀(乙)도 아버지(壬)를 만나면 방황하기에 가족이 한 공간에서 살아가기 힘든 인연임이 분명합니다.

❻ 일간의 특성

일간(壬)은 꽃피는 巳(사)월에 태어났으므로 학업에 전념하려면 어머니(巳)의 품에서 벗어나는 것이 좋습니다. 다행히도 아버지(辛)가 일간 자녀(壬)를 적극적으로 돕지만, 다른 가족들과는 조화를 이루며 살기 힘듭니다. 이런 이유로 일간(壬)은 심리적 안정을 찾기가 어렵습니다.

❼ 진로와 사회 환경

辛巳 간지는 아버지(辛)의 존재를 어머니(巳)가 밝혀 줍니다. 마치 귀금속 가게에 있는 다이아몬드가 빛에 의해 아름다움을 드러내는 모습입니다. 비록 巳(사)화를 돕는 癸(계)수가 없어도 홍보나 광고 활동에는 적합합니다. 또 辛巳 간지를 천간으로 올리면 丙辛 조합으로 만나고 헤어짐을 반복합니다. 예로 부부가 떨어져 살거나, 붙었다가 떨어지기를 반복하는 형태를 직업에 활용할 수도 있습니다.

연월일 卯巳申(묘사신)의 세 글자를 천간으로 바꾸면 乙丙庚(을병경) 조합이 되어서 재물과 사업 운에 좋습니다. 丙(병)화의 분산 작용으로 乙(을)목이 성장해서 꽃 피고, 庚(경)

금 열매로 완성되는 과정이기 때문입니다. 이 구조에서 재물은 일지 궁으로 모여들기 때문에 배우자 혹은 부부가 함께 취합니다. 그리고 재물의 원천은 연주 乙卯(을묘)에서 申(신)금을 향해 들어옵니다. 이처럼 국가 궁에서 무언가를 받아낼 수만 있다면 조상의 도움이나 국가를 활용하는 사회활동과 인연이 깊습니다.

壬	辛
申	巳

❽ 부부와 부모의 관계

아버지(辛)는 巳(사)화의 빛을 머금고 일간 자녀(壬)에게 가야 합니다. 어머니(巳)는 아버지(辛)와 함께 살기 어려워도 며느리(申)에게는 빛으로 열매를 키워줍니다. 빛을 품은 배우자(申)는 자연스럽게 壬(임)수에 풀어지므로, 부모가 일간 자녀(壬)에게 자신들이 소유한 것을 전달하는 모습입니다. 이미 언급한 것처럼 일간(壬)은 巳(사)월에 태어나서 자신의 에너지를 적절하게 활용하지 못하기 때문에 정신적으로 방황하지 않으려면 공부를 많이 해야 합니다.

연지 卯(묘)목을 기준으로 월간 辛(신)금과 일지 申(신)금은 겁살과 재살에 해당합니다. 겁살, 재살, 천살은 총명하지만, 사회에서 허락하는 일정 기준에서 벗어난 사고나 행동을 많이 합니다. 나는 맞고 주위 사람들은 틀렸다고 생각하게 되면 인간관계에서 갈등과 마찰이 일어나기 쉽습니다. 일간

(壬) 입장에서 사주원국에 甲(갑)목이 없습니다. 대신 자녀(乙)에게 생명수를 공급하니 남 좋은 일만 하는 것 같아서 억울함이 들 수도 있습니다.

乙	壬	辛	乙
巳	申	巳	卯

❾ 분노 증상

巳(사)월은 미남 미녀가 많습니다. 빛을 분산해서 꽃을 화사하게 피우기 때문입니다. 巳(사)월에 태어나면 물질의 유혹에 빠지지 않기 위해서 공부를 많이 해야 하고, 특히 일간 壬(임)수로 태어났으니, 자동으로 공부에 흥미가 생길 수밖에 없습니다.

실제 상황은 辛巳 간지의 속성대로 우정직 공무원입니다. 우편물을 발송할 때 쓰는 주소용 라벨(DM)이나 국내외 전송 서비스가 辛巳 간지입니다. 또한 사적인 정보(辛)를 공적인 방법(巳)으로 이용하는 홍보의 의미도 있습니다. 이분은 배우자와 자녀를 해외로 보내고 홀로 국내에서 생활하는 기러기 가족이며, 지금도 끊임없이 공부하면서 자기 발전을 위한 노력을 아끼지 않습니다.

이분의 분노 감정이나 행동은 다음과 같은 형태로 드러납니다. 불의에 맞서 싸우고 타협을 보지 않습니다. 상황에 맞지 않거나 비현실적이라고 판단되는 지시에 불응하거나 거부하는 행동을 보입니다. 과거 상급자와의 불협화음으로 인해 진급이 누락되는 어려움을 겪었지만, 이를 잘 극복해 왔습니다.

하급자에게는 자상하고 너그러운 태도를 보이며, 의견을 잘 수용해 주는 편입니다. "우리가 사는 세상은 정직하고 바르게 돌아가야 하며, 비리는 절대 용납할 수 없습니다. 나는 법 없이도 살 수 있는데, 세상이 나를 건드려서 괴롭히니 화가 납니다."

정신질환의 진단 및 통계편람 DSM-5에 분노조절장애라는 진단명이 따로 명시되어 있지 않습니다. 대신 파괴적, 충동 조절 및 품행 장애 범주 내에 「간헐적 폭발 장애」로 분류되어 있습니다. 진단 기준은 공격적인 충동을 통제하지 못해서 보이는 반복적인 행동 폭발로, 언어적인 공격성이나 신체적인 공격성을 나타낼 때입니다.

어떻게 하면 분노 감정을 안전하게 통제할 수 있을까요. 내 안의 분노와 씨름하는 것은 결코 이길 수 없는 싸움입니다. 나의 내면에서 아우성치는 감정과 싸우지 않고, 상황을 객관적으로 바라보고 수용할 수 있을 때 분노를 재울 수 있습니다. 감정을 억압하는 방식이 좋은 것은 아닙니다. 억압으로 인해 기름통에 연료가 차고, 불씨가 붙는 순간 바로 터지게 됩니다. 차라리 화나게 한 사람을 용서하고, 연민과 친절한 마음으로 내 안에 일렁이는 불씨를 꺼야 합니다. 때로는 내 안의 분노가 사라질 때까지 말보다 고요한 침묵으로 기다리고, 부드러운 말로 괜찮다고 속삭일 수 있어야 합니다.

분노 감정 자체가 위험한 것이 아니고 분노 감정에

분노 행동으로 반응하는 경우가 위험합니다. 감정과 행동은 구별해야 합니다. 감정은 내 의지로 선택하기가 어렵지만, 행동은 그렇지 않습니다. 분노와 싸우려고도, 회피하려고도 하지 말고, 그저 관찰하면서 분노와 함께 머물러 봅니다. 만약 이 분노 감정에 분노 행동으로 반응한다면 결과에 대한 책임을 져야 합니다. 그렇기에 분노와 논쟁하지 말고, 싸워서 이기기 위해 애쓸 필요 없이 내버려 두면, 어느새 분노 감정은 멀리 떠나갑니다.

『The Serenity Prayer by Karl Paul Reinhold Niebuhr』
- 평온을 비는 기도문 -
'God, give me grace to accept with serenity
the things that cannot be changed,
Courage to change the things
which should be changed,
and the Wisdom to distinguish
the one from the other. 이하 생략'

'신이시여,
제힘으로 바꿀 수 없는 것은 담담하게 받아들이는 은혜를 주시고, 제힘으로 바꿀 수 있는 것은 과감하게 변화시키는 용기를 주시며, 바꿀 수 있는 것과 바꿀 수 없는 것을 올바르게 변별하는 지혜를 주시옵소서.

사례 #2 죽을 것 같은 숨 막힘 : 공황

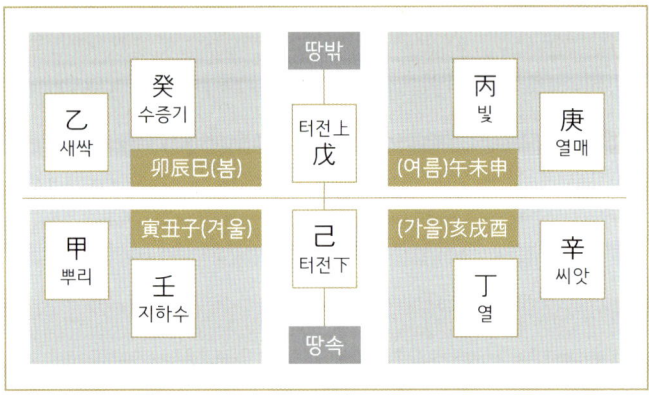

시	일	월	년	시주	일주	월주	년주
辛	己	丁	乙	자녀	나	부친	조부
未	未	亥	卯	자녀·배우자	배우자	모친	조모

❶ 각 궁의 가족 특성

　　　　연주의 조부모(乙, 卯)는 봄에 성장하는 푸른 새싹입니다. 월간 아버지(丁)는 가을에 만물을 수렴하고 내부에 열을 모으는 중력에너지입니다. 월지 어머니(亥)는 찬 바람이 부는 늦가을의 지하수나 해수(海水)입니다. 일간(己)은 열매를 품고 저장하는 가을과 겨울의 터전입니다. 일지 배우자(未)는 열기를 가득 품은 여름의 땅입니다. 시간의 자녀(辛)는 가을에 수확한 열매이자 딱딱한 씨앗입니다. 시지의 자녀 배우자(未)도 배우자와 같은 여름의 땅입니다.

❷ 시공간 흐름

천간은 봄(乙)에서 여름을 건너뛰고 가을(丁, 己, 辛)에서 머물러 있습니다. 지지는 봄(卯)에서 바로 가을(亥)로 향했다가 여름(未, 未)으로 역행하고 나서 머물러 있습니다. 즉 일지의 시기부터 앞을 향해가지 못하고 제자리걸음만 하고 있어서 발전이 더딥니다.

❸ 월지 시공(부모의 환경)

亥(해)월은 찬 바람이 부는 가을의 끝자락으로, 丁(정)화와 辛(신)금이 필요합니다. 아버지가 丁(정)화여서 다행이지만, 辛(신)금이 빠져있으므로 부모의 개인적이고 사회적인 환경이 좋은 것은 아닙니다.

❹ 일간의 시절

일간이 태어난 환경을 보겠습니다. 어머니가 활동하는 亥(해)월은 가을이고, 일간(己)도 가을과 겨울

에 활용하는 터전이기에 시절을 얻었습니다. 일간은 어머니 (亥)와 살아가는 과정에 큰 불편이 없습니다.

❺ 각 궁의 관계

일간과 모친 관계
일간(己)과 어머니(亥)의 환경이 유사합니다. 어머니는 자녀의 마른 땅에 물을 공급하고, 일간도 어머니의 도움으로 촉촉한 땅이 만들어집니다. 어머니와 일간은 마음을 공유하며 좋은 관계를 맺습니다.

일간과 부친 관계
일간(己)과 아버지(丁) 모두 가을과 겨울의 유사한 환경에서 지냅니다. 두 에너지는 내부에서 집약하고 일정하게 정해진 좁은 공간에서 활동합니다. 특히 아버지는 丁(정)화의 특성으로 잘못된 부분을 수정하고 조정하는 기술이 뛰어납니다.

여기에 신살을 대입해 보겠습니다. 연지가 卯(묘)목이니 아버지 궁에 있는 丁(정)화는 육해에 해당하며, 윤회를 준비하는 과정과 같습니다. 이런 움직임을 통해 아버지의 상황을 살피면, 丁(정)화 육해의 움직임이 내부의 죽음을 향하기에 존재감을 드러내지 못합니다. 이렇게 되면 사회에서 발전하기 어려우므로, 일간 자녀에게도 좋지 않은 영향을 미칩니다.

일간과 형제 관계

형제도 어머니 궁에서 읽어내는 데, 亥(해)수 속에 있는 壬(임)수, 甲(갑)목, 戊(무)토 중 일간 己(기)토와 동일한 오행은 戊(무)토입니다. 일간과 속성이 다른 戊(무)토는 봄과 여름에 활동하기 때문에, 성격이 활발하고 인맥도 넓어서 다양한 사람들과 교류하는 성향의 형제입니다. 즉 일간(己)과 어머니(亥)의 환경이 유사하고 성향은 다르지만, 亥(해)수 속에 있는 戊(무)토 형제와의 관계가 좋아 보입니다.

부모의 부부 관계

아버지(丁)는 열을 집약하는 작용을 하고 어머니(亥)는 블랙홀처럼 만물을 삼키는 특성을 가집니다. 두 글자의 공통점은 모두 가을에 수렴하고 응축해서 에너지를 내부에 모으는 움직임입니다. 어머니 궁 亥(해)수 속에 있는 甲(갑)목을 키우기 위해 아버지(丁)에게 도움을 청하지만, 아버지는 자신의 열을 뺏기지 않으려고 어머니와 가까워지는 것을 꺼립니다. 어머니도 아버지와의 합을 별로 좋아하지 않습니다. 丁(정)화만 있고 辛(신)금이 없을 때는 합을 해도 그 가치가 낮기 때문입니다.

일간의 부부 관계

배우자 未(미)토 속에 있는 생명체 乙(을)목은 성장이 멈춘 상태로 시들어 가며, 일간(己)에게도 쓰임이 좋지는 않습니다. 부부는 갈증을 해소할 물을 찾고자 밖을 향해 나갑니다. 결국, 己未 간지의 부부는 저장할 금이나 생명수를 보충하지 않는 한 조화를 이루기 힘듭니다.

부부와 자녀 관계

일간(己)과 자녀(辛)는 가을과 겨울의 유사한 환경에서 만났습니다. 자녀가 가진 辛(신)금이 아버지(己)의 가치를 높여주므로 자녀가 예쁠 수밖에 없습니다. 자녀 입장에서도 甲(갑)목으로 바뀔 때까지는 아버지의 안정적인 터전이 필요합니다.

자녀(辛)와 어머니(未)는 가을과 여름의 서로 다른 환경입니다. 사막 같은 未(미)월은 물이 충분하게 있어야 하고, 자녀(辛)도 甲(갑)목 생명체로 나오기 위해서는 물이 필요합니다. 원하는 것은 같으나 살아가는 환경이 다르므로, 어머니(未)와 자녀(辛)는 마음을 공유하기 어렵습니다.

신살로는 辛(신)금이 재살입니다. 재살은 총명하고 영리하지만 사고방식이나 행동이 남달라서, 주위 사람들과 어울리기보다 혼자만의 세상에 갇혀 살아갈 수 있습니다. 비록 아버지와 자녀의 환경이 비슷해도 함께 살기는 어렵다는 것입니다. 다만, 월지 亥(해)월에 필요했던 辛(신)금을 자녀로 얻었으니, 일간(己)에게 자녀가 매우 중요한 인연임은 분명합니다.

❻ 일간의 특성

일간(己)이 亥(해)월에 태어났기에 甲(갑)목이 뿌리 내릴 수 있도록 터전이 되어줍니다. 戊(무)토는 봄에 새싹들이 성장해서 열매가 열리도록 돕는 데 익숙하지만, 己(기)토는 물질을 수확하고 저장하는 역할에 익숙하기에 소유욕이 강하며, 한곳에 머물기보다 여러 곳을 이동하는 속성이 있습니다.

❼ 진로와 사회 환경

丁亥 간지는 쓸쓸한 가을 바다에 어둠을 비추는 등대의 모습입니다. 丁(정)화의 수렴에너지는 亥(해)수의 응축 에너지와 함께 집중력을 발휘하는 전문직에 적합합니다. 丁(정)화의 고치고 수정하는 재주를 활용해서 亥(해)수 속의 甲(갑)목을 키우므로 예술 분야에서 능력을 발휘할 수 있습니다. 다만, 丁(정)화는 亥(해)수에게 빛과 열을 공급해야 하므로 봉사직과 인연이 강합니다.

❽ 부부와 부모의 관계

己	丁
未	亥

배우자(未)를 제외한 일간(己), 아버지(丁), 어머니(亥) 모두 가을과 겨울에 활동하는 에너지로 내향적인 성향입니다. 배우자(未)는 여름에 사막 같은 땅이지만, 未(미)토 속에 己(기)토와 丁(정)화가 있어서 본질은 역시나 내향적입니다. 亥(해)수와 未(미)토의 경우 물과 흙의 관계이므로 함께 살기 힘듭니다. 배우자(未)와 어머니(亥)도 생활방식에서 혼란이나 마찰을 겪을 수 있습니다.

배우자(未)는 시어머니(亥)의 도움으로 갈증을 해소하지만, 시어머니(亥)의 입장에서 보는 며느리는 자기 생명수를 고갈시킨다고 느끼므로 매우 불편해합니다. 이렇게 되면 亥(해)수 속에서 성장하던 甲(갑)목도 같이 상해서 질병으로 힘들어할 수 있습니다.

❾ 공황 증상

피의 흐름이 원활하지 않아서 답답함과 불안을 느끼게 되는 증상을 공황이라고 하는데, 피를 공급하는 乙(을)목이 뾰족한 침 같은 辛(신)금을 만나면 움직임이 극도로 저하되면서 혈류의 문제가 발생하는 원리입니다. 특히 이 구조처럼 乙(을)목이 심장 같은 丁(정)화와 연결된 구조에

辛(신)금이 개입되어서 흐름을 막으면 심장마비, 뇌출혈, 공황 증상이 나타납니다. 분노 증상을 경험한 사주 구조에도 乙(을)목과 辛巳 간지가 있었는데, 乙(을)목의 움직임을 辛(신)금이 방해하면서 巳(사)화의 심장으로 가는 피의 흐름에 문제가 생긴 이유로 분노를 통제하기 어려웠습니다.

지지도 亥卯未 삼합으로 묶여서 亥(해)수 속의 甲(갑)목, 卯(묘)목, 未(미)토 속의 乙(을)목 모두 답답한 상황입니다. 마치 죄수들이 좁은 교도소에 갇혀서 움직임이 어려워지면 불안감을 느끼고 가슴이 답답해지며, 심하면 숨이 막힌다고 느끼는 상황과 같습니다.

이분의 직업은 건축사입니다. 직업적 특성상 전국 각지의 현장을 돌아야 하는 불안정한 환경에 노출되어 있습니다. 매우 총명하고 집중력이 뛰어나지만, 예민하고 완벽주의적인 성격 때문에 작은 실수조차도 용납하지 않습니다. 건축 분야에서는 전문성을 갖춘 실력자입니다. 이분의 아버지도 일간과 유사한 직종에서 근무했으며, 평소 어머니의 건강 상태가 좋지 않습니다.

공황장애는 반복적이고 예기치 못한 공황발작이 주 특징입니다. 호흡이 빨라지고 땀이 나며 가슴 통증과 숨 막힘, 어지러움 등이 수 분 내 최고조에 이르고 점진적으로 사라지는 단기적인 공황 삽화가 일어납니다. 통제력이 상실되면 점점 당황하고 최악을 두려워하며 균형감을 잃습니다. 공황에 노출된 사람들은 높은 수준의 불안 민감성을 갖고 있습니다. 공황 증상을 겪는 분들을 만나 보면 지나치게 예민하고 완벽주의적이며, 크고 작은 트라우마를 경험한 사람들이 대부분입니다.

공황 증상을 예방하거나 완화에 도움이 되는 여러 가지 방법 중 마음 챙김의 기술이 있습니다. 마음 챙김은 비 판단적인 사고와 수용적인 마음입니다. 그 순간에 느끼는 감정이나 떠오르는 생각, 그리고 신체 감각을 어떠한 평가나 판단 없이 있는 그대로 알아차리고 바라보는 방법입니다. 숨이 막혀서 당장 죽을 것 같은 느낌이 들어도, 압도되거나 휩쓸려 가지 않고 호흡으로 조절하고 통제합니다.

'편안한 자세로 의자나 바닥에 앉아 눈을 감습니다. 들숨과 날숨의 호흡에 마음을 모읍니다. 모든 주의는 호흡에 둡니다. 이때 생각이나 감정이 올라올 수 있는데, 지극히 당연한 현상입니다. 생각이나 감정을 통제하려고 하거나 억제하려고 노력하지 않아도 됩니다. 그냥 감정과 생각을 알아차리고 자유롭게 왔다가 지나가도록 허용하면서 주의를 호흡으로 돌립니다. 계속해서 이 과정을 반복합니다.' 마음 챙김의 핵심은 생각과 감정의 알아차림이지 억제나 회피가 아닙니다.

사례 #3 어떤 것도 받아들이기 힘든 마음의 문 : 우울

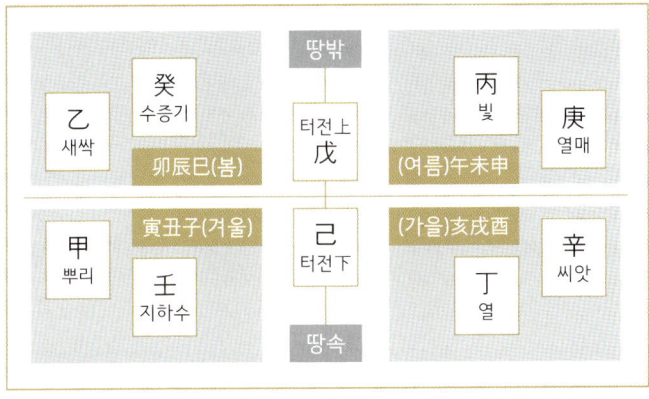

시	일	월	년	시주	일주	월주	년주
壬	癸	丁	戊	자녀	나	부친	조부
戌	卯	巳	申	자녀·배우자	배우자	모친	조모

❶ 각 궁의 가족 특성

연간 조부(戊)는 봄과 여름에 만물을 키우는 터전입니다. 연지 조모(申)는 맛있게 익어가는 여름의 열매입니다. 월간 아버지(丁)는 가을에 만물을 수렴하고 내부에 열을 모으는 중력에너지입니다. 월지 어머니(巳)는 아름답고 화사한 봄꽃입니다. 일간(癸)은 새싹을 키우는 봄비입니다. 일지 배우자

(卯)는 봄에 성장하는 푸른 새싹입니다. 시간의 자녀(壬)는 깊은 내면과 정신적 사상을 담은 겨울 바다입니다. 시지의 자녀 배우자(戌)는 가을에 열기를 가득 품은 화로입니다.

❷ 시공간 흐름

천간은 봄과 여름(戊)에서 가을(丁)로 향하다가 겨울을 건너뛰고 봄(癸)으로 갔지만, 다시 겨울(壬)로 역행해 옵니다. 일간까지는 흐름이 크게 나쁘지 않다가 마지막 시간에서 조금 아쉽습니다. 지지는 여름(申)에서 봄(巳, 卯)으로 역행했다가 다시 가을(戌)로 갑니다. 흐름이 년에서 시로 가는 것이 아니라 시에서 년으로 흘러갑니다. 지지는 육체, 물질, 환경, 심리상태이므로 이왕이면 순차적으로 흐르는 것이 좋지만, 전체 사주 구조에 따라 다양하게 반응하기 때문에 종합적으로 판단해야 합니다.

❸ 월지 시공

巳(사)월은 꽃 피는 계절입니다. 癸(계)수의 수분으로 꽃이 활짝 필 수 있도록 도와야 하는 데도 없으니, 부모의 개인적이거나 사회적인 환경이 좋다고 볼 수 없습니다.

❹ 일간의 시절

일간이 태어난 환경을 보겠습니다. 어머니가 활동하는 巳(사)월은 봄이고, 일간(癸)도 봄에 활동하는 수분이기에 시절을 얻었습니다. 일간이 태어나면서 부모의 환경이 좋아지기 시작하므로, 공부할 여건이 마련되거나 재능을 갈고닦는 기회를 얻게 됩니다.

❺ 각 궁의 관계

일간(癸)과 어머니(巳) 모두 봄이라는 동질성을 가진 환경입니다. 또 어머니(巳)가 꽃을 피우는 데 필요한 癸(계)수가 보충되니 어머니에게는 일간 자녀가 꼭 필요한 존재입니다. 다만, 어머니와 일간의 입장이 서로 다를 수 있는데. 일간(癸)은 어머니(巳)에게 희생한다는 느낌이 들 수 있습니다.

일간과 부친 관계
일간(癸)과 아버지(丁)는 봄과 가을의 만남입니다. 둘은 물과 불로 충돌하고 밀어내는 관계입니다. 아버지(丁)는 열을 빼앗는 자녀가 미울 것이며, 일간(癸)도 수분을 빼앗아 가는 아버지(丁)

가 싫어지는 애증의 관계입니다. 이렇게 되면 아버지(丁)가 자녀를 멀리하기 위해서 다른 곳으로 떠나거나 일간(癸)이 독립해서 나올 수 있습니다.

일간과 형제 관계

형제도 어머니 궁에서 읽어내는데, 巳(사)화 속에 있는 戊(무)토, 庚(경)금, 丙(병)화 중 일간 癸(계)수와 동일한 오행이 없습니다. 따라서 형제들과는 성격이나 취향이 다르고 의견 차이가 생길 가능성이 큽니다.

부모의 부부 관계

아버지(丁)는 탁 트인 넓은 곳보다 좁은 곳을 선호하고 열을 활용해서 금을 품으려고 하는데, 辛(신)금이나 酉(유)금 대신 巳(사)화 속에 庚(경)금이 약하게라도 있으므로, 아버지(丁)는 어머니(巳)에 대한 집착이 강할 수 있습니다. 어머니(巳)는 봄꽃이기 때문에 수분이 많거나 빛이 강해도 좋지 않은데, 하필 아버지(丁)가 가진 열에 의해서 꽃이 피기도 전에 시들어 버리니 자신과 너무도 다른 남편(丁)을 이해하기 어렵습니다.

일간의 부부 관계

일간(癸)은 배우자(卯)에게 수분을 공급합니다. 에너지의 방향이 일간 쪽에서 배우자를 향해가므로, 배우자(卯)는 일간(癸)의 도움을 받는 입장입니다. 봄에 가장 좋은 조합이 바로 癸卯 간지입니다. 궁합으로는 잘 맞는 관계이지만, 일간이 배우자에게 희생한다고 볼 수 있습니다. 물론 배우자(卯)가 어떤 상태에 있는지에 따라 의미가 달라집니다.

부부와 자녀 관계

일간(癸)과 자녀(壬) 모두 물의 속성이지만, 에너지의 특징과 환경은 전혀 다릅니다. 일간 癸(계)수는 봄에 활용하는 발산 에너지, 자녀 壬(임)수는 겨울에 응축하는 에너지입니다. 아지랑이처럼 증발하는 癸(계)수는 가볍습니다. 일반적으로는 어머니의 따뜻한 마음이 자녀를 향해가는데, 이 사주는 오히려 자녀 쪽에서 어머니를 향하는 방향입니다.

자녀(壬)는 어른 같은 넓은 마음으로 일간 어머니(癸)를 돕게 되며, 어머니(癸)는 소녀 같은 마음으로 자녀(壬)에게 의지할 가능성이 큽니다. 이 둘의 성향이 정반대로 나타나지만 시간 방향도 역으로 흘러갑니다. 아버지(卯)와 자녀(壬)도 어울리는 관계가 아닙니다. 아버지 卯(묘)목은 자녀 壬(임)수보다 어머니 癸(계)수의 도움을 바라기 때문입니다.

❻ 일간의 특성

일간(癸)은 만물이 성장하도록 봄비나 이슬과 같은 생명수 역할을 합니다. 생태계 순환과정에 천적도 필요하듯이 세상에 존재하는 모든 만물은 나름의 의미를 가집니다. 그렇다면 이 구조에서 일간(癸)이 어떤 형태로 영향을 주는지 보겠습니다. 일간(癸)을 사이에 두고 자녀(壬)와 아버지(丁)는 합을 하는 관계입니다. 둘이 밀착하는 과정에 일간(癸)은 답답함을 느낍니다. 이때 일간만 피해를 보는 것이 아닙니다. 자녀(壬)와 일간(癸)은 서로 물이라는 속성을 가진 동류이기에 마음이 통하지만, 아버지(丁) 쪽에서는 소외감을 느낍니다.

또한, 일간(癸)과 아버지(丁)가 만나면 충돌합니다. 즉 일간의 아버지(丁)는 손녀(壬)와 사이좋게 지내고 싶어도 일간(癸)과 아버지(丁)가 서로 다투게 되니 손녀까지 멀어집니다. 이 때문에 일간(癸)은 안정을 찾지 못하고 방황합니다. 아버지(丁)의 입장도 불리합니다. 丁(정)화는 물질이자 육체이므로 재산을 탕진하거나 질병에 노출될 수 있습니다. 따라서 일간(癸)과 아버지(丁)는 좋은 인연이 될 수 없습니다.

❼ 진로와 사회 환경

丁巳 간지는 丁(정)화가 巳(사)화를 통제해서 巳(사)화 속의 庚(경)금을 취하려는 욕망이 강합니다. 巳(사)화가 열심히 꽃을 피워서 열매를 만들어 주면 결과물은 丁(정)화가 가져갑니다. 예로 자신을 드러내기 싫어하는 사장이 회사를 차리면 직원이 관리하면서 월급을 받아 가는 상황입니다. 즉 크게 힘쓰지 않아도 주변에서 돕는 사람들이 나타난다는 것이며, 이것을 인덕이 있다고 표현합니다.

❽ 부부와 부모의 관계

癸(계)수는 월지 巳(사)월에 필요한 존재로 어머니에게 좋은 역할을 합니다. 하지만 아버지(丁)는 어머니(巳)가 가진 재능을 발휘할 때까지 기다려주지 않습니다. 인내심을 가지고서 기다린다고 해도 어머니(巳)가 모은 재물에만 관심을 두니 마음이 불편합니다. 게다가 부자 관계(癸, 丁)가 좋지 않아서 어머니로서도 자녀와 떨어져 살 수밖에 없습니다. 일간과 어머니가 함께 지내는 방법은, 부모가 이혼하거나 따로 독립해서 살아야 합니다.

일간의 배우자(卯) 입장도 보겠습니다. 배우자(卯)는 아내(癸)의 도움을 받아서 월지 巳(사)화를 향해갑니다. 여기에 신살을 대입하면, 배우자 卯(묘)목은 육해, 어머니 巳(사)화는 다른 세상에 존재하는 겁살입니다. 육해는 조상이자 전생의 나입니다. 육해 운을 갖고 태어나면 해당하는 가족의 도움이 척박합니다. 즉 일간이 배우자와 어머니를 향하는 마음이 애틋하지만, 물질적인 삶을 제대로 누리지 못하고 정신적인 세상을 향해갈 수밖에 없습니다.

❾ 우울 증상

壬	癸	丁	戊
戌	卯	巳	申

癸(계)수는 생명수와 같습니다. 앞에서 살펴봤듯이 일간(癸)은 아버지 복도, 배우자 복도 없습니다. 이 사주에서 유일하게 살아 움직이는 배우자(卯)는 시지(戌)에 있는 흙에 파묻히고, 연지 申(신)금한테도 묶여서 움직임이 매우 답답한 상황입니다. 배우자(卯)에게 생명수를 공급해도 적절하게 성장하지 못하게 되니, 일간(癸)은 심리적으로 불만이 많아집니다. 배우자(卯)가 육해가 아니거나, 합으로 묶이지 않았거나, 戌(술)토와 합하지 않았다면 덜 심각했을 것입니다. 해당 글자의 속성이 사라지고 통제당하는 상황이 오면 누구나 불안함을 느낄 수밖에 없습니다.

지지의 卯巳戌 조합은 卯(묘)목 새싹이 巳(사)화 속의 庚(경)금을 만나서 답답해지고, 戌(술)토에 들어가서 기운을 빼앗깁니다. 또 巳(사)화가 戌(술)토로 가는 과정에 卯(묘)목도 휩쓸려 가서 말라버립니다. 결국, 이 구조에서 가장 피해를 보는 대상은 배우자(卯)입니다.

이분의 직업은 서양화 작가입니다. 꽃 피는 巳(사)월에 태어난 미인이지만, 남녀 인연이 복잡해지지 않으려면 공부를 많이 해야 합니다. 다행히 종교 활동을 통해 정신적인 안정을 찾습니다. 巳(사)월의 癸(계)수는 무지개처럼 화사합니다. 천간의 壬癸丁 조합은 서로 충돌하는 과정에 조정하고 타협하는 시간을 갖지 않으면 육체나 정신이 쇠약해지는데, 예술 활동에 전념하는 것으로 조절합니다.

이분의 배우자는 오래전 질환으로 사망했으며, 그 시점부터 우울과 불면으로 장기간 수면제에 의존했습니다. 이 사주 구조에서 우울증을 느끼는 근본적인 이유는 생명체 卯(묘)목이 이리저리 비틀리면서 丁巳로 가는 피의 흐름이 원활하지 않아 발생하는 문제입니다. 그나마 예술 활동으로 우울한 기분을 통제하고자 노력했기에 많이 회복되었습니다.

한국청소년정책연구원에서 조사한 자료에 의하면 최근 5년(2017~2021년)간 우울증으로 진료받은 사람의 성별은, 여성이 남성보다 2배, 그중 20대의 비중이 높았습니다. 코로나19 팬데믹 이후 급증했지만, 이전부터도 OECD 국가 중 한국의 우울증 유병률은 자살률과 함께 1위입니다. 우울증의 진단 기준이 다른 증상에 비해 덜 까다롭습니다. 매일의 대부분이 우울한 기분의 증가 또는 즐거움이나 흥미의 저하, 체중 변화 또는 식욕 변화, 수면장애, 운동 활동의 감소, 무기력과 집중력 감소, 죽음 또는 자살에 대한 계획이나 시도가 최소 2주 이상 지속되면 우울증으로 진단합니다.

사람들의 대다수가 오르락내리락하는 기분을 경험하지만, 삶에 크게 영향을 주지 않습니다. 하지만 이런 기분이 지속되면 일상생활에 지장을 초래해서 정상적인 기능이 어려워집니다. 우울과 관련된 증상만 나타나면 단극성 우울이고 우울과 조증을 교대로 경험하면 다음 사례에서 만날 양극성입니다.

　　　　　우울 증상은 정서, 동기, 행동, 인지, 신체 기능의 전반적인 영역에 걸쳐있습니다. 먼저 정서 측면에서 보면, 비참하고 슬픈 기분을 느끼며 유머 감각을 잃어버립니다. 즐거움을 느끼지 못하며 어떤 사람들은 불안이나 분노도 함께 경험합니다. 동기 측면에서는, 활동하고 싶은 욕구를 잃고 직장으로 출근하거나 친구들과 대화나 식사 자리에 억지로 참여하는 경우가 흔합니다. 삶에 관심이 없고 자살을 시도하거나 일부는 실제로 자살합니다. 행동 측면에서는, 활동보다 혼자만의 시간을 보내면서 누워만 있는 경우가 흔합니다. 인지 측면에서는, 자신을 극단적이고 부정적인 관점에서 바라보며 부족하고 열등한 존재로 생각합니다. 그래서 자신을 비난하고 긍정적인 성취마저도 부정합니다. 흔히 자신의 지적 능력이 빈약하다고 생각하며, 작은 문제조차 해결할 수 없다고 느껴지기에 그냥 회피해 버립니다. 신체 측면으로 두통이나 소화불량, 변비, 현기증, 식욕과 수면 문제가 흔합니다.

우울증 치료에 주로 약물과 심리치료를 개입시키지만, 이 외에 유산소운동은 체지방을 낮추고 심혈관 건강 개선에 도움이 되며, 땀을 배출하고 나면 기분이 상쾌해집니다. 몇 년 전 가슴 답답함과 하지 불안 증세로 수면을 방해받았는데, 경험에 없던 싱글 라이딩을 시작하면서 신체 증상이 사라졌습니다. 사람들은 운동이 스트레스 해소에 효과적인 것을 알고 있지만, 실천하는 데 어려움을 겪습니다. 운동을 좋아하지 않거나, 시간적 여유가 없다면 운동에 대한 부담감이 오히려 스트레스가 될 수 있습니다. 취미활동이나 좋은 사회적 관계 등 다양한 방법을 시도해 보고, 자신이 즐겁고 편안하게 느끼는 방법을 선택하는 것이 중요합니다.

"생각이 바뀌면 행동이 바뀌고, 행동이 바뀌면 습관이 바뀌고, 습관이 바뀌면 인격이 바뀌고, 인격이 바뀌면 운명이 바뀐다."

미국 심리학자 윌리엄 제임스(William James: 1842~1910)가 생전(生前)에 남긴 유명한 명언입니다.

사례 #4 오늘은 맑음, 예고 없이 찾아온 소나기 : 양극성

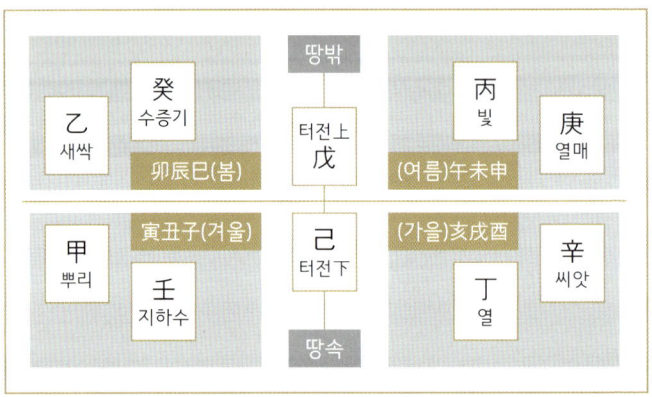

시	일	월	년	시주	일주	월주	년주
辛	癸	甲	己	자녀	나	부친	조부
酉	卯	戌	卯	자녀·배우자	배우자	모친	조모

❶ 각 궁의 가족 특성

연간의 조부(己)는 가을과 겨울에 씨앗을 품고 저장하는 터전입니다. 연지의 조모(卯)는 봄에 성장하는 푸른 새싹입니다. 월간 아버지(甲)는 겨울의 땅속에서 자라는 식물의 뿌리입니다. 월지 어머니(戌)는 가을에 열기를 가득 품은 화로입니다. 일간(癸)은 새싹을 키우는 봄비입니다. 일지 배우자(卯)

도 조모처럼 봄에 성장하는 푸른 새싹입니다. 시주의 자녀와 배우자(辛, 酉)는 가을에 수확한 열매이자 딱딱한 씨앗입니다.

❷ 시공간 흐름

천간은 가을과 겨울(己, 甲)에서 봄(癸)을 향했다가 여름을 건너뛰고 가을(辛)로 갑니다. 지지도 봄(卯)에서 바로 가을(戌)로 갔다가 겨울 없이 봄(卯)을 향하고 다시 가을(酉)로 건너뛰는데 시간의 격차가 너무 큽니다. 천간은 에너지로 작용하기에 체감률이 낮지만, 지지는 물질과 육체와 같아서 영향을 직접 줍니다. 이런 흐름은 사회활동 하는 과정에 드러나는 것과 내면의 가치관이 크게 다를 수 있습니다.

❸ 월지 시공(부모의 환경)

월지 戌(술)토는 씨앗(辛)을 저장한 창고로 살아가는 과정에 필요한 물질과 같습니다. 화로가 꺼지면 곤란하므로 년과 월에 丙(병)화나 丁(정)화가 있어야 하는데 사주에 없습니다. 다만, 卯(묘)목과 甲(갑)목이 戌(술)토를 만나서 장작처럼 타들어 갑니다. 戌(술)월에 필요한 것을 卯(묘)목이 돕기는 해도 직접적인 것은 아니기에 월지의 상황이 적절한 것은 아닙니다.

❹ 일간의 시절

일간이 태어난 환경을 보겠습니다. 어머니가 활동하는 戌(술)월은 가을이고, 일간(癸)은 봄의 수분이므로 둘 사이의 시공간이 적절하지 않습니다. 일간이 시절을 잃으면 살아가는 환경이 불편합니다. 태어나서 성장하는 환경이 좋지 않으면 부모의 도움을 받기 어렵고 힘들게 살아갈 수 있습니다.

❺ 각 궁의 관계

둘은 봄과 가을의 만남입니다. 일간(癸)과 어머니(戌)가 살아가는 환경은 정반대지만, 어머니(戌) 입장은 수증기로 열기를 더 자극해 주기에 일간(癸)을 보면 기뻐합니다. 하지만 일간(癸)의 입장은 다릅니다. 癸(계)수는 생명수에 해당하므로 戌(술)토의 속성과는 다릅니다. 어머니(戌)의 터전이 상하면 육체가 문제 되지만, 일간(癸)이 상하면 정신이 쇠약해져서 어머니에게 다가갈 수 없습니다. 가까이하면 수분이 증발하고 판단력이 흐려지면서 정신이상 상태가 올 수 있기에 서로 떨어져 살아야 하는 인연입니다.

일간과 부친 관계

일간(癸)과 아버지(甲)는 봄과 겨울의 만남입니다. 아버지(甲)는 땅 속에 뿌리내리려고 땅 아래로 하강하는데, 일간(癸)이 밖을 향하면 甲(갑)목이 마르면서 성장에 어려움을 겪습니다. 따라서 甲(갑)목이 성장하지 못하는 16세 이후 아버지가 경제적으로 힘들어지거나 육체가 상할 수 있습니다. 일간(癸)은 겨울의 아버지(甲)보다 봄의 乙(을)목을 좋아할 수밖에 없고, 아버지(甲) 또한 일간(癸)보다 壬(임)수를 좋아하므로 둘은 소통이 어려운 관계입니다.

일간과 형제 관계

형제도 어머니 궁에서 읽어내는데, 戌(술)토 속에 있는 戊(무)토, 丁(정)화, 辛(신)금 중 일간 癸(계)수와 동일한 오행이 없고, 오히려 충돌하는 丁(정)화가 있어서 함께 하기 어렵습니다. 더욱이 丁(정)화가 육해로, 운에서 드러나 일간(癸)과 충돌하면 불편해집니다.

부모의 부부 관계

아버지(甲)는 겨울에, 어머니(戌)는 가을에 활동합니다. 부모가 비록 유사한 환경에 있다고 해도 글자의 속성은 다릅니다. 甲(갑)목은 막 태어난 생명체이기에 壬(임)수와 己(기)토를 배합해서 안정을 찾도록 도와야 하는데, 오히려 살기 힘든 戌(술)토를 만나게 되어 괴롭습니다. 또한 戌(술)토는 천살에 해당합니다. 아버지(甲)가 천살을 아래에 두었으니, 마치 조상을 함부로 대하는 것과 같아서 불편합니다. 아버지(甲)가 어머니(戌) 화로에 들어가면 바짝 마릅니다. 아버지 甲(갑)목은 乙(을)목과 다르게 융통성이 없고 고지식해서 도망갈 생각을 하지 못합니다. 누군가가 와서 도와줄 때까지 기다리다가 점점 더 말라가고, 시간에 있는 辛(신)금과 酉(유)금의 날카로움에 상합니다.

일간의 부부 관계

봄에 가장 좋은 간지가 癸卯로 궁합이 잘 맞습니다. 癸卯 간지는 癸(계)수가 卯(묘)목이 성장할 수 있도록 수분을 공급합니다. 일간이 배우자를 향하는 마음이 애틋하다는 것입니다. 일지 卯(묘)목은 일간(癸)의 도움을 받을 수 있어서 배우자 복이 있지만, 일간(卯)이 어떤 환경이냐에 따라서 달라집니다.

부부와 자녀 관계

자녀(辛)는 가을, 일간(癸)과 배우자(卯)는 봄입니다. 부부와 자녀가 살아가는 환경이 다르지만, 일간(癸)의 수분이 증발하는 것을 辛(신)금이 어느 정도는 막아주는 역할을 하므로 자녀(辛)의 도움을 받게 됩니다. 하지만 자녀는 아버지를 크게 좋아하지 않습니다. 열을 품은 辛(신)금은 전혀 다른 세계에 있는 癸(계)수를 향해가지만, 들어가는 순간 辛(신)금의 딱딱함이 풀어지면서 속성이 바뀝니다. 어머니(卯)도 마찬가지로 자녀(辛)와 충돌을 일으키기에 좋은 관계를 유지하기 어렵습니다. 부드러운 새싹(卯)은 날카로운 辛(신)금에게 꼼짝 못 하고, 자녀(辛)는 어머니(卯)를 만만하게 볼 수 있습니다. 즉 일간은 배우자와 자녀에게 애정을 표현하는 관계이지만, 자녀와 배우자의 신경전을 보면서 중재 역할을 맡아야 합니다.

❻ 일간의 특성

일간(癸)은 봄비나 아지랑이 같은 수분으로 자신의 존재를 알립니다. 만물이 성장하도록 생명수를 공급하는 癸(계)수의 에너지가 가벼워도 의외로 폭발하는 기운을 가졌습니다. 癸(계)수의 창의력을 활용하면 예술 분야에서 두각을 나타낼 수 있는데, 戌(술)월에 태어났으니 그 재능을 모두 활용하기 어려울 수 있습니다. 특히 아버지(甲)와 어머니 戌(술)토 속에 있는 戊(무)토가 함께 하면 성격이 거칠어져서 자학이나 타인을 구타하는 행동을 드러낼 수도 있습니다.

❼ 진로와 사회 환경

		甲	
		戌	

甲(갑)목의 생명체는 壬(임)수의 도움으로 살아가야 하는데, 하필 뜨거운 戌(술)토를 만났습니다. 戌(술)토를 만난 甲(갑)목이 壬(임)수를 보충하려면 공부에 집중하는 것이 좋습니다. 주로 교육, 공직, 건설 분야에 적합하고 甲(갑)목을 보호하는 생명 연구, 생명과학, 생체공학과 같은 분야에 해당합니다. 戌(술)토 천살의 기운을 활용한다면 종교, 역학, 철학, 교육업도 포함됩니다.

❽ 부부와 부모의 관계

		癸	甲
		卯	戌

천간은 癸甲, 지지는 卯戌로 조합합니다. 일간(癸)과 배우자(卯)는 어머니(戌)의 희생양이기에 인연이 좋지 않아 보이므로, 부모와 자녀는 따로 살아가는 것이 좋습니다.

❾ 조울증 증상

어머니 戌(술)토는 영혼의 세상에 있는 천살, 자녀 궁 辛酉 간지도 영혼의 세상에 있는 재살입니다. 이 윤회 궁에 있는 재살과 천살의 영혼들이 일간을 괴롭히는

구조입니다. 날카로운 속성을 가진 辛酉가 戌(술)토의 열에 자극받으면 물에 풀어져야 날카로움을 해결할 수 있기에 辛(신)금과 酉(유)금은 일간(癸)을 향해 쏜살같이 달려듭니다. 또 지지 酉(유)금은 癸(계)수가 열심히 키우고 있는 卯(묘)목을 사정없이 잘라버리므로, 생각과 행동이 따로 움직이는 것처럼 이상한 사고방식과 행동을 보입니다. 주위 사람들은 일간을 이해하기 어려워하지만, 전생의 업보를 가지고 나왔기 때문입니다.

어머니 戌(술)토의 작용도 불편합니다. 살아 숨 쉬는 생명체인 卯(묘)목이 천살로 있는 戌(술)토에 잡혀서 기운을 상실합니다. 戌(술)토가 장작으로 사용할 卯(묘)목을 끌어가기에 희생양이 됩니다. 천살은 조상신과 같은 존재라서 어머니라도 불편한 대상입니다. 결론적으로 배우자(卯)는 어머니(戌)에게 잡혀서 답답해지고 자식에게도 공격당해서 무기력해집니다. 또 戌(술)토 속의 丁(정)화가 천간으로 드러날 때는 癸(계)수와의 충돌로 폭발하면서 우울증과 조증을 반복하게 됩니다.

이분의 실제 상황은 대학에서 생명과학을 전공했고 현재 미혼입니다. 초등학생 때 어머니가 간암으로 사망한 뒤 얼마 되지 않아서 형도 사고로 세상을 떠났습니다. 어린 나이에 어머니와 형을 잃은 트라우마는 이분의 삶에 큰 영향을 미쳤을 것입니다. 애도상담이나 심리치료 없이 상실감을 극복해야 했던 시기에, 새어머니라는 낯선 사람과의 가족 관계가 형성되고, 삶의 방식과 가치관 차이로 갈등이 커갔습니다. 아버지는 강직성 하반신마비라는 유전성 신경계 질환 때문에 건강이 점점 악화하였습니다.

제Ⅱ형 양극성 장애(Bipolar Ⅱ Disorder)는 주요 우울 삽화와 조증 삽화(비정상적으로 들뜨거나, 과민한 기분, 지속적인 에너지의 활동 증가)가 경미한 수준일 때 진단됩니다. 쉽게 말해 양극성은 일주일간, 거의 매일, 하루 중 대부분의 기분이 바닥으로 가라앉다가 금세 위로 들뜨는 롤러코스터를 경험합니다. 이러한 극단적인 기분 사이를 오르락내리락하는 감정이 삶에 부정적인 영향을 미치고 충동적 행동을 일으키기 쉬워서, 우울증만 있는 단극성의 경우보다 더 심각한 부작용을 일으킵니다. 기분안정제(Mood-stabilizing drugs)나 항우울제(Antidepressant drugs)를 처방받아서 복용하는 약물치료도 필요하지만, 사회기술훈련이나 관계성 회복에 초점을 맞춘 상담을 병행해야 증상이 빨리 호전될 수 있습니다.

마무리하며

동자(수행자)가 본성을 찾아가는 열 개의 단계를 묘사한 십우도(十牛圖)에 관한 이야기로 마무리를 짓겠습니다. 십우도는 동자가 도망간 소를 찾아서 길들이고 돌아오는 과정을 비유한 열 개의 그림으로 이루어진 선화입니다. 심우도(尋牛圖)로도 불리는 십우도는 흔히 사찰의 법당 외부에 벽화로 그려집니다. 십우도는 불교의 그림이지만, 본질은 종교를 넘어 인간의 보편적인 경험을 다루고 있습니다. 그리고 십우도는 참된 자아를 찾아가는 인간의 여정을 나타냅니다. 처음에는 여덟 장면으로 구성된 도교의 팔우도(八牛圖)에서 시작되었고, 중국의 곽암선사가 두 장면을 추가해서 십우도를 완성했습니다. 십우도 외에도 목우도, 소 대신 말을 그린 십마도, 티베트의 코끼리 그림 십상도와 같은 다양한 변형 작품이 존재합니다. 십우도와 명리 10천간을 연결하면 각 그림의 의미를 더욱 심층적으로 이해할 수 있습니다.

　　첫 번째 단계는 심우(尋牛)입니다. 동자가 소의 고삐와 줄을 손에 쥐고 산속을 헤매면서 검은 소를 찾고 있습니다.

　　'아득히 펼쳐진 수풀 헤치고 소를 찾아 나서니, 물 넓고 산 먼데 길은 더욱 깊구나. 힘 빠지고 마음 피로해 찾을 길 없는데, 단지 들리는 건 늦가을 단풍나무의 매미 소리뿐.'

　　소를 찾는다는 것은 동자가 절에 입산해서 처음 수도승이 되고자 준비하는 단계입니다. 아직은 선과 본성이 무엇인지 알지 못하지만, 찾고자 하는 마음이 움직이는 때를 말합니다. 천간 에너지에 비유하자면, 봄으로 가기 위해 추운 겨우내 얼어있던 씨앗의 껍질을 힘들게 뚫고 나온 甲(갑)목의 성향을 닮았습니다.

　　두 번째 단계는 견적(見跡)입니다. 동자는 검은 소의 발자국을 발견하고 흔적을 따라갑니다.

　　'물가 나무 아래 자취 어지러우니, 방초 헤치고서 그대는 보았는가? 설령 깊은 산 깊은 곳에 있다고 해도, 하늘 향

한 그 코를 어찌 숨기리오.'

열의를 갖고 꾸준히 공부하다 보니 본성의 윤곽이 어렴풋이 잡힙니다. 땅 밖을 향한 천간 에너지 乙(을)목이 세상살이를 경험하게 되지만, 아직 뭐가 뭔지 구별이 어려운 어리둥절한 상태입니다.

세 번째 단계는 견우(見牛)입니다. 동자가 멀리서 검은 소의 뒷모습을 발견합니다.

'노란 꾀꼬리 가지에서 지저귀고, 햇볕 따사하고 바람 서늘한데. 언덕엔 푸른 버들 더는 빠져나갈 곳 없으니, 위풍당당한 쇠뿔은 그리기가 어려워라.'

빛을 발견하자 본성에 대해 깨달았다고 착각합니다. 천간 에너지 甲(갑)목과 乙(을)목의 성장을 끝내고 눈부신 丙(병)화의 빛을 보게 되니, 걱정과 두려움이 모두 사라졌다는 착각에 빠집니다.

네 번째 단계는 득우(得牛)입니다. 동자가 검은 소를 붙잡아서 고삐를 걸어보지만, 힘이 너무 세서 다루기 어렵습니다.

'온 정신 다 해 그놈을 잡았으나, 힘세고 마음 강해 다스리기 어려워라. 어느 땐 고원(高原)에 올라갔다가, 어느 땐 구름 깊은 곳에 들어가 머무누나.'

막상 손에 쥐고 보니 길들지 않은 삼독(三毒: 탐내고

성내고 어리석은 마음)의 거친 본성을 가진 상태임을 깨닫습니다. 천간 에너지 丁(정)화는 내부로 끌어당기는 중력의 힘이 엄청나므로, 癸(계)수의 척력을 이용해서 균형을 맞춰가야 합니다.

다섯 번째 단계는 목우(牧牛)입니다. 동자가 거친 검은 소에 고삐를 걸어서 조금씩 길들이니 점점 흰 소로 변해갑니다.

'채찍과 고삐 잠시도 놓지 않음은, 제멋대로 걸어서 티끌 세계에 들어갈까 봐. 잘 길들여서 온순해지면, 고삐 잡지 않아도 저절로 사람 따르리.'

거친 본성이 남아있어서 삼독의 때를 지워내는 단계로, 유순하게 길들이기 위해서는 끊임없는 수행 과정을 거쳐야 합니다. 천간 에너지 戊(무)토의 영역에서 끊임없는 다툼이 발생하고, 생존 과정에 다양한 경험을 쌓아갑니다.

여섯 번째 단계는 기우귀가(騎牛歸家)입니다. 동자가 흰 소 등에 올라타서 피리를 불며 집으로 돌아옵니다.

'소를 타고 유유히 집으로 가노라니, 오랑캐 피리 소리 저녁놀에 실려 간다. 한 박자 한 가락이 한량없는 뜻이려니, 곡조 아는 이라고 굳이 말할 필요 있겠는가.'

동자와 흰 소가 투쟁을 끝내고 일체가 되었습니다. 이제는 길들이기 위해 애쓰지 않아도 될 정도의 본성에 다가와 있습니다. 천간 에너지 己(기)토에서는 힘겹게 싸우지 않아도 됩니다. 戊(무)토에서 얻은 값진 경험을 활용해서 입지를 굳혀 갑니다.

일곱 번째 단계는 망우존인(忘牛存人)입니다. 집에 돌아오니 흰 소는 어디에도 없고 동자만 있습니다.

'소를 타고 이미 고향에 이르렀으니, 소 또한 공(空)하고 사람까지 한가하네. 붉은 해 높이 솟아도 여전히 꿈꾸는 것 같으니, 채찍과 고삐는 초가에 부질없이 놓여 있네.'

본성을 찾고 무사히 집에 돌아왔으니 길들일 소가 더는 필요 없습니다. 6단계를 거쳐서 천간 에너지 庚(경)금이라는 결실을 얻었습니다. 이전 甲(갑)목과 乙(을)목의 상태로 돌아가지 않아도 되니, 마음의 여유가 생깁니다.

여덟 번째 단계는 인우구망(人牛俱忘)입니다. 흰 소도 동자도 없는 일원상(一圓相)의 상태입니다.

'채찍과 고삐, 소와 사람 모두 공(空)하니, 푸른 허공만 아득히 펼쳐져 소식 전하기 어렵구나. 붉은 화로의 불꽃이 어찌 눈[雪]을 용납하리오. 이 경지에 이르러야 조사의 마음과 합치게 되리.'

동자와 소가 하나가 되어 완전한 깨달음의 상태가 되었습니다. 산속을 헤매며 어렵게 찾아서 길들였던 소는 바로 내 안에 있는 자신입니다. 이 단계는 천간 에너지 辛(신)금이 윤회의 길에 들어섰습니다.

아홉 번째 단계는 반본환원(返本還源)입니다. 강물은 잔잔하게 흐르고 꽃이 붉게 피었으며 산세가 빼어난 자연의 모습입니다.

'본래 자리 돌아와 돌이켜보니 헛수고만 했구나. 차라리 그냥 장님이나 귀머거리로 있을 것을. 암자 안에 앉아 암자 밖의 사물 보지 않나니, 물은 절로 아득하고 꽃은 절로 붉구나!'

근원으로 돌아와 보니 세상 밖에서 찾던 무엇보다 더 아름다운 자연이 내 눈앞에 있음을 깨닫습니다. 산을 산으로 물을 물로, 있는 그대로 볼 수 있는 지혜를 얻었습니다. 모두가 무(無)로 사라졌고 존재하나 존재하지 않는 것처럼 마음의 번뇌가 없는 평온한 본성만 남은 상태입니다. 그 어떤 것도 존재하지 않던 빅뱅 이전, 천간 에너지 壬(임)수입니다.

마지막 열 번째 단계는 입전수수(入廛垂手)입니다. 성인이 된 동자는 중생들이 사는 속세로 들어갑니다.

'맨가슴 맨발로 저자에 들어가니, 재투성이 흙투성이라도 얼굴 가득 함박웃음. 신선의 비법 따윈 쓰지 않아도, 당장 마른 나무에 꽃을 피우는구나!'

중생들에게 자비와 선을 행하려고 여행길에 올랐습

니다. 도에 이르고 본성을 찾았다고 하여 산사에만 머물 것이 아니라, 번뇌 속에서 사는 사람들에게 도를 전하고 복을 나눠야 합니다. 이 단계는 어떤 유혹에도 흔들리지 않는 중도의 경지입니다. 열 번째 천간 癸(계)수는 끝과 동시에 새로 출발하는 에너지입니다. 우주 대폭발 이후 어마어마하게 긴 시간을 지난 후에야 지구와 자연이 생겨났고, 우리 인간도 우주 대자연의 섭리에 따라 태어나서 죽고 다시 태어나기를 반복하는 것입니다.

지장간 이야기에 나온 톡톡이(癸)의 마음은 집을 떠날 때와 돌아온 후 다시 떠날 때 분명히 다를 것입니다. 갓 심은 나무도 첫해를 맞이하는 봄과 여러 해를 거치면서 맞이하는 봄은 외형부터 다릅니다. 첫해 심은 나무는 연약하고, 비바람에 취약하여 잎이 덜 자란 모습입니다. 반면 여러 해를 거친 나무는 햇빛과 비바람을 이겨내고 견고한 줄기와 잎을 가진 울창한 모습입니다. 마찬가지로 우리 인간도 인고의 장구한 세월을 살아가는 동안 신체뿐만 아니라 정신적으로도 성숙해 갑니다. 진정한 무소유의 길을 가고자 하신 법정 스님의 「무소유」일부를 간략하게 소개하겠습니다.

'법정 스님이 다래헌(茶來軒)으로 옮겨왔을 때, 어떤 승려에게 난초를 선물 받았다. 법정 스님은 난초 키우는 법을 공부해 가면서 정성스레 길렀는데, 어느 날 외출했다가 뜰에 내놓고 온 난초가 생각나서 허겁지겁 길을 되돌아왔다. 난초는

응급처치를 통해 겨우 살아났지만, 생기를 잃은 티가 역력했다. 그제야 법정 스님은 난초 때문에 자신이 했던 행동들이 난초에 대한 집착임을 깨달았다. 얼마 후, 난초처럼 말이 없는 친구가 찾아오자 얼른 난초를 주었다. 이로써 홀가분한 마음을 느낀 법정 스님은 하루에 한 가지씩 버려야겠다고 스스로 다짐했다.'

무언가를 갖는다는 것은 동시에 그것에 얽매인다는 것을 의미합니다. 무소유란 아무것도 갖지 않거나 궁색한 빈털터리가 되는 것이 아닙니다. 불필요한 것을 버리고 최소한의 것만 소유하는 삶의 지혜를 의미합니다. 동물들은 털가죽 외에는 걸치는 것 없이 그저 자연에 순응하며 살아갑니다. 반면 인간은 더 많은 것을 갖기 위해 집착합니다. 문제는 가진 순간부터 그것에 얽매여 알게 모르게 구속됩니다.

남녀가 짝을 만나 연애를 시작하면 설렘과 기대감으로 가득하지만, 좋은 것만 기대할 수는 없습니다. 서로를 위해 희생하고 베풀 수 있는 마음은 관계를 더욱 돈독하게 만들어 줍니다. 필요하다면 눈 감고 입 막고 귀 닫고 살아야 할 때도 있습니다. 로또 1등에 당첨된 사람의 근황을 들어보면 흥청망청 쓰다가 망한 사람도 있고, 빼앗길까 봐 해외로 도피하거나, 악몽 때문에 평범한 일상생활이 어렵다는 사람도 있습니다.

돈은 여러모로 편리함을 제공하기 때문에 더 많은 재산 증식을 바라게 되고, 반대로 버리면 다시 채워진다는 말도 있습니다. 꼭 소유하고 말겠다는 마음은 불필요한 집착을 낳지만, 부여잡은 고삐를 놓는 순간부터 편해집니다. 인연은 성큼 다가왔다가도 인연이 다하면 떠나갑니다. 물건도 마찬가지로 잃어버렸을 당시는 속상해도 시간이 지나면 어느새 잊힌 채로 살아지고, 집착의 마음을 놓게 되면 스트레스도 사라집니다.

   미술도 시대의 흐름에 따라 변화해 왔습니다. 인류 최초의 원시 동굴벽화를 시작으로 중세에는 찬란한 장식화가 유행이었습니다. 19세기에는 화려한 빛의 색채를 표현하였고, 20세기부터는 추상, 팝아트, 미디어아트, 미니멀아트, 플럭서스로 변화하면서 미술의 한계가 사라졌습니다. 우리 일상도 마찬가지입니다. 전기차, 에어카, 셰프 로보틱스, AI 아바타까지 이제는 AI가 인간을 지배할까 봐 걱정해야 하는 인공지능(AI) 시대에 살고 있습니다. 오늘 산 새 제품이 내일이면 구제가 됩니다. 문명은 발 빠르게 변화하고 성장하기에 버리지 않고서는 새로 받아들일 수 없습니다. 버리지 못하면 갖지도 못하므로 법정 스님의 말씀처럼 비워야 합니다. 손에 움켜쥐고만 있으면 다른 기회를 놓치게 되고 근육이 굳어져서 아프기만 합니다.

   작년 가을에 겪은 동백나무 일화를 떠올리면 마음이 아픕니다. 10년 넘게 저희 부모님의 사랑을 받으며 자란 동백나무를 도둑맞았고, 뿌리 없이 줄기 밑동이 잘려 나간 황당한 사건이 벌어졌습니다. 동백나무 옮겨심기는 매우 어렵고, 성공의 가능성이 적다고 합니다. 3일의 수소문 끝에 채취자와 연락이 닿았습니다. 본인 집 정원에 옮겨 심었으나 어차피 곧 죽을 것 같으니 알아서 가져가라는 답변에 화가 났습니다. 친구에게 도움을 청해서 원래 있던 곳으로 옮겨 심었지만, 모두가 가망이 없다는 말만 남겼습니다. 늦가을에 맺힌 예쁜 꽃봉오리가 아까웠지만, 잔가지가 많으면 수분과 영양분이 분산되어 공급이 어렵기 때문에 벌거숭이가 될 때까지 가지치기를 해나갔습니다. 기적적으로 살았으면 좋겠다는 1%의 희망을 품고 응원하는 사이 새봄을 맞았습니다.

금강경에서는 무아(無我)를 가르치고 있지만, 집착과 소유욕은 인간 본연의 욕구이기 때문에 놓기가 쉽지 않습니다. 그럼에도 버리고 비우고자 하는 우리의 노력에 가치를 두는 것은 어떨까, 생각합니다.

이미지 자료

"Solar system(태양계): Freepik.com"
"甲목: 작가 vecstock 출처 Freepik.com"
"乙목: 작가 frimufilms 출처 Freepik.com"
"丙화: 작가 upklyak 출처 Freepik.com"
"丁화: 작가 rawpixel.com 출처 Freepik.com"
"戊토: 작가 www.slon.pics 출처 Freepik.com"
"己토: 작가 cristina_gottardi 출처 Freepik.com"
"庚금: 작가 pvproductions 출처 Freepik.com"
"辛금: 작가 8photo 출처 Freepik.com"
"壬수: 작가 wirestock 출처 Freepik.com"
"癸수: 작가 wirestock 출처 Freepik.com"
"12지지: 작가 rawpixel.com 출처 Freepik.com"
"십우도: 자이(自利) 출처 <곽암의 십우도> 그림 모작"

탄생바코드

지은이 차시연
전화 055-388-8879
이메일 sunpro2002@hanmail.net
편집 디자인 주 김주희
초판 1쇄 발행 2024년 4월 2일
발행인 時空명리학 출판사
출판등록 제 406-2020-00006호
경기도 파주시 탄현로 144~63, 102호
ISBN: 979-11-986898-1-8(03180)

정가 ₩25,000원

youtube : 시공명리학
http://cafe.daum.net/sajuforbetterlife
http://blog.naver.com/fluorsparr

잘못 만들어진 책은 구입하신 서점에서 교환해 드립니다.
저자의 동의하에 인지는 붙이지 않았습니다.

> 본서의 무단전제 또는 복제행위는 저작권법 제98조에 의거
> 민.형사상의 처벌을 받을 수 있습니다.